Student Activities Manual

Megan Echevarría
University of Rhode Island

Curso intermedio

SECOND EDITION

Audrey L. Heining-Boynton
The University of North Carolina at Chapel Hill
Jean LeLoup
United States Air Force Academy
Glynis Cowell
The University of North Carolina at Chapel Hill

PEARSON

Boston   Columbus   Indianapolis   New York   San Francisco   Upper Saddle River
Amsterdam   Cape Town   Dubai   London   Madrid   Milan   Munich   Paris   Montréal   Toronto
Delhi   Mexico City   São Paulo   Sydney   Hong Kong   Seoul   Singapore   Taipei   Tokyo

Executive Editor, Spanish: Julia Caballero
Editorial Assistants: Samantha Pritchard/Jessica Finaldi
Executive Marketing Manager: Kris Ellis-Levy
Senior Marketing Manager: Denise Miller
Marketing Assistant: Michele Marchese
Development Editor, Elementary Spanish: Celia Meana
Development Editor, Spanish: Meriel Martínez
Senior Managing Editor for Product Development: Mary Rottino
Associate Managing Editor (Production): Janice Stangel
Senior Production Project Manager: Nancy Stevenson
Executive Editor, MyLanguageLabs: Bob Hemmer

Senior Media Editor: Samantha Alducin
Development Editor, MyLanguageLabs: Bill Bliss
Editorial Coordinator, World Languages: Regina Rivera
Senior Art Director: Maria Lange
Operations Manager: Mary Fischer
Operations Specialist: Alan Fischer
Full-Service Project Management: Melissa Sacco, PreMediaGlobal
Composition: PreMediaGlobal
Printer/Binder: Edwards Brothers Malloy
Cover Printer: Edwards Brothers Malloy
Publisher: Phil Miller

This book was set in 10/12 Janson Roman.

10 9 8 7 6 5

www.pearsonhighered.com

ISBN-10: 0-205-41429-X
ISBN-13: 978-0-205-41429-1

Contents

To the Student

The Student Activities Manual to accompany *¡Anda! Curso intermedio* is a completely integrated manual that includes "workbook" activities as well as audio activities and others based on the reading and video series *Laberinto peligroso*. The activities in each chapter mirror the structure and content of the *¡Anda!* textbook and offer extensive practice of the vocabulary and grammar chunks as well as the cultural topics introduced in your text. Preliminary Chapters A and B provide you the opportunity to build on the initial points presented in the text, while Recycling Chapters 6 and 12 offer activities based on a cumulative review. Now you're ready to go!

Special features of the Student Activities Manual include the following:

- Recording activities with which to practice language proficiency and fluency by providing oral responses online
- *Más cultura* activities that provide additional cultural information relating to the main themes in the textbook chapters
- Engaging art- and photo-based activities
- *Comunidades* activities (experiential and service learning) that correlate to the main themes of each chapter
- *Heritage Language* activities that encourage all Spanish learners to reflect on the language and its culture. They will also elevate your level of performance.
- *Letras* activities that provide the opportunity to deepen your knowledge of the authors, literary selections, and literary terms presented in the *Letras* reader
- Section headings that include the corresponding textbook pages for reference
- Electronic version also available on *MySpanishLab*™

Para empezar

Repaso

1. El masculino y el femenino: Identifying masculine and feminine nouns (Textbook p. 4)

A-01 Objetos de la residencia estudiantil. Para cada palabra escoge **M** si la palabra es masculina o **F** si es femenina.

1. mochila   M   F
2. refrigerador   M   F
3. manta   M   F
4. sábana   M   F
5. toalla   M   F
6. libro   M   F
7. escritorio   M   F
8. universidad   M   F
9. cuaderno   M   F
10. bolígrafo   M   F

A-02 Por la universidad. Aunque la mayoría de las palabras que acaban en -**a** son femeninas y la mayoría de las palabras que acaban en -**o** son masculinas, no todas las palabras en español siguen esta tendencia. Para cada palabra indica si es masculina (**M**) o femenina (**F**).

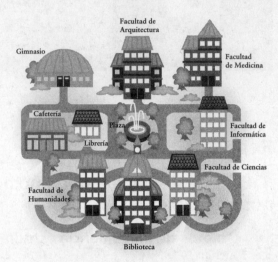

1. campus   M   F

2. mapa   M   F

3. reloj   M   F

4. foto   M   F

5. programa   M   F

6. lápiz   M   F

7. moto   M   F

8. problema   M   F

Repaso

2. El singular y el plural: Using singular and plural nouns (Textbook p. 5)

A-03 Recomiendo que lleves… Carlos habla con su hermano mayor, Pablo, sobre lo que piensa llevar a la universidad. Pablo se graduó de la universidad hace cinco años y le da su opinión. Escucha la conversación y escoge **Sí** si Pablo cree que Carlos debe llevar la cosa, o **No** si Pablo no cree que debe llevarla.

1. almohada   Sí   No

2. bicicleta   Sí   No

3. fotos   Sí   No

4. despertador   Sí   No

5. reloj   Sí   No

A-04 **Crucigrama.** Completa el crucigrama con la versión en plural de cada palabra. Ten cuidado: algunas de las palabras que no necesitan acentos escritos en sus formas singulares sí los necesitan en sus formas plurales, y vice versa.

Vertical

1. universidad
3. edificio
5. moto
7. residencia

Horizontal

2. jardín
4. lápiz
6. paseo
8. autobús
9. deporte
10. joven

A-05 ¿Qué necesito comprar para mi cuarto? Ayúdale a tu amigo Carlos a escribir la lista de las cosas que crees que necesita comprar para llevar a la universidad. Para cada artículo, decide si debe comprar solo uno o si debe comprar más de uno. Escribe la lista usando los artículos indefinidos apropiados **(un/una/unos/unas).**

MODELO   bolígrafo   *unos bolígrafos*

1. cuaderno _____

2. libro _____

3. lápiz _____

4. disco _____

5. sábana _____

6. colcha _____

7. computadora _____

8. almohada _____

9. refrigerador _____

10. toalla _____

Repaso

3. Los artículos definidos e indefinidos: Conveying *the, a, one,* and *some* (Textbook p. 6)

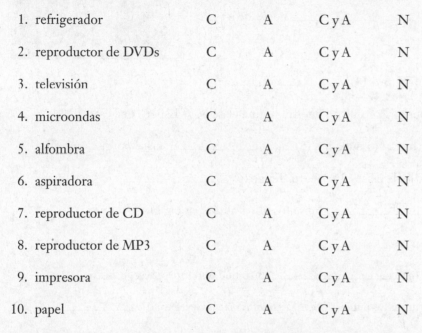

A-06 ¿Quién lleva qué? Camino llama a su nueva compañera de cuarto, Amaya, para hablar sobre qué cosas van a llevar para su cuarto en la residencia. Escucha su conversación, y selecciona **C** si Camino va a llevar la cosa, **A** si Amaya va a llevarla, **C y A** si las dos la van a llevar o **N** si deciden no llevarla.

1.	refrigerador	C	A	C y A	N
2.	reproductor de DVDs	C	A	C y A	N
3.	televisión	C	A	C y A	N
4.	microondas	C	A	C y A	N
5.	alfombra	C	A	C y A	N
6.	aspiradora	C	A	C y A	N
7.	reproductor de CD	C	A	C y A	N
8.	reproductor de MP3	C	A	C y A	N
9.	impresora	C	A	C y A	N
10.	papel	C	A	C y A	N

A-07 ¿Qué tiene que poner en la mochila? Completa la descripción de las cosas que necesita llevar Aitor en su mochila con los artículos definidos (**el, la, los, las**) correctos.

Para (1) _____ clase de matemáticas, es importante que lleve (2) _____

calculadora. En (3) _____ laboratorio de mi clase de química voy a necesitar

(4) _____ gafas de protección que compré ayer. En (5) _____ oficina de mi

profesora de español, voy a necesitar (6) _____ apuntes que tomé anoche mientras hacía

(7) _____ tarea. Para todas (8) _____ clases, voy a necesitar

(9) _____ libros que compré la semana pasada y (10) _____ computadora

portátil que mis hermanos me ayudaron a comprar.

A-08 El primer día de clase. Samuel no fue al primer día de su nueva clase de español, por eso va a la oficina de su profesor para hablar con él. Completa el diálogo entre él y su profesor con los artículos correctos **(un, una, unos, unas, el, la, los, las).**

SAMUEL: Buenos días, profesor. Me llamo Samuel y soy

                  (1) _____ de sus estudiantes en

                  (2) _____ clase de español intermedio

                  que enseña a (3) _____ nueve de la

                  mañana.

PROF. VILLAFRANCA: Buenos días, Samuel. Soy (4) _____

                  profesor Villafranca. ¿Por qué no pudiste venir a clase hoy? Espero que estés bien.

SAMUEL: Sí, gracias, estoy bien. No pude ir a (5) _____ clase porque tuve que

                  cambiar mi horario de clases. Lo siento. Tengo (6) _____ preguntas.

                  ¿Tiene (7) _____ minutos libres ahora para hablar conmigo?

PROF. VILLAFRANCA: Claro que sí.

SAMUEL: ¿Cómo se llama (8) _____ libro que tenemos que comprar?

PROF. VILLAFRANCA: Muy buena pregunta. Se llama *¡Anda! Curso intermedio* y está en (9) _____

                  librería universitaria.

SAMUEL: Solo tengo (10) _____ pregunta más. También quería saber qué es lo que

                  tenemos que estudiar para (11) _____ próxima clase.

PROF. VILLAFRANCA: Otra muy buena pregunta. Tienes que estudiar (12) _____ primeras

                  cuatro secciones del capítulo preliminar A. No debe ser muy difícil porque es

                  (13) _____ capítulo de repaso de gramática y vocabulario básicos de

                  (14) _____ cursos de español elemental.

SAMUEL: Gracias, profesor y hasta el miércoles.

PROF. VILLAFRANCA: De nada, Samuel, y bienvenido a la clase.

Repaso

4. Los adjetivos descriptivos: Supplying details about people, places, and things (Textbook p. 7)

A-09 Mis nuevos amigos. Ricardo es un nuevo estudiante en tu universidad. Escucha su conversación con su hermano y selecciona el adjetivo o los adjetivos apropiados para describir qué piensa de cada amigo.

1. Koldo
   a. simpático
   b. atlético
   c. guapo
   d. cómico
   e. divertido
   f. inteligente

2. Anabela
   a. amable
   b. atlética
   c. guapa
   d. cómica
   e. divertida
   f. inteligente

3. Raquel
   a. amable
   b. atlética
   c. guapa
   d. cómica
   e. divertida
   f. inteligente

4. Josu
   a. amable
   b. atlético
   c. guapo
   d. cómico
   e. divertido
   f. inteligente

5. Merche
   a. amable
   b. atlética
   c. guapa
   d. cómica
   e. divertida
   f. inteligente

A-10 Personas importantes.

Paso 1. Ahora, prepárate para describir a las siguientes personas. Para cada persona, escribe por lo menos tres adjetivos para describir cómo es y tres adjetivos para describir como no es.

1. Tu(s) compañero/a(s) de cuarto o de casa:

_____

_____

2. Tus dos mejores amigos/as:

_____

_____

3. Tu profesor/a de español:

_____

_____

4. Una persona famosa a la que admiras mucho o que te gusta mucho:

_____

_____

5. Tú:

_____

_____

Paso 2. Ahora usa tus apuntes del **Paso 1** para compartir con tu profesor/a de español tus descripciones de las cinco personas. Debes prestar atención no solo al género y número de los adjetivos sino también al uso de las formas correctas del verbo **ser**. Para describir a tu profesor/a de español, debes usar **tú** o **usted**.

A-11 Heritage Language: *tu español*. Aunque los adjetivos que presenta el libro de texto para describir a las personas son comunes por muchas partes del mundo, también existen muchas otras palabras para expresar diferentes características. Busca el significado de cada término y después selecciona su sinónimo.

1. flaco _____   a. fuerte

2. linda _____   b. rica

3. flojo _____   c. delgado

4. graciosa _____   d. bonita

5. recio _____   e. perezoso

6. adinerada _____   f. cómica

Notas culturales

El español: lengua de millones (Textbook p. 10)

A-12 El español y los hispanohablantes. Lee la nota cultural del texto y examina bien el mapa. Después contesta las preguntas.

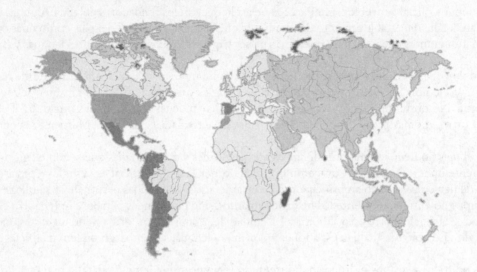

1. ¿Cuáles son los continentes donde hay países hispanohablantes?

   _____

2. Nombra diez países que tienen español como un idioma oficial.

   _____

3. Además de los Estados Unidos, nombra los cinco países donde el español es importante, a pesar de (*despite*) no ser el idioma oficial nacional.

   _____

4. ¿Por qué puede ser importante aprender español en el mundo de hoy? Identifica por lo menos tres razones.

   _____

   _____

   _____

A-13 Heritage Language: *tu mundo hispano*.

Paso 1. Estados Unidos: país plurilingüe. Lee el siguiente texto sobre las lenguas en EE.UU. y después contesta las preguntas.

- Aunque muchos piensan que la lengua "oficial" de los Estados Unidos es el inglés, la verdad es que no existe ninguna lengua oficial a nivel federal. Parece que así lo querían los fundadores del país. Algunas personas relacionan la falta del establecimiento de un idioma oficial con la identidad del país como unas comunidades de inmigrantes que venían de diferentes países y que traían consigo diferentes lenguas y culturas.

- Es indudable el estatus del inglés como lengua predominante en los Estados Unidos desde hace mucho tiempo. Por ejemplo, la Constitución fue escrita en inglés y toda la legislación también se escribe en esta lengua. No obstante, es importante recordar que hay muchas comunidades por todo el país que emplean otros idiomas para llevar a cabo toda clase de actividades culturales, políticas y económicas.

- Aunque el país no tiene idioma oficial, hay estados, ciudades y comunidades que sí han elegido establecer formalmente un idioma oficial. Por ejemplo, en California, la lengua oficial es el inglés a pesar del alto número de personas que hablan principalmente otras lenguas en sus vidas personales y públicas. Dentro de estos grupos no entran solamente los hispanohablantes, sino también las personas que hablan el chino, el vietnamita y el tagalo, entre otros idiomas. La ciudad de Miami en la Florida tiene un caso semejante. La mayoría de sus habitantes hablan español como primera lengua; sin embargo, su lengua oficial es el inglés.

- Algunos políticos y grupos políticos han intentado establecer una lengua oficial a nivel nacional en diferentes ocasiones. Por diversas razones y circunstancias, no han tenido éxito.

1. ¿Tienen los Estados Unidos una lengua oficial? ¿Por qué sí o por qué no?

   _____

   _____

2. ¿Qué estatus tiene el inglés en los Estados Unidos? ¿Dónde podemos ver ese estatus?

   _____

   _____

3. ¿Por qué crees que algunos lugares establecieron el inglés como lengua oficial, a pesar del gran número de hispanohablantes en sus comunidades?

   _____

   _____

   _____

   _____

4. ¿Qué ventajas tiene el no tener una lengua oficial a nivel federal o nacional? ¿Qué ventajas tiene el tener una lengua oficial a nivel nacional?

_____

_____

_____

_____

5. ¿Piensas que los Estados Unidos debe tener una lengua oficial? ¿Por qué sí o por qué no?

_____

_____

_____

Paso 2. ¿Y los países hispanohablantes? Elige cuatro países hispanohablantes que te parecen especialmente interesantes. Investiga en el Internet para averiguar qué lenguas, aparte del español, se hablan en esos países y cuántas personas hablan cada lengua. Después escribe un párrafo comparando los resultados de tu investigación con lo que aprendiste en la lectura del **Paso 1.**

_____

_____

_____

_____

_____

_____

_____

Repaso

5. Los adjetivos posesivos: Stating possession (Textbook p. 11)

A-14 Gracias, hermana. Karla le manda un mensaje de correo electrónico a su hermana. Escoge los adjetivos posesivos correctos según el contexto.

Hola Valentina,

Muchísimas gracias por el paquete que me mandaste la semana pasada. ¿Sabes que (1) (mis / tus / nuestras) galletas de chocolate ahora son famosas entre todas (2) (mis / mi / tu / tus) amigas? (3) (Mis / Mi / Tu / Tus) novio dice que son fenomenales también. ¡Sí, tengo novio! Estoy saliendo con un chico desde hace un mes. Se llama Leo y es bastante guapo y es muy bueno conmigo. (4) (Mis / Mi / Su / Sus) familia es de Uruguay y todos hablan con el acento de allí. ¡Me encanta (5) (mis / mi / su / sus) acento! La semana pasada hablé con (6) (mis / nuestros / sus) hermanos cuando lo llamaron por Skype. Son muy simpáticos.

Bueno, tengo que irme. (7) (Nuestra / Su / Tu) residencia estrena películas los viernes por la tarde. Vamos a ir Leo y yo con un grupo de nuestros amigos. ¡Gracias de nuevo por todo!

Besos,
Karla

A-15 Fotografías. Jesús y Kirmen hablan de algunas fotos. Completa el siguiente diálogo con los adjetivos posesivos correctos. ¡OJO! A veces tienes que usar la forma larga.

JESÚS: ¿Quién es esta chica en el vestido rosado con el perro?

KIRMEN: Ella es (1) _____ amiga Lucía. (2) _____ perro se llama Lagun.

          ¿Quiénes son estas personas?

JESÚS: Es (3) _____ hermano Cristóbal con (4) _____ esposa Georgina y

          (5) _____ hijo Santos. Santos tiene tres años. Yo soy (6) _____ tío

          favorito. Y ¿estas personas mayores? ¿Quiénes son?

KIRMEN: Ellos son (7) _____ abuelos —los padres de (8) _____ padre. Y

          ¿son estas chicas (9) _____ hermanas?

JESÚS: Sí, se llaman Josefa y Julia. Puedes ver que a (10) _____ padres les gustaba mucho la

          letra *j*.

KIRMEN: Pues, creo que (11) _____ (*your*) familia es menos rara que

          (12) _____. ¡Muchas veces (13) _____ padres nos hacen pasar

          mucha vergüenza (*embarrassment*) a mí y mis hermanos! A veces creemos que les gusta vernos

          sintiéndonos tan avergonzados.

JESÚS: Todas las familias tienen (14) _____ excentricidades (*quirks*), ¿verdad?

A-16 Heritage Language: *tu español*. Lee el siguiente texto sobre los adjetivos y pronombres posesivos, y después contesta las preguntas.

En este capítulo estamos repasando muchos temas gramaticales, y uno de ellos son los adjetivos y pronombres posesivos: **mi/s, tu/s, su/s, nuestro/a/s, vuestro/a/s** y **mío/a/s, tuyo/a/s, suyo/a/s, nuestro/a/s, vuestro/a/s.** En términos de acentuación, un adjetivo prepuesto **(mi, tu, su)** tiende a enlazarse con la palabra siguiente si esta comienza con vocal. Los adjetivos posesivos prepuestos pueden formar diptongos (la coarticulación de dos vocales en la misma sílaba) porque son átonas; o sea, no tienen acentuación hablada o escrita. Por ejemplo, con las frases "mi abuela" y "tu obligación", seguramente habrás oído y dicho en más de una ocasión "mia-bue-la" y "tuo-bli-ga-ción"; estas vocales pueden debilitarse porque no tienen acentuación. Al contrario, los adjetivos pospuestos **(mío/a/s, tuyo/a/s, suyo/a/s)** son palabras que tienen acentuación o bien hablada o bien escrita. Si uno quiere poner énfasis en la parte que se refiere a la posesión en lugar de exagerar la palabra "mi" o "tu", se escogería el adjetivo pospuesto "mío" o "tuyo" porque son palabras tónicas y, por eso, pueden cargar más énfasis. Comparando los ejemplos de "mi abuela" con "la abuela mía" quizá se pueda entender más esta relación.

1. ¿Qué es un diptongo?

   _____

2. ¿Qué significa la palabra "prepuesto"?

   _____

3. ¿Qué significa la palabra "pospuesto"?

   _____

4. ¿Cómo se distinguen los adjetivos posesivos prepuestos de los pospuestos en cuanto a la pronunciación?

   _____

   _____

   _____

5. Según el texto, ¿cuándo y por qué elegimos, a veces, utilizar los adjetivos pospuestos en lugar de los prepuestos?

   _____

   _____

   _____

Repaso

6. Presente indicativo de verbos regulares: Relating daily activities
(Textbook p. 13)

A-17 Tiempo libre con mis amigos.

Paso 1. Lee la siguiente descripción sobre el tiempo que pasa Bernardo con sus amigos, y selecciona todos los verbos en el presente que ves.

1. Mis amigos y yo pasamos mucho tiempo juntos. A veces caminamos por el campus o por el monte, y otras veces organizamos fiestas. Mis amigas Belén y Yolanda viven en un apartamento con una cocina maravillosa. Belén prepara cenas especiales casi todos los viernes y siempre me invita. Ella y Yolanda siempre cocinan el plato principal y yo normalmente llevo la ensalada o el postre. Primero cenamos, después hablo con todos mis amigos y finalmente paseamos hasta una discoteca cerca de su casa y mis amigas bailan toda la noche.

Paso 2. Para cada verbo que encontraste en **Paso 1,** indica cuál es la conjugación del verbo. Es importante que sigas el orden exacto en el que aparecen los verbos del **Paso 1.**

2. a. yo   b. nosotros   c. él / ella / usted   d. ellos / ellas / ustedes

3. a. yo   b. nosotros   c. él / ella / usted   d. ellos / ellas / ustedes

4. a. yo   b. nosotros   c. él / ella / usted   d. ellos / ellas / ustedes

5. a. yo   b. nosotros   c. él / ella / usted   d. ellos / ellas / ustedes

6. a. yo   b. nosotros   c. él / ella / usted   d. ellos / ellas / ustedes

7. a. yo   b. nosotros   c. él / ella / usted   d. ellos / ellas / ustedes

8. a. yo   b. nosotros   c. él / ella / usted   d. ellos / ellas / ustedes

9. a. yo   b. nosotros   c. él / ella / usted   d. ellos / ellas / ustedes

10. a. yo   b. nosotros   c. él / ella / usted   d. ellos / ellas / ustedes

11. a. yo   b. nosotros   c. él / ella / usted   d. ellos / ellas / ustedes

12. a. yo   b. nosotros   c. él / ella / usted   d. ellos / ellas / ustedes

13. a. yo   b. nosotros   c. él / ella / usted   d. ellos / ellas / ustedes

A-18 **La vida universitaria de Carlos.** Completa la descripción de la vida universitaria de Carlos con las formas correctas de los verbos correctos en el presente indicativo.

leer	estudiar	preparar	aprender	enseñar

Todos mis profesores son muy simpáticos y (1) _____ bien: sus clases son dinámicas y algunas son incluso divertidas. Todos los días yo (2) _____ mucho en la biblioteca después de ir a mis clases. (3) _____ libros y artículos, y también mis amigos y yo (4) _____ la tarea juntos. Gracias a esto, yo (5) _____ mucho todos los días.

compartir	hablar	llamarse	responder
tomar	comprender	practicar	

Mi compañero de cuarto (6) _____ Julián, y es muy simpático. Julián (7) _____ muchas clases de ciencias porque su especialidad es química. Él es de México y (8) _____ inglés, español y francés. A veces (9) _____ mi francés con él, pero si él me (10) _____ muy rápidamente no lo (11) _____. Me gusta vivir con Julián porque los dos somos muy generosos; siempre (12) _____ nuestras cosas entre nosotros.

A-19 Tu vida en la universidad.

Paso 1. Prepárate para describir tu vida y tus amigos en la universidad. Escribe apuntes usando por lo menos siete verbos regulares diferentes del libro de texto. No es necesario conjugar los verbos; solamente tienes que escribir apuntes.

_____

_____

_____

_____

_____

Paso 2. Usando tus apuntes del **Paso 1** para ayudarte, describe tu vida en la universidad y explica cómo son tus amigos y qué haces con ellos.

A-20 Heritage Language: *tu español*. En algunos lugares del mundo hispanohablante, la gente usa los pronombres **vos** y **vosotros** y sus conjugaciones correspondientes. Repasa las conjugaciones de **vos** y **vosotros**, y después completa las oraciones con los verbos correctos. Acuérdate de poner los acentos escritos.

1. ¿ _____ (asistir / pasar) vosotros a la misma universidad?

2. Vos _____ (tomar / recibir) clases muy interesantes.

3. Vosotros _____ (trabajar / hablar) español muy bien.

4. ¿ _____ (trabajar / pasar) vos en la librería?

5. Vosotros _____ (vivir / aprender) en la misma residencia que yo.

6. ¿Vos _____ (leer / entender) todo lo que dice el profesor?

Repaso

7. Algunos verbos irregulares: Expressing actions (Textbook p. 14)

A-21 Crucigrama. Completa el crucigrama con las formas correctas de los verbos correctos.

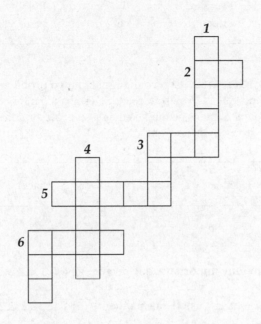

decir	saber	ir	dar
estar	ver	tener	venir

Vertical

1. Yo _____ muy bien, gracias. ¿Y tú?

3. Yo _____ a mi familia todos los domingos porque siempre comemos juntos en casa de mi abuela.

4. Yo _____ muchos amigos muy buenos en la universidad.

6. Cuando mis amigos me piden ayuda, yo se la _____ .

Horizontal

2. Yo _____ bailar salsa. ¿Y tú?

3. Este verano yo _____ a Argentina para las vacaciones.

5. Yo _____ de clase ahora mismo. ¿De dónde vienes tú?

6. Yo te _____ siempre la verdad.

A-22 Un mensaje de tu amigo. Escucha las buenas noticias que comparte Fernando contigo y selecciona los verbos de la lista que oyes.

traer	conocer	dar	decir	estar
hacer	oír	ir	poner	saber
ser	tener	ver	venir	

A-23 Un mensaje muy importante. El otro día Ignacio tuvo problemas en una clase por un malentendido (*misunderstanding*) porque el profesor creía que estaba jugando con su computadora y que no estaba prestando atención. Completa el mensaje que le envía a su profesor con las formas correctas de los verbos apropiados.

estar	saber	ver	hacer	tener

Estimado Profesor Ruiz:

Yo (1) _____ algo muy importante que decirle, y no (2) _____ cómo empezar.

Cuando yo lo (3) _____ a usted, normalmente (4) _____ preocupado. El

problema es que su clase es tan difícil que solo ir a su clase me (5) _____ sentir muy nervioso.

conocer	ser	hacer	estar	ver

Usted todavía no me (6) _____ muy bien, pero (7) _____ un estudiante

muy bueno, muy serio, muy trabajador y muy inteligente. Cuando usted me (8) _____ con

mi computadora portátil durante la clase, espero que comprenda que no (9) _____

haciendo cosas irrelevantes a la clase. Durante la clase yo (10) _____ cosas importantes

con mi computadora y todas son relevantes a la clase: tomo apuntes, repaso la tarea, etc.

Gracias por su tiempo.

Atentamente,

Ignacio

Perfiles

¿Quién habla español? (Textbook p. 18)

A-24 Unos hispanohablantes. Lee la sección **Perfiles** en tu libro de texto, y después indica qué personas mejor corresponden con las siguientes oraciones.

1.	Es de España.	Ricky Martin	Sonia Sotomayor	Santiago Calatrava	America Ferrera
2.	Su familia es de Honduras.	Ricky Martin	Sonia Sotomayor	Santiago Calatrava	America Ferrera
3.	Es de Puerto Rico.	Ricky Martin	Sonia Sotomayor	Santiago Calatrava	America Ferrera
4.	Es actor/actriz.	Ricky Martin	Sonia Sotomayor	Santiago Calatrava	America Ferrera
5.	Es arquitecto/a.	Ricky Martin	Sonia Sotomayor	Santiago Calatrava	America Ferrera
6.	Es músico/a.	Ricky Martin	Sonia Sotomayor	Santiago Calatrava	America Ferrera
7.	Es juez/a.	Ricky Martin	Sonia Sotomayor	Santiago Calatrava	America Ferrera

A-25 **Heritage Language:** *tu mundo hispano.* Investiga un campo que te parece especialmente interesante o emocionante (como la música, el cine, la tecnología, etc.) y busca por lo menos un hispanohablante que se ha destacado (*is prominent*) en esa área.

Paso 1. Investiga la vida de la persona que has elegido y escribe apuntes sobre cómo es (o era), qué tipo de persona es (o fue) y sobre qué eventos de su vida han sido (o fueron) decisivos.

_____

_____

_____

_____

_____

_____

_____

Paso 2. Ahora usa tus apuntes del **Paso 1** para dar un breve podcast informativo sobre la persona, sus talentos, su importancia en el mundo y sus logros (*accomplishments*).

Repaso

8. Los verbos con cambio de raíz: Communicating accomplishments
(Textbook p. 19)

A-26 **Un grupo de estudio.** Daniel y Marta quieren reunirse con Ana y Juan este fin de semana para estudiar para el examen de historia. Mira la agenda, y escucha lo que dicen los cuatro amigos sobre sus horarios. Escribe la letra **D** para Daniel, **M** para Marta, **J** para Juan y **A** para Ana en las horas en las que <u>no</u> pueden reunirse para estudiar. Pon una **T** para indicar cuando todos los amigos pueden reunirse.

La agenda de los cuatro amigos			
	viernes	**sábado**	**domingo**
8:00			
9:00			
10:00			
11:00			
12:00			
1:00			
2:00			
3:00			
4:00			

A-27 Gente muy ocupada. Escucha la información sobre los diferentes horarios de la actividad A-26 otra vez y, usando tus apuntes de esa actividad, contesta las siguientes preguntas con oraciones completas.

1. ¿Cuándo pueden reunirse los cuatro para estudiar?

   _____

   _____

2. En tu opinión, ¿cuándo deben reunirse? ¿Por qué?

   _____

   _____

3. ¿Cuál es la persona más ocupada? ¿Por qué?

   _____

   _____

4. ¿Quién parece tener la vida más equilibrada (*balanced*)? ¿Por qué?

   _____

   _____

Paso 2. Contesta la siguiente pregunta dando todos los detalles posibles.

5. ¿Cuál de los cuatro estudiantes tiene un horario para el fin de semana más semejante al tuyo? ¿Cuál de los cuatro estudiantes tiene un horario que para ti es el más atractivo? ¿Por qué?

A-28 El fin de semana. Mikel habla con Sara sobre sus planes para el fin de semana. Completa su conversación con las formas correctas de los verbos correctos.

MIKEL: Bueno, ¿qué (1) _____ (entender / pensar) hacer este fin de semana?

SARA: No sé. (2) _____ (Costar / Querer) hacer algo diferente, algo más activo de lo normal.

MIKEL: Sí, creo que es buena idea. (3) _____ (Recomendar / Recordar) que hagas una excursión.

SARA: Qué buena idea. Yo (4) _____ (almorzar / poder) ir al monte.

   ¿(5) _____ (Dormir / Querer) tú venir conmigo?

MIKEL: ¡Creo que es una idea estupenda! Gracias por la invitación.

A-29 Clases difíciles. Enrique está tomando una clase muy difícil y no sabe qué hacer. Completa la descripción de su situación con las formas correctas de los verbos entre paréntesis en el presente indicativo.

recomendar	poder	jugar	dormir
pedir	entender	perseguir	pensar

¡Yo (1) _____ que esta clase nos va a matar! El profesor nos (2) _____ que

leamos muchas páginas todos los días y también nos da muchísima tarea. Y además, como la materia es tan difícil

y el profesor no nos explica nada, nosotros no (3) _____ sacar buenas notas en los exámenes.

Estoy tan preocupado por la clase que por la noche no (4) _____ bien; los pensamientos de las

tareas y las lecturas y los exámenes me (5) _____ toda la noche. Ya no (6) _____

al fútbol por la tarde porque no tengo tiempo. Algunos de mis amigos me (7) _____ que deje la

clase y que tome otra, pero eso es imposible; ellos no (8) _____ que tengo que tomar esa clase

para mi especialidad.

Nombre: _____   Fecha: _____

A-30 ¿Cómo es tu vida en la universidad?

Paso 1. Prepárate para dar una descripción de tu vida en la universidad, tus clases y qué piensas de todo. Responde a las siguientes preguntas con apuntes; no uses oraciones completas.

- ¿Qué piensas de tus profesores? ¿Piensas que son buenos? ¿simpáticos?

- ¿Qué piensas de tus clases? ¿Piensas que son interesantes? ¿difíciles?

- ¿Entiendes todo lo que dicen tus profesores cuando hablan?

- ¿Duermes bien por la noche? ¿Por qué sí o por qué no?

- ¿Dónde almuerzas todos los días? ¿Te gusta? ¿Por qué sí o por qué no?

- ¿Juegas a deportes en la universidad? ¿Cuáles? ¿cuándo? ¿con quién(es)?

- ¿Cómo quieres cambiar tu vida en la universidad? ¿Quieres tener más tiempo libre? ¿clases más interesantes?

_____

_____

_____

_____

_____

_____

_____

Paso 2. Usa tus apuntes del **Paso 1** para ayudarte a dar una descripción completa de cómo es tu vida en la universidad y de qué piensas de tus clases y de tus profesores.

Repaso

9. Las construcciones reflexivas: Relating daily routines (Textbook p. 22)

A-31 Una mañana típica de Manolo. Mira los dibujos e indica cuál de los dibujos corresponde a cada actividad que describe Manolo. Escribe solo la letra del dibujo correspondiente: **a, b, c, d** o **e.**

a.

d.

b.

e.

c.

1. _____

2. _____

3. _____

4. _____

5. _____

Nombre: _____ Fecha: _____

A-32 Rutinas. Completa la conversación con los verbos apropiados.

se acuerda	se despierta	sentarme	se quedan	se van	acostarse

BEA: ¿A qué hora (1) _____ tú y Antonio de casa para llegar a su primera clase, Abel?

ABEL: A las ocho menos cuarto. Pero tengo que empezar a salir más temprano porque si no, siempre

tengo que (2) _____ en la última fila de la sala de clase. Desde allí no puedo ver la

pizarra bien.

CARMEN: Mi compañera de cuarto siempre (3) _____ tarde. Ella nunca

(4) _____ de poner el despertador. Debe (5) _____ más temprano

por la noche.

JORGE: Es como mis compañeros de apartamento. Ellos siempre (6) _____ en casa hasta

el último momento.

A-33 Los horarios. Completa la conversación sobre los diferentes horarios con las formas correctas en el presente indicativo o el infinitivo de los verbos reflexivos correctos.

FRANCISCO: Normalmente, yo (1) _____ (levantarse / cepillarse) a las siete y media y

(2) _____ (ducharse / acostarse) a las once de la noche porque necesito dormir

ocho horas y media todos los días. ¿Cuándo (3) _____ (maquillarse / acostarse)

tú, Reyes?

REYES: Normalmente a las diez durante la semana, y a las doce de la medianoche los fines de semana.

¿(4) _____ (Levantarse / Cepillarse) temprano tú, Félix?

FÉLIX: Sí, normalmente, a las seis. Me gusta (5) _____ (ducharse / maquillarse) antes de

que el agua caliente se acabe. Francisco, (6) ¿_____ (levantarse / ducharse) por la

noche o por la mañana?

FRANCISCO: Por la mañana. ¿Cuánto tiempo necesitas para prepararte, Irene? Yo sé que muchas chicas toman

mucho tiempo.

IRENE: Yo no soy así. Primero yo (7) _____ (despertarse / acostarse), y luego voy al baño

para (8) _____ (ducharse / levantarse). Entonces (9) _____

(quitarse / ponerse) la ropa, y (10) _____ (maquillarse / acostarse) un poco.

Tomo treinta minutos en total.

REYES: Eres muy rápida. ¡Yo paso treinta minutos solo arreglándome el pelo!

Nombre: _____   Fecha: _____

A-34 Tu rutina. ¿Cómo es un día típico para ti?

Paso 1. Escribe apuntes sobre cómo es un día típico para ti, desde despertarte por la mañana hasta acostarte por la noche. Intenta incluir muchos detalles. No uses oraciones completas.

_____

_____

_____

_____

_____

Paso 2. Usa tus apuntes del **Paso 1** para ayudarte a dar la descripción más completa posible de tu rutina diaria. Intenta usar una variedad de verbos reflexivos.

Repaso

10. Repaso de *ser* y *estar:* Describing states of being, characteristics, and location (Textbook p. 26)

A-35 Crucigrama. Completa el crucigrama con la forma correcta de cada verbo.

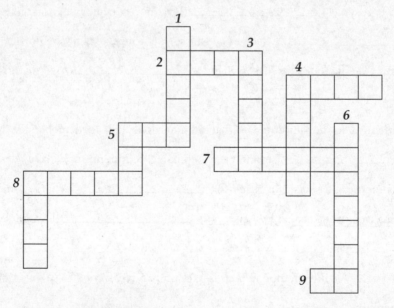

Vertical

1. ellos / estar
3. nosotros / ser
4. tú / estar
5. yo / ser
6. nosotros / estar
8. ella / estar

Horizontal

2. vosotros / ser
4. tú / ser
5. ellos / ser
7. vosotros / estar
8. yo / estar
9. ella / ser

Nombre: _____ Fecha: _____

A-36 ¡Mucho gusto! Decides visitar a tu amigo Juan, que estudia en otra universidad. Juan te presenta a todos sus amigos. Escoge las formas correctas de los verbos correctos para completar sus presentaciones.

PABLO: ¡Hola, encantado! Me llamo Pablo. (1) (Soy / Estoy) el compañero de cuarto de Juan. Todos nosotros (2) (somos / estamos) muy contentos de tenerte aquí.

ASHLEY: ¡Hola, mucho gusto! Me llamo Ashley. (3) (Soy / Estoy) de Illinois. (4) (Soy / Estoy) la novia de Pablo.

RACHEL: ¡Hola, encantada de conocerte! Me llamo Rachel. Perdóname, pero mis compañeros de clase y yo (5) (somos / estamos) estudiando porque tenemos exámenes el lunes. Por eso voy a (6) (ser / estar) muy ocupada este fin de semana y no voy a poder (7) (ser / estar) con ustedes durante mucho tiempo. ¡Espero que te diviertas mucho!

JORGE: ¡Hola! Mucho gusto, me llamo Jorge. ¿Cómo (8) (eres / estás)? Yo (9) (soy / estoy) mexicano. ¿De dónde (10) (eres / estás) tú?

A-37 Preséntate. Estás visitando a un amigo en otra universidad y te presentó a algunos de sus amigos. Uno de ellos quiere saber más de ti. Primero repasa las conjugaciones de la forma de **yo** de los verbos **ser** y **estar**, y después preséntate al amigo. Puedes compartir toda la información que quieras, pero como mínimo tienes que responder a todas sus preguntas.

- ¿Cómo te llamas?

- ¿De dónde eres?

- ¿Cómo estás?

- ¿Dónde eres estudiante?

- ¿Cuál es tu especialidad?

- ¿Qué clases estás tomando ahora durante este cuatrimestre?

- ¿Cómo son tus clases?

- ¿Cómo son tus profesores?

- En general ¿estás contento/a con tus clases? ¿Por qué sí o por qué no?

- ¿Eres jugador de algún deporte de la universidad? Si sí, ¿cuál? Si no, ¿por qué no?

- En general ¿estás contento/a con tu universidad? ¿Por qué sí o por qué no?

A-38 Un e-mail para la abuela. José Miguel le escribe un mensaje de correo electrónico a su abuela y le explica cómo es su vida universitaria. Escribe la forma correcta del presente de indicativo del verbo correcto, **ser** o **estar**.

Querida Abuelita:

¿Cómo (1) _____ ? Espero que bien. Finalmente tengo tiempo para escribirte un poco.

En primer lugar, todo va muy bien. (2) _____ muy contento aquí y, no te preocupes,

(3) _____ estudiando mucho todos los días.

Mi compañero de cuarto se llama Andrés. (4) _____ un estudiante de segundo año y

(5) _____ de Barcelona.

(6) _____ un chico muy amable, y nosotros ya (7) _____ buenos amigos.

Andrés tiene dos hermanas y un hermano. Su hermano David (8) _____ en Alemania

ahora haciendo unas prácticas (*internship*) en una empresa alemana. David (9) _____

casado y tiene un hijo. Sus hermanas (10) _____ muy bonitas.

Andrés tiene novia; ella se llama Sofía. Ella quiere graduarse temprano, y por eso ella siempre

(11) _____ muy ocupada; ¡toma seis clases! Ella (12) _____ muy

inteligente y trabajadora. Sus amigas (13) _____ tan serias como Sofía y

(14) _____ muy guapas, también. Bueno, ya (15) _____ las cinco, y tengo

que salir para cenar con mis nuevos amigos en la cafetería. ¡Escríbeme pronto!

Un abrazo muy fuerte,

José Miguel

Repaso

11. El verbo *gustar:* Conveying likes and dislikes (Textbook p. 29)

A-39 Preferencias. Conecta cada preferencia con la oración que mejor corresponda.

1. Me gusta salir a las discotecas los fines de semana. _____

2. Me gustan los restaurantes elegantes. _____

3. Me gusta ir a los partidos de fútbol profesionales. _____

4. Me gusta cocinar. _____

5. Me gustan las clases interesantes. _____

6. Me gusta mi profesor. _____

a. Disfruto mucho preparando una cena especial para mis amigos.

b. ¡Qué bonito es salir para una cena romántica!

c. No me importa si es fácil o difícil, ni tampoco si voy a sacar buenas notas; quiero aprender cosas nuevas.

d. Explica las cosas muy claramente, enseña muy bien y prepara clases interactivas, interesantes y divertidas.

e. Me divierto mucho cuando puedo bailar toda la noche.

f. Estoy contento cuando estoy en el estadio con otros aficionados de mi equipo.

A-40 Los gustos. Escucha los comentarios de Estela y después indica si cada cosa le gusta a ella o no, o si les gusta a ella y a sus amigos o no. Acuérdate de usar las formas correctas del verbo **gustar** y los pronombres de objeto indirecto apropiados.

MODELOS

Oyes: Nos encantan todos los deportes, sobre todo los deportes de equipo.

Escribes: A Estela y a sus amigas *les gusta* el béisbol.

Oyes: Solamente nos divertimos con los deportes muy rápidos con mucho movimiento donde los jugadores tienen que correr constantemente.

Escribes: A Estela y a sus amigas *no les gusta* el béisbol.

1. A Estela _____ sus compañeras de cuarto.

2. A Estela _____ trabajar en la biblioteca.

3. A Estela y a sus amigos _____ estudiar en la biblioteca.

4. A Estela _____ los libros.

5. A Estela _____ la cafetería.

6. A Estela y a sus amigos _____ los deportes.

A-41 Tus preferencias. Escucha las preguntas y responde con oraciones completas. Sigue el modelo con mucho cuidado.

MODELO   Oyes: ¿Te gusta la comida hispana?

Escribes: *Sí, me gusta. / No, no me gusta.*

1. _____.

2. _____.

3. _____.

4. _____.

5. _____.

6. _____.

7. _____.

A-42 Heritage Language: *tu mundo hispano.* Entrevista a por lo menos tres personas de herencia hispana, con familias representantes de tres países distintos. Pregúntales por las actividades que más les gusta hacer durante su tiempo libre y por las comidas que más les gustan. Pregúntales también cómo piensan que comparan sus propios gustos con los gustos de otras personas del país de origen de sus familias. Después escribe un análisis comparando los gustos y las preferencias de las personas a las que has entrevistado con tus propios gustos y preferencias.

_____

_____

_____

_____

_____

_____

_____

_____

_____

_____

_____

Notas culturales

La influencia del español en los Estados Unidos (Textbook p. 30)

A-43 El español en los Estados Unidos. Lee la información en tu libro de texto, y después elige la mejor respuesta o las mejores respuestas para cada pregunta.

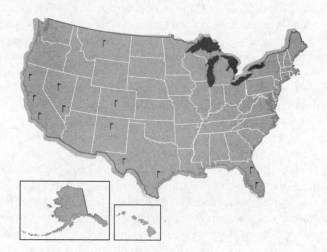

1. Según el libro de texto, ¿cuáles de los siguientes lugares en los Estados Unidos tienen nombres que vienen del español?
   a. Las Vegas
   b. Santa Fe
   c. Nueva York
   d. Oregón
   e. Colorado

2. Según el libro de texto, ¿cómo es la comunidad hispanohablante en los Estados Unidos?
   a. Los hispanos tienen mucha influencia económica.
   b. Los hispanos son un grupo muy grande en el país.
   c. La mayoría de los hispanos no tienen mucho dinero.
   d. Los hispanos tienen mucha influencia en la música y el cine de los Estados Unidos.

3. ¿Cuántos canales de radio con programación en español hay en los Estados Unidos?
   a. más de seiscientos cincuenta
   b. más de seis mil quinientos
   c. más de sesenta y cinco

4. ¿Cuáles de los siguientes nombres se refieren a canales de televisión que ofrecen programación en español en los Estados Unidos?
   a. Americavisión
   b. Univisión
   c. MegaTele
   d. América TeVe

A-44 Heritage Language: tu mundo hispano. Lee el siguiente texto con cuidado. Luego, contesta las preguntas con oraciones completas.

Según los índices provistos al principio del capítulo, hay más hispanohablantes en los Estados Unidos que en Perú, donde el español es una lengua oficial. Sin embargo, aunque no es una lengua oficial en los Estados Unidos, el español es una lengua nacional e importante con más de veinte millones de hablantes. Según los censos, hay algunas regiones estadounidenses que se destacan (*are notable*) más por su población hispana que otras; por ejemplo, hay más hispanohablantes en California, Arizona, Nuevo México, Nevada, Texas, Florida, Nueva York e Illinois que en otros lugares. Además, se nota más la influencia del español en los topónimos (los nombres de lugares, ciudades y estados) en el oeste del país que en otras zonas. Dependiendo del lugar, se nota la presencia del español también en los medios de comunicación, como se ve especialmente bien en la difusión radiotelevisiva. En muchas ciudades por todo el país, hay emisoras (*radio stations*) y canales que realizan toda su programación completamente en español. También hay muchos documentos oficiales y gubernamentales que se publican tanto en inglés como en español por la gran cantidad de hispanos en este país.

El español es la segunda lengua más hablada en los Estados Unidos y esto se refleja en ciertas tendencias y cambios en prácticas culturales que podríamos relacionar con un intento de acomodar a la demográfica creciente. Por ejemplo, hace poco el himno nacional de los Estados Unidos se grabó, con la misma melodía pero con letra diferente y *en español*. El grupo musical "Somos Americanos" interpretó el himno nacional dándole el nombre "Nuestro Himno" y dieron un concierto en la famosa Isla de Ellis, lugar con tanto significado y peso histórico para todos los inmigrantes del país. Sin embargo, la interpretación del himno en español provocó toda clase de reacciones, no todas positivas; según algunos, la versión en español no refleja las luchas ni los sentimientos originales de la época ni tampoco los acontecimientos históricos descritos en la letra original.

Aunque puede que haya controversia sobre los cambios que se han llevado a cabo últimamente, no se puede negar la influencia del español en este país ni la importancia que tiene. Desde hace mucho tiempo, por todo el mundo, el bilingüismo ya no se ha visto solamente como una herramienta para adelantarse en el futuro, sino más bien como una verdadera necesidad. Aunque el contacto con diferentes lenguas y culturas siempre ofrece diversas ventajas, está claro que en la sociedad del siglo XXI, que es un auténtico mosaico de culturas en un mundo globalizado, las culturas hispanas y la lengua española figuran prominentemente.

1. ¿Qué regiones de los Estados Unidos se destacan por su alto porcentaje de hispanos?

_____

_____

2. ¿Qué significa la palabra *topónimo*? ¿Qué relación tiene con la influencia del español en los Estados Unidos?

_____

_____

3. ¿Quiénes son "Somos Americanos"?

_____

_____

4. ¿Qué controversia surgió con la interpretación del himno nacional en español?

_____

_____

5. ¿Qué opinas tú de "Nuestro Himno"? ¿Entiendes por qué les ofendió a algunos?

_____

_____

_____

_____

6. ¿Qué lenguas piensas que van a ser muy importantes en el futuro? ¿Por qué?

_____

_____

_____

_____

_____

_____

Escritura

A-45 El estudio de otra lengua. La cuestión de exigir (*require*) que los estudiantes estudien otra lengua en nuestras escuelas y universidades es un tema bastante polémico (*controversial*) en los Estados Unidos. Hay gente que cree que es importante saber otra lengua. En algunos estados existe legislación que hace que el estudio de una lengua extranjera sea obligatorio. En otros estados, no hay tal obligación.

Paso 1. Un/a amigo/a tuyo/a que estudia en una universidad donde no es importante el estudio de otra lengua, y que piensa especializarse en ingeniería, puede creer que el estudio del español no le va a servir para nada en sus planes. Piensa en todos los beneficios de estudiar otra lengua y apúntalos en un bosquejo (*outline*) informal. ¿Cómo puedes convencerle a tu amigo/a que una concentración menor en español, por lo menos, puede beneficiarle?

Paso 2. Descubres que existe un programa internacional de ingenieros en el que los alumnos estudian la carrera de ingeniería y también la de español. El plan académico incluye un año en un país hispanohablante, primero estudiando y después con un trabajo en prácticas (*internship*). Escribe un mensaje de correo electrónico a tu amigo/a para animarle a mirar este programa más de cerca y para ayudarle a entender que las lenguas no son incompatibles con las ciencias ni con la industria.

_____

_____

_____

_____

_____

Refranes

A-46 Unos refranes. El **Capítulo Preliminar A** enfatiza la importancia de saber otra lengua, especialmente el español y también, con el enfoque en la vida y los estudios universitarios, la importancia de estudiar para saber y aprender en general. A continuación hay tres refranes que tienen que ver con el lenguaje, las palabras y el conocimiento en general.

Paso 1. Lee cada refrán, y luego piensa en su significado y cómo se relaciona ese significado a los temas de este capítulo. Para cada refrán escribe un breve párrafo contestando las siguientes preguntas:

- ¿Cuál es el mensaje que comunica el refrán?

- ¿Qué importancia puede tener ese mensaje para tu vida ahora como estudiante? ¿y para tu vida después de tus estudios?

- ¿A qué situaciones puedes aplicar ese mensaje?

1. "Saber mal y no saber es la misma cosa".

_____

_____

_____

_____

_____

2. "A palabras necias, oídos sordos".

_____

_____

_____

_____

_____

3. "Una palabra de un sabio vale por cien de un tonto".

_____

_____

_____

_____

_____

Paso 2. Ahora describe cuál de los tres refranes te gusta más y por qué.

Comunidades

A-47 Experiential Learning: *Materiales para la universidad.* Haz un listado de las cosas que tuviste que comprar (o que decidiste comprar) antes de ir a la universidad e intenta recordar cuánto te costó aproximadamente cada artículo. Después, busca esos artículos en la página web de Amazon España. ¿Tienen todos los artículos? ¿Cuánto cuestan? ¿Cómo comparan los precios con lo que pagaste tú? Comparte los resultados de tu investigación con tus compañeros de clase y compáralos. ¿Llegaron todos a las mismas conclusiones?

A-48 Service Learning: *Apoyo educativo.*

Paso 1. Materiales escolares. Trabaja con algunos compañeros de tu clase para preparar materiales escolares educativos en español para una escuela primaria o secundaria de tu comunidad que ofrece clases de lengua española. Antes de crear los materiales, pónganse en contacto con el departamento de lenguas o con el director de la escuela y pregúntales qué tipo de materiales necesitan o qué materiales pueden ser útiles para sus profesores y estudiantes en sus clases de español. Lleven copias de los materiales creados a su clase de español y preparen una presentación para sus compañeros de clase.

Paso 2. Tutorías. Ofrece tu ayuda a estudiantes de una escuela primaria o secundaria, o incluso de tu propia universidad, que están empezando a estudiar el español. Ayúdales a perder el miedo a hablar español y ayúdales a empezar a entender el vocabulario básico del primer curso de español.

Así somos

Comunicación I

Vocabulario

1. El aspecto físico y la personalidad: Describing yourself and others in detail (Textbook p. 34)

01-01 La familia de Isabel. Escucha la descripción de la familia de Isabel, y después escoge a qué miembro o miembros de su familia corresponde cada adjetivo.

1. honesto/a
   a. Jorge
   b. Linda
   c. Ronaldo
   d. Manolo
   e. Isabel

2. despistado/a
   a. Jorge
   b. Linda
   c. Ronaldo
   d. Manolo
   e. Isabel

3. sensible
   a. Jorge
   b. Linda
   c. Ronaldo
   d. Manolo
   e. Isabel

4. educado/a
   a. Jorge
   b. Linda
   c. Ronaldo
   d. Manolo
   e. Isabel

5. grosero/a
   a. Jorge
   b. Linda
   c. Ronaldo
   d. Manolo
   e. Isabel

6. inteligente
   a. Jorge
   b. Linda
   c. Ronaldo
   d. Manolo
   e. Isabel

7. elegante
   a. Jorge
   b. Linda
   c. Ronaldo
   d. Manolo
   e. Isabel

8. chistoso/a
   a. Jorge
   b. Linda
   c. Ronaldo
   d. Manolo
   e. Isabel

9. bueno/a
   a. Jorge
   b. Linda
   c. Ronaldo
   d. Manolo
   e. Isabel

10. divertido/a
    a. Jorge
    b. Linda
    c. Ronaldo
    d. Manolo
    e. Isabel

01-02 Fotos de familia. Escucha las descripciones de los familiares, y después indica qué característica corresponde a qué miembro de la familia.

1. Rosa: lunar   pecas   trenza
             bien educada   despistada   grosera

2. Martín: pelirrojo   pelo rizado   tatuaje
             despistado   chistoso   educado

3. Enrique: bigote   calvo   sensible
             educado   grosero   chistoso

4. Tomás: barba   bigote   moreno
             elegante   grosero   serio

5. Carlos: cicatriz   pecas   tatuaje
             chistoso   elegante   sensible

01-03 En la peluquería. Mira a la gente que está en la peluquería, y después indica qué característica corresponde a qué persona. Escribe solamente el nombre de la persona en cada espacio.

1. Tiene pecas. _____

2. Tiene canas. _____

3. Tiene tatuaje. _____

4. Tiene lunar en la cara. _____

5. Tiene pestañas muy largas. _____

6. Tiene barba. _____

7. Está calvo. _____

8. Tiene trenzas. _____

9. Lleva peluca. _____

10. Tiene frenos. _____

🔊 **01-04 Mis amigos.** Escucha la descripción de los amigos de Maite, y después indica cuál es el adjetivo más apropiado para describir cada uno.

1. Alejandra es _____.
   a. bien educada
   b. mal educada
   c. grosera
   d. chistosa

4. Eugenio es _____.
   a. grosero
   b. chistoso
   c. serio
   d. despistado

2. Faustina es _____.
   a. chistosa
   b. mal educada
   c. seria
   d. extrovertida

5. José es _____.
   a. chistoso
   b. serio
   c. despistado
   d. flojo

3. Roberta es _____.
   a. mal educada
   b. despistada
   c. grosera
   d. chistosa

01-05 Descripciones personales. Prepárate para describir a algunas personas de tu vida.

Paso 1. Usando el vocabulario del **Capítulo 1** y el vocabulario en el **Apéndice 2** que viene del Capítulo 1 de *Anda elemental*, escribe todas las palabras aplicables a cada persona.

1. Tu mejor amigo/a:

   _____

   _____

   _____

2. Uno/a de tus familiares:

   _____

   _____

   _____

3. Tu profesor/a favorito/a:

   _____

   _____

   _____

4. Tu cantante / actor / actriz / persona famosa favorito/a:

   _____

   _____

   _____

Paso 2. Usando tus apuntes del **Paso 1,** escribe la descripción más completa posible de dos de las personas.

5. _____

_____

_____

_____

_____

_____

6. _____

_____

_____

_____

_____

_____

Paso 3. Ahora para las otras dos personas del **Paso 1** (no las que elegiste para el **Paso 2**) y usando tus apuntes del **Paso 1,** descríbeles de la forma más completa posible.

7. ...

8. ...

Repaso

Los pronombres de complemento directo e indirecto y los pronombres reflexivos: Avoiding repetition and clarifying meaning (Textbook p. 35)

01-06 Un mensaje de correo electrónico para Susana. Silvia le escribe un mensaje de correo electrónico a su amiga, Susana, sobre las preparaciones para una fiesta para su hermana y su cuñado. Llena los espacios con los pronombres correctos.

Hola Susana,

Hace mucho tiempo que no (1) _____ escribo (a ti). ¡Lo siento! Estoy tan ocupada con

tantas cosas. Mis hermanos y yo (2) _____ estamos preparando a nuestra hermana y a

nuestro cuñado una fiesta para celebrar el nacimiento de su primer hijo.

Al principio, pensábamos hacer(3) _____ una fiesta sorpresa. Sin embargo, no queríamos

dar(4) _____ un choque (*shock*). Es mejor, porque ahora ellos están involucrados en los

planes, y sé que esto (5) _____ gusta mucho a mi hermana.

Como siempre, mi hermano mayor (6) _____ queja mucho de todo el trabajo que le pido

que haga, pero mi hermano menor (7) _____ ayuda con todo lo que tengo que preparar.

Espero que recibas tu invitación pronto —(8) _____ (9) _____

mandé el sábado. Si no puedes venir, no (10) _____ preocupes —yo entiendo que estás

muy ocupada.

Bueno, ya es tarde. Pienso acostar(11) _____ pronto porque mañana todos nosotros

(12) _____ tenemos que levantar temprano. ¡Buenas noches!

Abrazos,

Silvia :)

01-07 La boda de mi hermana. Completa cada oración de Lourdes sobre los preparativos para la boda de su hermana con el pronombre correcto. Luego indica si es un pronombre de objeto directo (**OD**), un pronombre de objeto indirecto (**OI**) o un pronombre reflexivo (**REF**).

MODELO   Tengo que escribir*le* un brindis (*toast*) a mi hermano.   *OI*

1. El hotel tiene que dar_____ el menú a mi hermana.   _____

2. El DJ me llamó; voy a devolver_____ la llamada mañana.   _____

3. Necesitamos unas fotos de mi hermana. Mamá me _____

    va a mostrar.   _____

4. El novio de mi hermana no _____ preocupa por las

    preparaciones tanto como mi hermana y yo.   _____

5. Tenemos que decir_____ al florista que queremos muchas rosas.   _____

6. Cuando llegó mi hermana a la boda, su novio _____

    miró con mucho amor.   _____

01-08 **Un día muy ocupado.** Dora está muy ocupada hoy. Usa la información para describir a qué hora hace todas estas cosas. Usa los pronombres reflexivos y los pronombres de objeto directo e indirecto correctamente. Sigue el modelo con cuidado.

MODELO 6:30 / Dora / despertarse
A las 6:30, Dora se despierta.
6:30 / Dora / mandarle una carta a su prima
A las 6:30, Dora le manda una carta a su prima.

1. 7:00 / Dora / levantarse

   _____.

2. 7:15 / Dora / ducharse

   _____.

3. 9:00 / Dora / escribirles unos mensajes de Facebook a sus amigos

   _____.

4. 11:00 / Dora / reunirse con su profesor

   _____.

5. 3:30 / Dora / darle / un regalo de cumpleaños a su hermano

   _____.

6. 5:30 / Dora / ayudarles a sus hermanitos con la tarea

   _____.

01-09 **Un sábado típico.** ¿Cómo es un sábado típico en tu familia? Describe lo que haces y lo que hace el resto de tu familia muchos sábados. Usa por lo menos **cinco** verbos reflexivos diferentes. Usa por lo menos tres pronombres de objeto indirecto diferentes. Intenta usar también pronombres de objeto directo por lo menos dos veces.

01-10 Heritage Language: *tu español*. Lee el
siguiente texto sobre el fenómeno del "leísmo", y después
contesta las preguntas.

Existen variaciones en la forma de hablar de gente por todo el
mundo hispano. En algunos casos, los hablantes nativos del español
de una región concreta llegan a utilizar formas no normativas.
Es decir, estos hablantes no siguen las normas gramaticales más
extendidas y aceptadas. Algunas de estas variaciones a lo largo del
tiempo se extienden en el uso y llegan a convertirse en nuevas
normas. Es decir, las comunidades, con sus formas de hablar y usar
la lengua, llegan a cambiar las reglas gramaticales.

Uno de los elementos que ha caracterizado el español de
España desde hace siglos es el leísmo. Históricamente el uso
de **le** reemplazaba el pronombre **lo (a él)** como complemento
directo cuando nos referimos a una persona masculina. Por
ejemplo, para contarnos que recientemente vieron a un amigo,
en lugar de decir "Lo vi ayer", los españoles dicen "Le vi ayer". Aunque algunos podrían pensar que esto se trata
de un error gramatical, no lo es; este fenómeno, al estar tan extendido —tanto por el número de personas que
utilizan esta forma, como también por haber sido algo habitual desde hace siglos— se ha llegado a aceptar como
un uso correcto del pronombre.

En las zonas cercanas al País Vasco, también se ha documentado un leísmo femenino. Por ejemplo, para
comunicarnos que recientemente vieron a una amiga, por el norte de España hay gente que nos diría "La vi
ayer". Como este fenómeno es bastante más atípico y mucho menos extendido que el leísmo masculino, no se ha
llegado a aceptar de forma general como nueva norma gramatical.

1. Resume con tus propias palabras la idea principal del primer párrafo.

   _____

   _____

2. Resume con tus propias palabras en qué consiste el leísmo masculino y el leísmo femenino.

   _____

   _____

   _____

3. ¿Cuál es la diferencia entre el leísmo masculino y el leísmo femenino que menciona el texto?

   _____

   _____

   _____

4. Investiga en el Internet para descubrir en qué consisten los siguientes fenómenos: leísmo de cortesía, laísmo,
   dequeísmo y queísmo.

   _____

   _____

   _____

Gramática

2. Algunos verbos como *gustar:* Expressing feelings and reactions
(Textbook p. 39)

01-11 ¿Cómo son? Lee las oraciones sobre las diferentes personas, y después escucha las descripciones. Entonces indica cuál de las oraciones corresponde a cada descripción.

1. _____   a. Le hace falta prestar más atención a los detalles, concentrarse y aprender a organizarse mejor.

2. _____   b. Le encanta el arte corporal (*of the body*).

3. _____   c. Tiene pelo largo y le molesta mucho cuando le toca la cara o le cubre los ojos.

4. _____   d. Le fascina estar con otras personas y casi toda la gente le cae bien.

5. _____   e. Le interesa conservar todo el dinero posible y no le gusta gastar el dinero.

6. _____   f. Le hace falta aprender a ser una persona mejor educada.

01-12 Ideas y opiniones. La profesora les pide a sus estudiantes que compartan sus ideas y opiniones sobre las clases. Los estudiantes tienen sus apuntes, y tú tienes que escribirlos en oraciones completas. Sigue el modelo con mucho cuidado.

MODELO   Yo / gustar / tener
A mí me gusta tener profesores inteligentes y simpáticos.

1. Roberto y Carlos / parecer bien

_____ las presentaciones de PowerPoint.

2. Miguel / caer bien

_____ todos sus profesores.

3. Alicia y Margarita / importar

_____ sacar buenas notas.

4. Salvador y yo / fascinar

_____ las clases de lengua.

5. Ustedes / molestar

_____ tener muchos exámenes.

6. Rocío / hacer falta

_____ clases más interesantes.

7. Tú / interesar

_____ las ciencias y la tecnología.

8. Yo / encantar

_____ las culturas hispánicas.

01-13 ¿Qué opinas tú? Piensa en las cosas y las personas que te gustan mucho y también en las que no te gustan tanto. Utilizando los siguientes verbos, escribe **diez** oraciones sobre algunos de tus gustos y preferencias más interesantes o importantes: **fascinar, encantar, gustar, interesar, caer bien, parecer bien, caer mal, parecer mal, importar, molestar.** Usa cada expresión por lo menos una vez.

1. _____
2. _____
3. _____
4. _____
5. _____
6. _____
7. _____
8. _____
9. _____
10. _____

01-14 Heritage Language: *tu español*. Algunos verbos como **gustar** también tienen formas reflexivas con significados bastante diferentes. Busca la diferencia entre **preocuparse por** y **preocupar**, y entre **parecerse** y **parecer**. Después, lee las oraciones e indica cuál corresponde a cada explicación.

1. Se preocupa mucho por sus hermanas. _____

2. Sus hermanas le preocupan mucho. _____

3. Sus hermanas le parecen chistosas. _____

4. Sobre todo con respecto al sentido del humor, se parece mucho a sus hermanas. _____

a. Es una persona que piensa mucho en sus hermanas.

b. Ella y sus hermanas son todas personas muy similares.

c. Sus hermanas actúan sin prudencia y a veces son irresponsables; por eso a veces se siente un poco nerviosa.

d. Piensa que sus hermanas son muy divertidas y cómicas.

Notas culturales

¿Hay un hispano típico? (Textbook p. 42)

01-15 Los estereotipos. Lee las *Notas culturales* de tu libro de texto, e indica si las siguientes oraciones son **Ciertas** o **Falsas**, o si **No se dice** en la lectura.

1. Es verdad que toda la gente hispana es muy similar.	Cierto	Falso	No se dice.
2. No hay diferencias entre la comida mexicana y la comida española.	Cierto	Falso	No se dice.
3. Los hispanos vienen de una mezcla de varias razas y culturas.	Cierto	Falso	No se dice.
4. Según el texto, algunas personas hacen estereotipos basados en uno o dos personas de un grupo étnico.	Cierto	Falso	No se dice.
5. Según el texto, la mayoría de los hispanos tienen las mismas características físcas, aunque tienen personalidades muy diferentes.	Cierto	Falso	No se dice.

Escucha (Textbook p. 44)

01-16 Antes de escuchar. Sara y Roberto están preparando una fiesta juntos y tienen problemas con los planes. Mira la foto y contesta las preguntas.

1. ¿Cuál es un problema que piensas que Sara y Roberto pueden tener con los planes?

_____

_____

_____

2. ¿Quién o qué puede ser la fuente (*source*) del problema? ¿Por qué piensas así?

_____

_____

_____

3. ¿Cómo se siente Sara a causa de los problemas? ¿Cuáles son tres o cuatro palabras de vocabulario que crees pueden describir sus sentimientos?

_____

_____

_____

4. ¿Cómo se siente Roberto a causa de los problemas? ¿Cuáles son tres o cuatro palabras de vocabulario que crees pueden describir sus sentimientos?

_____

_____

_____

01-17 Problemas con los planes.

Paso 1. Sara y Roberto tienen una conversación seria sobre la fiesta que están organizando para su organización estudiantil. Escucha parte de su conversación y luego indica si las oraciones son **Ciertas** o **Falsas** o si **No se dice.**

1.	Al principio, Sara cree que Roberto no le está ayudando mucho.	Cierto	Falso	No se dice.
2.	Roberto cree que Sara es una persona muy despistada.	Cierto	Falso	No se dice.
3.	Roberto es más perfeccionista que Sara.	Cierto	Falso	No se dice.

Paso 2. Ahora escucha el resto de la conversación entre Sara y Roberto, y luego indica si las oraciones que siguen son **Ciertas** o **Falsas** o si **No se dice.**

4.	Todavía tienen que pagar por el salón de la fiesta.	Cierto	Falso	No se dice.
5.	Eduardo es muy generoso.	Cierto	Falso	No se dice.
6.	El DJ es un hombre muy amable.	Cierto	Falso	No se dice.
7.	Roberto quiere confirmar los postres y las bebidas.	Cierto	Falso	No se dice.

Comunicación II

Vocabulario

3. Algunos estados: Conveying personal descriptors (Textbook p. 46)

01-18 Crucigrama. Completa el crucigrama con el vocabulario correcto de acuerdo con los géneros indicados.

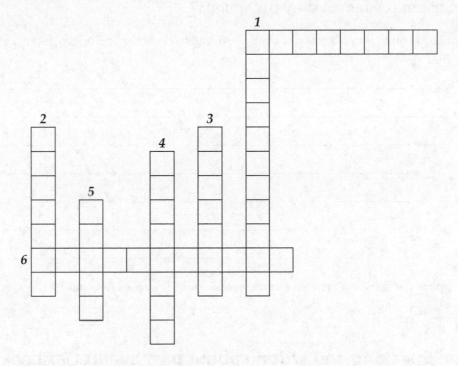

Horizontal

1. Cuando veo una película de terror, estoy _____. (masculino)

6. El año pasado mi familia me preparó una fiesta de cumpleaños sin decirme nada. Cuando llegué allí estaba

   muy _____. (femenino)

Vertical

1. Cuando llegó el momento de pagar la cuenta, vi que no tenía dinero suficiente. ¡Me sentí tan

   _____! (masculino)

2. Me puse _____ cuando mi hermano decidió usar mi coche sin pedirme permiso. (femenino)

3. Después de la semana de exámenes estaba realmente _____. Solo necesitaba descansar y

   disfrutar de la vida. (masculino)

4. Cuando abrí el refrigerador solo para encontrar comida vieja y cosas sucias, estaba totalmente

   _____. (femenino)

5. Antes iba todos los días a la misma clase de aeróbic, pero al final acabé _____; necesitaba más

   variedad en mi vida. (masculino)

01-19 Situaciones y sentimientos. Escucha cada descripción e indica cómo se siente la persona.

1. _____   a. celoso   5. _____   e. harta
2. _____   b. deprimido   6. _____   f. agotados
3. _____   c. orgullosa   7. _____   g. confundidos
4. _____   d. enamorada

01-20 ¿Cómo están tus familiares y tus amigos?

Paso 1. Elige cinco personas importantes en tu vida y, utilizando el vocabulario nuevo, escribe cómo están hoy. Usa oraciones completas.

_____

_____

_____

_____

_____

_____

Paso 2. Ahora explica por qué cada persona está cómo está. ¿Qué les pasó a cada uno?

Repaso

El pretérito: Speaking and writing about past events (Textbook p. 47)

01-21 La noche de Alberto. Alberto cuenta qué hizo anoche. Completa los espacios con las formas correctas del pretérito de los verbos correctos.

Ayer (1) _____ (llamar / ser) una noche divertida. Primero, mi hermano Miguel y yo

(2) _____ (salir / escribir) a cenar con nuestros amigos. Mientras cenábamos, nosotros

(3) _____ (hablar / comer) de qué íbamos a hacer después. Yo (4) _____

(prometer / decidir) que quería ir a una discoteca, pero algunos de nuestros amigos (5) _____

(ir / decir) que estaban agotados y que preferían volver a casa. Así que, Miguel y yo, junto con dos de nuestros

amigos (6) _____ (ir / dormir) a una discoteca. Yo (7) _____ (divertirse /

acostarse) mucho bailando y hablando con la gente. Mi hermano (8) _____ (conocer / gustar) a

una chica muy guapa. Miguel le (9) _____ (saber / pedir) su número de teléfono y ella se lo

(10) _____ (dar / faltar). La reacción de la chica les (11) _____ (sorprender /

hacer falta) un poco a nuestros amigos, pero a mí no. Mi hermano es muy buena gente y creo que a él le

(12) _____ (gustar / molestar) mucho a la chica.

01-22 Una historia de amor. Alicia te cuenta cómo y cuándo conoció a su esposo Fernando. Llena los espacios con las formas correctas del pretérito de los verbos correctos.

Recuerdo que (1) _____ (saber / conocer) a Fernando un verano en la playa. El novio de mi

hermana me (2) _____ (presentar / llamar) a Fernando una tarde en la heladería (*ice cream*

parlor). Para mí (3) _____ (ser / aprender) amor a primera vista.

Mi hermana y su novio (4) _____ (molestar / salir) al cine, pero nosotros

(5) _____ (andar / decidir) por la playa y (6) _____ (enviar / hablar) de

nuestras familias y vidas. Entonces, Fernando me (7) _____ (aprender / invitar) a salir con él

la próxima noche.

Después de salir juntos por unos meses, Fernando me (8) _____ (decir / pasear) que quería

casarse conmigo. Yo le (9) _____ (contestar / repetir) que sí. Entonces me

(10) _____ (dar / ir) un anillo muy elegante. Nosotros (11) _____ (preocuparse /

casarse) en octubre. Nosotros (12) _____ (divertirse / oír) muchísimo con todos nuestros

amigos y familiares.

01-23 Una anécdota personal. Describe brevemente alguna de tus propias experiencias interesantes, utilizando el pretérito. Puedes elegir tu propio tema o puedes usar uno de los siguientes temas: tu primer día en la universidad, el día que conociste a tu mejor amigo/a o a tu novio/a, tu primer viaje en avión, tu primer viaje internacional, un viaje importante o una vez que usaste tu español para hablar con gente en una situación real, fuera de clase.

Paso 1. Escribe apuntes para contestar a las siguientes preguntas:

- ¿Cuándo fue?
- ¿Dónde fue?
- ¿Qué pasó?
- ¿Qué dijiste tú? ¿Qué dijeron las demás personas?
- ¿Por qué fue importante o interesante la experiencia?

_____

_____

_____

_____

_____

_____

_____

Paso 2. Describe qué te pasó. Debes contestar todas las preguntas del **Paso 1**.

01-24 Heritage Language: *tu español.* Entrevista a una persona de herencia hispanohablante que nació en otro país y que ahora vive en los Estados Unidos. Pregúntale por su decisión (o la decisión de su familia) de mudarse a los Estados Unidos, por el viaje y por los primeros días en los Estados Unidos. Después escribe una descripción de por qué decidió venir a los Estados Unidos, cómo fue el viaje y qué pasó durante los primeros días.

_____

_____

_____

_____

_____

_____

_____

_____

_____

Gramática

4. El presente perfecto de indicativo: Indicating what someone *has done* (Textbook p. 49)

01-25 Sopa de letras. Busca hasta encontrar el participio pasado de cada uno de los siguientes verbos.

abrir	comer	conocer	decidir	decir
hablar	hacer	morir	poner	resolver
romper	ser	tener	vivir	

```
I D P U A M U C O N O C I D O A
D E D I B O R E S U E L V E T D
I C E V I R V I V I D O I C S O
D I D R E A D O R M A D O I I M
O D I V R E S U E L T O D C D U
C I C A T E N I D O E L I D O E
O D A N O C I E R T N O C O R R
M O D E R I R O T S A C H E M C
U E S P U E S T O I D S O A D O
E C L U S R O T O L O H I L A M
R O A E I E I D R O C O M I D I
T N D T D S D I V E D E D C I D
O I R S E U I E R C H E C H O O
N C D E C E D H A B E R T O M U
H S D O T L O P U H A B L A D O
```

Nombre: _____ Fecha: _____

01-26 ¿Lo has hecho alguna vez? Mira cada pregunta y después indica si lo has hecho o no, escribiendo oraciones completas y siguiendo el modelo con mucho cuidado.

MODELO ¿Has estudiado el portugués?

Sí, he estudiado el portugués. / No, no he estudiado el portugués.

1. ¿Has viajado en avión?

_____ en avión.

2. ¿Has estado en América del Sur?

_____ en América del Sur.

3. ¿Has conocido al presidente de los Estados Unidos en persona?

_____ al presidente de los Estados Unidos en persona.

4. ¿Has escuchado música en español?

_____ música en español.

5. ¿Has visto la película nueva de Julio Medem?

_____ la película nueva de Julio Medem.

01-27 Conflicto entre vecinos. Mauricio y su familia tienen problemas con unos vecinos. Completa la carta que envía Mauricio al presidente de la comunidad de vecinos, llenando los espacios con las formas correctas del presente perfecto de los verbos correctos.

Estimado Luis:

En nuestra comunidad de vecinos, ya sabes que nosotros siempre (1) _____ (intentar / esperar) ser personas agradables y educadas. Desde que vivimos en esta casa, algunos de nuestros vecinos, en cambio, (2) _____ (portarse / preocuparse) bastante mal con nosotros. El chico que vive en el primer piso siempre (3) _____ (ser / estar) muy grosero y muy mal educado. Su novia a veces me (4) _____ (estar / decir) cosas muy maleducadas. Yo nunca (5) _____ (esperar / responder) nada porque como (6) _____ (trabajar / querer) con gente conflictiva durante tantos años, con la experiencia (7) _____ (esperar / aprender) que es mejor no decirles nada a las personas que son así. Sin embargo, lo que (8) _____ (ocurrir / poder) esta semana es realmente horrible y totalmente inaceptable. Nosotros no (9) _____ (despertarse / dormir) casi nada en toda la semana porque ellos (10) _____ (hacer / salir) mucho ruido durante toda la noche. Tú eres mi amigo y creo que hasta el momento (11) _____ (ir / ser) el mejor presidente de la comunidad de vecinos que nosotros (12) _____ (tener / pasar). En todo el tiempo que tú (13) _____ (vivir / ser) aquí, ¿(14) _____ (decir / oír) de un caso similar a este? La verdad es que estos problemas a nosotros nos (15) _____ (fascinar / sorprender) mucho. Por favor, ayúdanos a resolver este problema.

Cordialmente,

Mauricio

Nombre: _____ Fecha: _____

01-28 ¿Preparados? Sonia y su familia necesitan hacer muchas cosas antes de salir de viaje en coche para visitar a los abuelos y hacer un poco de turismo. Ayúdales a verificar qué les queda por hacer. Completa la lista de tareas que ya han hecho y que todavía no han hecho, con las formas correctas del presente perfecto de los verbos correctos. Cuidado, algunos de los verbos tienen participios irregulares.

comprar	poner	decir	ir	llamar
decidir	escribir	hacer	resolver	preparar

1. Nosotros ya _____ qué ciudades queremos visitar.

2. El mecánico todavía no _____ un pequeño problema que tiene el coche de mis padres.

3. Yo ya _____ los mapas y las guías turísticas en la librería.

4. Yo todavía no _____ un mensaje de correo electrónico al hotel para confirmar la reserva de nuestras habitaciones.

5. Nuestra madre todavía no _____ unas botellas con agua y un poco de fruta y otra comida para llevar en el coche.

6. Mi hermano ya _____ sus CD favoritos en el coche para que podamos escuchar su música favorita durante todo el viaje.

7. Nuestra madre todavía no _____ a la abuela por teléfono para preguntarle qué cosas podemos llevarle.

8. Nuestro padre todavía no _____ al banco para sacar dinero.

9. Nosotros todavía no _____ nuestras maletas.

10. Mis padres ya me _____ que por favor no lleve mucha ropa y que use una maleta pequeña.

01-29 Heritage Language: _tu español_. Por la forma que tenemos de enlazar las palabras cuando hablamos español, puede ser fácil confundir diferentes palabras y combinaciones de palabras a la hora de escribirlas. Escucha cada oración y usa el contexto para determinar cuál de las expresiones se usa. Si no conoces alguno de los verbos que aparecen abajo, busca su significado en un diccionario antes de escuchar.

1. a. he hecho   b. hecho   6. a. ha abierto   b. abierto

2. a. he hecho   b. hecho   7. a. ha puesto   b. apuesto

3. a. he escrito   b. escrito   8. a. ha puesto   b. apuesto

4. a. he escrito   b. escrito   9. a. ha portado   b. ha aportado

5. a. ha abierto   b. abierto   10. a. ha portado   b. ha aportado

Capítulo 1 Así somos **55**

Vocabulario

5. La familia: Sharing information about your family (Textbook p. 53)

01-30 Un crucigrama. Completa el crucigrama con las palabras de vocabulario apropiadas.

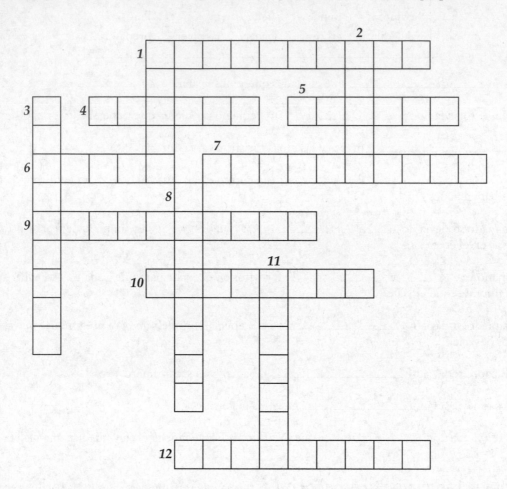

Horizontal

1. Cuando una persona nace: la fecha de _____

4. El esposo de su hermana

5. El padre de su esposo

6. La época de ser anciano

7. Una mujer que va a tener un bebé está _____.

9. Cuando uno deja de trabajar, comienza su _____.

10. La hija de su esposa (no de usted)

12. Un chico que no tiene hermanos (ni hermanas)

Vertical

1. La época de ser muy joven

2. La esposa de su hijo

3. Hacerse viejo o convertirse en una persona más vieja

8. Un miembro de la familia

11. Cuando uno no está casado, es

_____.

01-31 ¿Qué ha pasado en la familia? Rosa ha estado fuera de contacto con su amiga en España. Su amiga le escribe un mensaje de correo electrónico. Completa las oraciones con las formas correctas en el presente perfecto de los verbos correctos.

separarse	organizar	nacer	poder
casarse	tener	envejecer	recordar

Hola Rosa,

Espero que todo te vaya bien. Hace mucho que no sé nada de ti. Nosotros pensamos mucho en ti y en tu familia. Facebook me (1) _____ que hoy es tu cumpleaños. ¡Felicidades!

¿(2) _____ una fiesta para celebrarlo? Espero que te diviertas mucho.

Por aquí estamos muy bien en general. ¡Hay muchas cosas para contar! Mi hermano Felipe por fin

(3) _____ con su novia Isabel. La verdad es que fue una ceremonia muy bonita. También

(4) _____ los gemelos de mi otra cuñada, Yolanda. Ya tienen dos meses y ¡son unos bebés realmente preciosos!

También hay noticias que no son tan bonitas. Mi hermano mayor y su mujer (5) _____ dificultades durante unos meses y finalmente hace poco (6) _____. Tanto mi hermano como también mi cuñada están bien y eso es lo que más me importa. Mi abuela (7) _____ mucho este año y tiene más problemas de salud. Ya no es tan independiente ni activa como antes; desde hace un mes no (8) _____ salir de su casa sin nuestra ayuda. ¡Pero por lo menos sigue siendo igual de amable y alegre!

Bueno, me tengo que ir. Escríbeme pronto y cuéntame cosas de tu vida y tu familia. ¡Felicidades de nuevo!

Un beso,

Blanca

01-32 La familia de Puri. Lee las siguientes descripciones de los parientes de Puri y escribe el miembro de la familia que representa cada una.

MODELO   Puri: José es el padre de mi madre.

            Tú: Es tu *abuelo.*

1. Puri: Carlos es el hijo de la hermana de mi padre.

    Tú: Es tu _____.

2. Puri: Gloria es la madre de mi abuela.

    Tú: Es tu _____.

3. Puri: Miguel es el marido de mi hermana.

    Tú: Es tu _____.

4. Puri: Luis es el hermano de mi padre.

    Tú: Es tu _____.

5. Puri: Alicia es la mujer de mi hijo.

    Tú: Es tu _____.

01-33 Heritage Language: *tu español.* Entrevista a un amigo, estudiante o pariente de herencia hispana y pregúntale por su familia extendida. Construye una descripción tan detallada como sea posible de tres generaciones de su familia. Para cada persona que mencionas, debes incluir: su relación a por lo menos otras dos personas de la familia (por ejemplo, Jesusa es la tía de mi amigo y es la nuera de la abuela Juana) por lo menos dos adjetivos para describir su apariencia física y dos adjetivos para describir su personalidad.

_____

_____

_____

_____

_____

_____

_____

_____

_____

_____

_____

_____

Perfiles

Familias hispanas (Textbook p. 57)

01-34 Familias hispanas. Estudia la información de la sección **Perfiles** de tu libro de texto, e indica cuál de las oraciones describe a cada familia.

1. Una familia cosmopolita, con miembros involucrados en la literatura y la política. _____

2. Una familia con una historia de éxito (*success*) comercial y unida por metas comunes. _____

3. Una familia multicultural que tuvo importancia en la historia mexicana y estadounidense. _____

a. La familia de Pío Pico

b. La familia de Isabel Allende

c. La familia de Lorenzo Zambrano Treviño

¡Conversemos! (Textbook p. 58)

01-35 Saludos y despedidas. Tu amiga va a una boda con su novio y necesita tu ayuda. Escoge el saludo y la despedida apropiados para cada una de las siguientes personas.

El cura (*priest*)

1. Saludo   a. (Muy) buenas.   b. ¿Qué onda?

2. Despedida   a. Chao.   b. Gusto en verlo.

Miguelito (el sobrino de su novio)

3. Saludo   a. ¡(Qué) gusto en verlo! b. ¿Qué me cuentas?

4. Despedida   a. Cuídate.   b. Que le vaya bien.

Doña Carmen (la abuela de su novio)

5. Saludo   a. ¡(Qué) gusto en verla! b. ¿Qué hay?

6. Despedida   a. Hasta la próxima.   b. Que le vaya bien.

Jorge (el amigo de su novio)

7. Saludo   a. (Muy) buenas.   b. ¿Qué me cuentas?

8. Despedida   a. Nos vemos.   b. Gusto en verlo.

Marta (la hermana de su novio)

9. Saludo   a. (Muy) buenas.   b. ¿Qué onda?

10. Despedida   a. Que le vaya bien.   b. Cuídate.

01-36 ¡Gracias por celebrar con nosotros! Jorge escribe un discurso (*speech*) para la fiesta del veinticinco aniversario de su boda. Lee su discurso, y luego contesta las preguntas.

Muchísimas gracias a todos por venir esta noche para ayudarnos a recordar y celebrar nuestro aniversario de plata. Cuando veo a todos ustedes, me da una alegría que no puedo describir con palabras.

Primero, quiero decirle gracias a mi esposa por toda la alegría, el amor y el apoyo que me ha dado durante los últimos veinticinco años. Has construido nuestra familia y me has animado a intentar ser la mejor persona que pueda ser. También quiero agradecerles a mis hijos todas las alegrías que nos han dado y todo lo que han contribuido y contribuyen todos los días a nuestra vida como familia. Su mamá y yo estamos muy orgullosos de tener hijos como ustedes. Y a nuestros familiares, gracias por toda su ayuda en las preparaciones de esta noche, y por su amor y apoyo durante nuestro matrimonio. Y finalmente, a nuestros queridos amigos, gracias por venir y por sus buenos deseos. Espero que todos estemos aquí otra vez dentro de veinticinco años para celebrar el aniversario de oro. Para mí ha sido una noche verdaderamente inolvidable y es gracias a su presencia aquí.

Yo recuerdo bien el día en que conocí a mi hermosa Linda. Hace casi 30 años, pero es como si fuera ayer en mi memoria. Yo acababa de llegar a este país cuando nos conocimos en la iglesia durante la misa navideña. Yo vi a Linda, y sabía que era la mujer de mis sueños. Para ella fue el amor a primera vista también. Al poco tiempo nos casamos —algunos de ustedes decían que estábamos locos. Pero, ¡miren hasta dónde hemos llegado! Desde el comienzo nosotros hemos trabajado juntos para crear la vida más feliz posible para nuestra familia. Estoy muy agradecido por todo lo que tenemos y toda la felicidad que hemos compartido con todos ustedes. ¡Que siempre estemos todos tan bien!

Gracias otra vez por todo, y ¡que continúe la celebración!

1. Jorge les da gracias a sus familiares por
   a. organizar la fiesta.
   b. ayudar en las preparaciones.
   c. apoyar a él y a Linda durante su matrimonio.
   d. b y c

2. Jorge les da gracias a sus amigos por
   a. organizar la fiesta.
   b. venir.
   c. llevar regalos.
   d. b y c

3. Jorge y Linda se conocieron
   a. en el Centro Latino.
   b. en México.
   c. en la iglesia.
   d. b y c

4. Jorge y Linda se casaron
   a. muy pronto después de conocerse.
   b. unos años después de conocerse.
   c. cuando Jorge alquiló una casa.
   d. b y c

5. Hasta ahora, Jorge y Linda han tenido una vida
   a. fácil.
   b. difícil.
   c. feliz.
   d. b y c

Escribe (Textbook p. 60)

01-37 Un mapa para organizar un discurso. Lee el discurso que escribió Jorge para leer en la fiesta de su aniversario con su esposa y mientras lees, piensa en la estrategia de crear un mapa para organizar tus ideas antes de intentar escribirlas.

Muchísimas gracias a todos por venir esta noche para ayudarnos a recordar y celebrar nuestro aniversario de plata. Cuando veo a todos ustedes, me da una alegría que no puedo describir con palabras.

Primero, quiero decirle gracias a mi esposa por toda la alegría, el amor y el apoyo que me ha dado durante los últimos veinticinco años. Has construido nuestra familia y me has animado a intentar ser la mejor persona que pueda ser. También quiero agradecerles a mis hijos todas las alegrías que nos han dado y todo lo que han contribuido y contribuyen todos los días a nuestra vida como familia. Su mamá y yo estamos muy orgullosos de tener hijos como ustedes. Y a nuestros familiares, gracias por toda su ayuda en las preparaciones de esta noche, y por su amor y apoyo durante nuestro matrimonio. Y finalmente, a nuestros queridos amigos, gracias por venir y por sus buenos deseos. Espero que todos estemos aquí otra vez dentro de veinticinco años para celebrar el aniversario de oro. Para mí ha sido una noche verdaderamente inolvidable y es gracias a su presencia aquí.

Yo recuerdo bien el día en que conocí a mi hermosa Linda. Hace casi 30 años, pero es como si fuera ayer en mi memoria. Yo acababa de llegar a este país cuando nos conocimos en la iglesia durante la misa navideña. Yo vi a Linda, y sabía que era la mujer de mis sueños. Para ella fue el amor a primera vista también. Al poco tiempo nos casamos —algunos de ustedes decían que estábamos locos. Pero, ¡miren hasta dónde hemos llegado! Desde el comienzo nosotros hemos trabajado juntos para crear la vida más feliz posible para nuestra familia. Estoy muy agradecido por todo lo que tenemos y toda la felicidad que hemos compartido con todos ustedes. ¡Que siempre estemos todos tan bien!

Gracias otra vez por todo, y ¡que continúe la celebración!

Paso 1. Crea un mapa para el discurso de Jorge.

_____

_____

_____

_____

_____

_____

_____

_____

_____

_____

_____

Paso 2. Ahora haz una crítica constructiva del discurso de Jorge. ¿Hay detalles importantes que faltan? ¿Está bien organizado? ¿Por qué o por qué no? ¿Debe cambiar algunos elementos? ¿Cuáles?

Vistazo cultural

Los hispanos en los Estados Unidos (Textbook p. 62)

01-38 Vistazo cultural. Estudia la información que aparece en la sección **Vistazo cultural** de tu libro, y después escoge la persona correcta para cada descripción.

1. Son de origen nicaragüense y tres de ellos ganaron medallas en los Juegos Olímpicos. _____

2. Es un lugar muy bonito que está en Texas. _____

3. Se celebra cada año en septiembre y es para reconocer la gran influencia positiva de muchas personas hispanas. _____

4. Tiene lugar en Miami durante el mes de marzo y es muy importante para los cubanos. _____

5. Es escritor cubano-americano que ganó el Premio Pulitzer. _____

6. Empieza en septiembre y dura hasta mediados de octubre. _____

7. Es una artista chicana que es de Texas. _____

a. el Festival de la Calle Ocho

b. Carmen Lomas Garza

c. Oscar Hijuelos

d. el Mes de la Herencia Hispana

e. la familia López

f. el Paseo del Río

g. la Ceremonia de los Premios de Herencia Hispana

01-39 Carmen Lomas Garza. Lee el artículo sobre Carmen Lomas Garza e indica si las oraciones son **Ciertas** o **Falsas**.

Carmen Lomas Garza nació en Kingsville, Texas en 1948. Su padre fue obrero metalúrgico y su madre fue florista. Cuando tenía 13 años, Garza decidió ser artista porque le fascinaba el talento artístico de otras mujeres de su familia: especialmente su madre que pintaba y su abuela materna que hacía varios tipos de artesanía.

Garza asistió a la Universidad de Arte e Industria de Texas, y recibió una licenciatura (*bachelor's degree*) en 1972. También estudió dos carreras de Máster, una de Pedagogía en la Escuela Graduada de Juárez-Lincoln/Antioch en 1973, y otra de Arte en la Universidad de San Francisco State en 1981.

El arte de Garza refleja la vida cotidiana (*everyday*) de los mexicano-americanos, también conocidos como "chicanos". Importantes influencias en la obra de Garza son el movimiento político chicano de los años 60 y también sus experiencias con la discriminación durante su niñez. Sus obras no solo son una expresión muy valiosa de la identidad cultural chicana, sino que también sirven para que los demás puedan aprender sobre esa cultura, esa comunidad de personas y las experiencias que han tenido.

Carmen Lomas Garza ha publicado varios libros para niños y ha participado en numerosas exhibiciones de arte. También ha recibido varios premios y honores. Por ejemplo, en 2007, el distrito escolar de Los Ángeles nombró una escuela primaria el "Carmen Lomas Garza Primary Center", en su honor.

1. Garza decidió ser artista después de asistir a la universidad.   Cierto   Falso

2. A Garza le empezó a interesar el arte porque su padre tenía mucho talento.   Cierto   Falso

3. Garza tiene dos títulos de Máster.   Cierto   Falso

4. Garza sufrió discriminación cuando era niña.   Cierto   Falso

5. Además de ser un artista de mucho éxito, Garza también ha escrito libros.   Cierto   Falso

01-40 Las obras de Garza.

🔊 **Paso 1.** Fernando, Soraya y Luis quieren comprarles a sus padres un cuadro de Carmen Lomas Garza. Escucha la conversación e indica si las oraciones son **Ciertas** o **Falsas.**

1. La decisión es muy difícil para Soraya y Fernando.   Cierto   Falso

2. A su padre le gusta el arte tradicional.   Cierto   Falso

3. Soraya cree que *Cumpleaños de Lala y Tudi* es interesante porque a sus padres les   Cierto   Falso
   encantan los niños.

4. Su familia normalmente no hace muchas fiestas de familia.   Cierto   Falso

5. Uno de sus parientes fue curandera.   Cierto   Falso

🔊 **Paso 2. Una decisión.** Escucha el resto de la conversación, y luego completa las oraciones que siguen.

6. Soraya llama a
   a. su madre.
   b. su padre.
   c. su hermano.

7. A Luis le gusta el arte
   a. de Garza.
   b. tradicional.
   c. abstracto.

8. A Luis le gusta más la idea de comprar un cuadro con temas
   a. alegres.
   b. serios.
   c. culturales.
   d. chicanos.

9. La obra que deciden comprar al final es
   a. *Cumpleaños de Lala y Tudi.*
   b. *La curandera.*
   c. otro cuadro.

Más cultura

01-41 Expresiones descriptivas. Lee la siguiente información sobre algunas expresiones descriptivas populares, y después contesta las preguntas.

- Como en prácticamente todas las lenguas del mundo, en español existen diferentes formas de describirnos a nosotros mismos y a la gente y a las cosas que tenemos a nuestro alrededor. Podemos utilizar adjetivos para hacer una descripción directa de lo que vemos o pensamos, podemos describir cómo una persona se porta y cómo habla para demostrar cómo es, y también podemos utilizar expresiones chistosas y divertidas para expresar no solo lo que pensamos, sino también demostrar algo sobre nuestro sentido de humor. En español existen numerosas expresiones descriptivas muy conocidas que emplean "más… que" y "menos… que" y que se aplican a diferentes situaciones.

- Muchas expresiones se inspiran en diversos aspectos de la vida diaria de la gente. Por ejemplo, unas expresiones que se usan con cierta frecuencia incluyen: "ser más falso que un billete de tres euros", "ser más listo (*inteligente*) que el hambre", "ser más hortera (*tacky*) que bailar con la música del telediario (*evening news*)" y "estar más contento que un niño con zapatos nuevos".

- Algunas expresiones son muy claras porque emplean también referencias de cultura general y popular muy conocidas en muchos países. Algunos ejemplos incluyen: "gastar menos que Tarzán en corbatas", "tener más cerebro (*brain*) que la computadora de Bill Gates" y "estar más agobiado que el fontanero (*plumber*) del Titanic".

- Hay expresiones que, a pesar de ser relativamente fáciles de entender, quizá su origen no sea tan claro cuando oímos la frase por primera vez. Por ejemplo, la expresión muy conocida de "ser más lento que el caballo del malo" es una referencia al tipo de películas del oeste (*Western*) en las que el héroe o "el bueno" de la película siempre triunfa por encima del personaje "malo" de la película. Si "el bueno" necesita escaparse de o captar al "malo", siempre logra hacerlo; con lo que, el caballo del "bueno" inevitablemente corre más rápidamente que el caballo del "malo".

- Otras frases tienen orígenes menos claros. Por ejemplo, según algunos, "ser más listo (*inteligente*) que los ratones colorados (*rojos*)" viene del hecho de que nadie ve nunca ningún ratón rojo y que, por lo tanto, tienen que ser muy inteligentes. Otros dicen que, en realidad, los ratones "colorados" no son rojos, sino que son los típicos ratos blancos de laboratorio que tienen las patas y las orejas de color rosa o rojo. En su caso, la gente los ve como listos porque son capaces de hacer muchas pruebas diferentes con éxito, como entrar y salir de laberintos complicados.

- También existen frases que hacen juegos de palabras con otras expresiones que ya existen en español. Por ejemplo, decir que una persona "tiene futuro" significa que es probable que tenga mucho éxito y decir que "no tiene futuro" significa que es probable que no tenga muchos éxitos en la vida. En esa expresión se basa la frase: "Tener menos futuro que el presente perfecto".

- Otras expresiones encuentran su eficacia (*effectiveness*) y gracia con la imagen que crean en la mente de la persona que las oye o simplemente con su carácter tan original o sorprendente. Algunas expresiones bastante extendidas que demuestran especialmente bien este tipo de descripción chistosa son: "ser más raro que un perro verde", "ser más hortera (*tacky*) que un ataúd (*coffin*) con pegatinas (*stickers*)" y "tener más peligro que un mono (*monkey*) con dos pistolas".

1. Elige una de las expresiones en español que se inspira en la vida diaria de la gente y explica qué significa.

_____

_____

_____

2. Elige dos de las expresiones en español que tienen referencias de cultura general y explica qué significan.

_____

_____

_____

_____

_____

3. ¿De dónde viene la expresión "ser más lento que el caballo del malo"?

_____

_____

_____

4. ¿De dónde viene la expresión "ser más listo que los ratones colorados"?

_____

_____

_____

5. Explica qué significa la expresión "tener menos futuro que el presente perfecto".

_____

_____

_____

6. ¿Cuál de las expresiones mencionadas en la lectura te parece la más chistosa o divertida? ¿Qué significa? ¿Por qué te gusta?

_____

_____

_____

7. Inspirándote en las expresiones que has leído en esta lectura, inventa tus propias expresiones descriptivas en español. Inventa por lo menos dos expresiones diferentes.

_____

_____

_____

01-42 Heritage Language: *tu mundo hispano*. En muchos lugares del mundo hispano, el concepto de familia no es igual al de otras culturas. Por ejemplo, en algunas culturas el término "primo" se reserva exclusivamente para referirse a los hijos de los hermanos de los padres de una persona, y "tíos" se reserva exclusivamente para hablar de los hermanos de los padres de una persona (y de sus respectivos esposos). Sin embargo, en muchos lugares del mundo hispano, se emplean los términos "primo" y "tío" con bastante más flexibilidad. Por ejemplo, en muchas culturas hispanas podemos decir que la prima de mi madre es mi "tía" y que su hijo es mi "primo". En algunos casos, esto incluso llega a afectar relaciones no sanguíneas. Entrevista a por lo menos a dos personas de herencia hispanohablante cuyas familias vengan de por lo menos dos países diferentes. Pregúntales por el uso de estas expresiones dentro de sus propias familias y después escribe una descripción de sus prácticas comparándolas con las prácticas de tu propia familia.

_____

_____

_____

_____

_____

_____

_____

_____

_____

_____

_____

Laberinto peligroso

Episodio 1

Lectura: *¿Periodistas en peligro?* (Textbook p. 64)

01-43 *Laberinto peligroso*: **Antes de leer.** Para cada cognado o expresión que contiene cognados, identifica su equivalente en inglés.

1. estudiantes _____

2. interesar _____

3. tema _____

4. seminario _____

5. reportaje de investigación _____

6. clase teórica _____

7. impacto _____

8. reflexionar _____

9. perspectiva práctica _____

10. panel de expertos _____

01-44 Después de leer. Lee el episodio, y después elige la respuesta correcta a cada pregunta.

1. ¿Cuál de los personajes trabaja ahora como profesor?
   a. Javier
   b. Celia
   c. Cisco

2. ¿Cuáles de los personajes han trabajado como periodistas?
   a. Javier
   b. Celia
   c. Cisco

3. ¿Cuál de los personajes no ha estado viviendo en la ciudad durante mucho tiempo?
   a. Javier
   b. Celia
   c. Cisco

4. ¿Cuáles de los personajes han recibido una invitación de ir a un seminario para hablar sobre sus experiencias profesionales?
   a. Javier
   b. Celia
   c. Cisco

5. ¿Cuáles de los personajes han sido observados por un hombre misterioso?
   a. Javier
   b. Celia
   c. Cisco

Video: *¿Puede ser?* (Textbook p. 66)

01-45 Una clase interesante. Después de ver el Episodio 1, contesta las siguientes preguntas.

1. ¿Con quién habla por teléfono Celia?
   a. Javier
   b. su madre
   c. la suegra de Julia
   d. no se sabe

2. ¿Quién acompaña a Celia a la universidad?
   a. Cisco
   b. Javier
   c. un hombre misterioso
   d. nadie

3. Javier le presenta alguien a Celia antes de la clase. ¿Quién es esa persona?
   a. Cisco
   b. el hombre misterioso
   c. Emilio González
   d. todos los estudiantes

4. ¿Cómo se llama el hombre muy guapo que entra la clase?
   a. A. Menaza
   b. Cisco
   c. Emilio
   d. Javier

5. ¿Por qué está Celia interesada en la identidad de Cisco?
   a. Es muy atractivo.
   b. Es periodista.
   c. Lo conoce de antes.
   d. no se sabe

01-46 ¿Cómo son? Mira las siguientes fotos de los personajes de *Laberinto peligroso*. Según las fotos, ¿cómo es cada personaje? Describe a cada uno físicamente y también haz unas hipótesis sobre las características de su personalidad. Usa el vocabulario del Capítulo 1.

1.

2.

3.

Escritura

01-47 *Laberinto peligroso.* Usando el título, la primera lectura y el primer episodio como inspiración, escribe una descripción detallada de cómo crees que Celia ha llegado a Miami y qué crees que le va a pasar en esta narrativa.

Paso 1. Primero crea un mapa con tus ideas y sobre lo que crees que puede pasar.

_____

_____

_____

_____

_____

_____

Paso 2. Ahora organiza tus ideas y escribe un párrafo sobre cómo crees que Celia ha llegado a Miami y qué crees que va a pasar en futuros episodios.

_____

_____

_____

_____

_____

_____

_____

Refranes

01-48 Refranes sobre la familia. En español existen muchos refranes que se relacionan con la familia. Por ejemplo, los tres refranes que siguen van de la mano en cuanto al mensaje que comunican. Escucha y lee cada refrán. Después escribe un breve análisis de ellos, utilizando las preguntas a continuación como guía:

> - ¿Qué significa cada refrán? ¿Qué relación tiene con el tema de la familia?
>
> - ¿Cómo se asemejan y cómo se diferencian?
>
> - ¿Qué importancia tiene el lenguaje en cada refrán?
>
> - ¿Cuál tiene más relevancia a tu propia vida?
>
> - ¿Has oído alguno de estos refranes (o una versión en inglés o simplemente otra versión) en tus propias experiencias personales? Si sí, ¿cuál o cuáles? ¿En qué contexto(s)?

1. "De tal palo, tal astilla".

2. "Hijo de tigre sale rayado".

3. "Las semillas no caen lejos del árbol".

_____

_____

_____

_____

_____

_____

_____

Comunidades

01-49 Experiential Learning: *Tu alter ego en Facebook.*

Crea un perfil ficticio de Facebook y hazlo todo en español. Elige "español" como tu idioma de usuario (*user*), y después crea el perfil de tu alter ego en español. Como mínimo, incluye información sobre cómo es tu alter ego, de dónde viene, qué le gusta hacer, qué le interesa, qué ha estudiado, dónde ha estudiado, dónde trabaja y dónde ha trabajado en el pasado. Intenta crear tantos detalles como sean posibles. Después prepara una presentación sobre tu alter ego para tus compañeros de clase.

01-50 Service Learning: *Autoestima.* Para el crecimiento y desarrollo sano, es muy importante que los niños tengan una buena imagen de sí mismos y que crean en sus propias posibilidades. Ponte en contacto con un programa de *Headstart* u otro centro de educación infantil o primaria. Ofrece ir al centro como voluntario para ayudar a los niños a preparar breves presentaciones sobre ellos mismos en español. El objetivo es hacer que los niños empiecen a valorarse (*value*) a sí mismos y también a desarrollar habilidades de comunicación oral en español.

Ayúdales a describir no solamente sus respectivos aspectos físicos sino también algunas de las características positivas de sus personalidades y algunos de sus talentos y pasiones. Después prepara una presentación descriptiva sobre los niños con los que has trabajado y preséntala a tu clase de español.

Activities for *Letras:* Literary Reader for *¡Anda! Curso intermedio*

01-51 Letras: José Martí.

Paso 1. Después de leer la información biográfica sobre José Martí, indica si las siguientes oraciones son **Ciertas** o **Falsas**.

1. José Martí nació en España durante el siglo XX.   Cierto   Falso

2. Martí murió en mil novecientos noventa y cinco.   Cierto   Falso

3. Además de ser poeta e intelectual, Martí trabajó en la política y en el periodismo.   Cierto   Falso

4. Muchos críticos asocian a Martí con el movimiento artístico surrealista.   Cierto   Falso

5. Martí es considerado un héroe nacional por muchos cubanos.   Cierto   Falso

Paso 2. Ahora para cada oración falsa, corrígela escribiendo la información correcta. Si es cierta, no cambies nada.

6. José Martí nació en <u>España</u> durante el <u>siglo XX</u>.

7. Martí murió en <u>mil novecientos noventa y cinco</u>.

8. Además de ser poeta e intelectual, Martí trabajó <u>en la política y en el periodismo</u>.

9. Muchos críticos asocian a Martí con el movimiento artístico <u>surrealista</u>.

10. Martí es considerado un héroe nacional por <u>muchos cubanos</u>.

Nombre: _____   Fecha: _____

01-52 Letras: Términos literarios. Asocia cada término con su descripción.

1. la rima _____
2. la estrofa _____
3. el lenguaje figurado _____
4. el verso _____

a. algunos ejemplos son la metáfora, el símil y la personificación
b. un grupo de palabras que siguen un ritmo; una línea de un poema
c. repetición de un sonido (*sound*) al final de los versos en una composición poética
d. un grupo de versos de un poema; una sección de un poema

01-53 Letras: Versos sencillos. Escucha cada fragmento del poema de Martí, y después indica de qué es ejemplo.

1. a. verso   b. estrofa   c. rima
2. a. verso   b. estrofa   c. rima
3. a. verso   b. estrofa   c. rima
4. a. verso   b. estrofa   c. rima
5. a. verso   b. estrofa   c. rima
6. a. verso   b. estrofa   c. rima
7. a. verso   b. estrofa   c. rima

01-54 Letras: La rima. Mira y escucha cada grupo de palabras y selecciona la que no rima con las demás.

1. asustada   agobiada   educada   honesta
2. despistado   desorganizado   agradable   rizado
3. tatuaje   terco   salvaje   lenguaje
4. castaño   generoso   chistoso   canoso
5. piel   papel   serio   fiel
6. hablaron   comieron   bebieron   hicieron
7. sensible   responsable   increíble   posible
8. hermano   yerno   anciano   mayo
9. recuerdo   puedo   vuelvo   hablo
10. sobrina   abuela   vuela   recuerda
11. cosa   hermana   casa   tapa
12. sencillo   tímido   presumido   honesto
13. vejez   niñez   honradez   agradable
14. hijos   fotos   ojos   rojos

🔊 **01-55 Letras: ¿Rima consonante o rima asonante?** Escucha las palabras, y después indica si riman de forma consonante o asonante.

1. niño   miro
   a. consonante
   b. asonante

2. marido   padrino
   a. consonante
   b. asonante

3. hermano   anciano
   a. consonante
   b. asonante

4. horrible   imposible
   a. consonante
   b. asonante

5. sencillo   tímido
   a. consonante
   b. asonante

6. vejez   sencillez
   a. consonante
   b. asonante

7. furioso   todo
   a. consonante
   b. asonante

8. recuerdo   vuelvo
   a. consonante
   b. asonante

9. fotos   ojos
   a. consonante
   b. asonante

10. presumido   tímido
   a. consonante
   b. asonante

01-56 Letras: Un poema. Vas a escribir un poema como *Versos sencillos* desde tu propio punto de vista sobre tu propia identidad y/o algún tema que realmente te importa.

Paso 1. Piensa en la estrategia de hacer un mapa para organizar tus ideas. Después, escribe un párrafo para describir tu mapa y explica por qué decides incluir los datos e ideas que tienes en el mapa.

_____

_____

_____

_____

_____

_____

_____

_____

_____

_____

_____

Paso 2. Usa tus apuntes del **Paso 1** para identificar por lo menos diez palabras claves que puedes usar en tu poema y después busca otras palabras interesantes o útiles que rimen con esas palabras claves. Para cada palabra clave tienes que escribir por lo menos una palabra que rime con ella.

_____

_____

_____

_____

_____

Paso 3. Ahora escribe un poema de por lo menos una estrofa y cuatro versos.

_____

_____

_____

_____

_____

_____

_____

Paso 4. Ahora recita tu poema.

2 | El tiempo libre

Comunicación I

Vocabulario

1. Deportes: Sharing information about sports (Textbook p. 72)

02-01 Asociaciones. Para cada palabra, elige el deporte o la actividad con la que se asocia.

1. La tabla
   a. cazar
   b. esquiar
   c. surf
   d. boliche

2. La carrera
   a. atletismo
   b. lucha libre
   c. béisbol
   d. hockey

3. El árbitro
   a. cazar
   b. esquiar
   c. esquí acuático
   d. fútbol

4. El palo
   a. surf
   b. hockey
   c. béisbol
   d. fútbol

5. El bate
   a. surf
   b. hockey
   c. béisbol
   d. fútbol

02-02 Los deportes. Escucha las referencias a los lugares donde practicamos los deportes y el equipo que necesitamos para practicar algunos deportes. Asocia cada deporte con el lugar o el equipo correcto.

1. _____   a. el béisbol

2. _____   b. el hockey

3. _____   c. el fútbol

4. _____   d. el esquí acuático

5. _____   e. el tenis

6. _____   f. esquiar

7. _____   g. el atletismo

Nombre: _____ Fecha: _____

🔊 **02-03 Un gimnasio.** Escucha el anuncio para el gimnasio *En forma*, y después escoge la respuesta o respuestas para cada pregunta.

1. ¿Cuál de las siguientes actividades **no** menciona el anuncio?
   a. tener un cuerpo mejor
   b. perder peso
   c. comprar ropa nueva
   d. entrenar

2. ¿Cuáles de las siguientes actividades puedes hacer en *En forma*?
   a. levantar pesas
   b. caminar
   c. practicar artes marciales

3. ¿Cuándo está cerrado *En forma*?
   a. los domingos
   b. después de las 10 de la noche
   c. los fines de semana
   d. nunca

4. ¿Qué puedes recibir si mencionas el anuncio?
   a. una semana gratis
   b. un entrenador que habla español
   c. una clase de pilates

5. ¿Cuál es el número de teléfono de *En forma*?
   a. EN-FORMA
   b. 3-63-67-62
   c. N-FORMA
   d. 73-67-62

🔊 **02-04 En forma.** Escucha el anuncio para el gimnasio *En forma*, y después completa las oraciones con las palabras de vocabulario correctas.

pista	entrenadores	pilates	levantar pesas
artes marciales	entrenar	equipo deportivo	competencias

1. El gimnasio *En forma* es un buen lugar para personas interesadas en perder peso, tener más energía

   o _____ para _____.

2. *En forma* te ofrece todo el _____ necesario para alcanzar (*reach*) tus objetivos.

3. En este gimnasio puedes _____ con unas máquinas de tecnología muy avanzada.

4. *En forma* también tiene una _____ cubierta y climatizada donde la gente puede caminar.

5. Este gimnasio organiza actividades en grupo como clases de yoga, aeróbic, _____

   y _____.

6. Hay _____ que trabajan en este gimnasio que hablan español.

Repaso

Los mandatos formales e informales: Telling others to do something (Textbook p. 74)

02-05 Consejos para Mónica. Mónica quiere invitar a Ricardo a una fiesta formal el próximo mes, pero está un poco nerviosa. Llena cada espacio con el mandato informal correcto. Sigue el modelo con cuidado, usando solo las palabras subrayadas en cada respuesta. Recuerda que a veces es necesario usar acentos escritos con los mandatos.

MODELO   **Mónica:** Ricardo y yo tenemos la misma clase de biología. Pero ¡no puedo mirarlo ni hablar con él después de la clase! ¡Me da vergüenza!

Tú: *Míralo y habla con él.*

1. MÓNICA: Encontré el número de teléfono de Ricardo en la guía telefónica, pero ¡no puedo llamarlo! ¡Soy muy tímida!

   Tú: _____.

2. MÓNICA: Ricardo también está en mi clase de inglés, pero ¡no puedo sentarme a su lado! ¡Es demasiado obvio!

   Tú: _____.

3. MÓNICA: Mira… ¡Ricardo está aquí en la cafetería! No puedo ir a su mesa para saludarlo. ¡Estoy nerviosa!

   Tú: _____.

4. MÓNICA: Conozco a uno de los amigos de Ricardo, pero ¡no puedo decirle que tengo este problema!

   Tú: _____.

5. MÓNICA: No sé si debo invitar a Ricardo a la fiesta. No puedo tomar una decisión. ¡Estoy confundida!

   Tú: _____.

Nombre: _____   Fecha: _____

02-06 El equipo de nuestra ciudad. Lee el siguiente artículo
sobre un equipo profesional de fútbol, y luego indica si las oraciones son
Ciertas, Falsas o si **No se dice.**

El futuro de los Tigres
Carlos Beltrán

No sé si han ido a un partido de fútbol profesional recientemente. Por
favor, Tigres, vuelvan a la selva. Aunque han ganado los dos últimos
partidos, de veras, ustedes juegan como si no tuvieran ninguna estrategia. Si quieren jugar al fútbol con elegancia
y estilo y ganar más partidos, trabajen juntos y colaboren. Quizás el peor jugador sea el portero (*goalie*), Memo
Fernández. Sr. Fernández, por favor denos a todos una tremenda alegría y empiece a jugar con más cuidado; por
favor, deje de ser el mejor aliado (*ally*) de todos los goleadores de sus equipos rivales y defienda mejor la portería
(*goal*) de su propio equipo. El centrocampista (*midfielder*) defensivo, Ricardo García, es solo un poco mejor. Sr.
García, por favor, recuerde que su deporte es el fútbol, y no el fútbol americano. Espero que durante el próximo
partido contra los Diablos este martes, los "Ángeles de la Guarda" cuiden a los jugadores de nuestro equipo. En
ese partido, estimados Tigres, por favor, traten de demostrar más claramente su talento y sus habilidades.

1. Sobre todo, la crítica dice cosas positivas de los Tigres.   Cierto   Falso   No se dice.

2. Beltrán cree que Memo no juega bien.   Cierto   Falso   No se dice.

3. Beltrán piensa que Ricardo juega mal.   Cierto   Falso   No se dice.

4. Los Diablos son de otro estado.   Cierto   Falso   No se dice.

5. Beltrán cree que los Tigres demuestran muy claramente su   Cierto   Falso   No se dice.
    talento y sus habilidades.

02-07 Cartas de los lectores. Cuando uno no está contento con lo que lee en el periódico, siempre
puede escribir una carta para expresar su perspectiva. Todos los días los periódicos publican algunas de esas
cartas. Marga no está contenta con un artículo que publicaron sobre su equipo favorito y escribió la siguiente
carta. Complétala conjugando los verbos correctos en las formas correctas del mandato formal singular (usted).

decir	saber	escribir
ir	jugar	hablar

Quiero responder al artículo que el Sr. Beltrán escribió sobre los Tigres. Los comentarios que él escribió no son

justos. Sé que el equipo ha tenido algunos problemas durante la temporada, pero los comentarios del Sr. Beltrán

no son apropiados. Sr. Beltrán, (1) _____ que usted no tiene razón con su evaluación de los

Tigres. El equipo sí tiene una estrategia muy clara y muy buena; el problema es que tiene muchos jugadores

nuevos este año. Cuando habla de los jugadores, no (2) _____ cosas personales sobre ellos; si

usted es un auténtico profesional del mundo del deporte, (3) _____ sus artículos con un tono

profesional y con un enfoque profesional. También (4) _____ al partido el martes para conocer

mejor a los jugadores. Después del partido, (5) _____ con ellos y con sus aficionados para conocer mejor sus ideas, sus perspectivas y sus opiniones. Entonces usted podrá ver que muchas personas

sabemos que ellos tienen mucho talento y que juegan realmente bien. Finalmente, como parece que usted sabe

más del fútbol que ellos, (6) _____ con los Tigres durante su entrenamiento; quizás pueda

enseñarles algo nuevo.

Atentamente,
Marga Urtasun

02-08 Nuestro entrenador.

Paso 1. Escucha lo que dice el entrenador a su equipo y selecciona todos los verbos que él utiliza en forma de mandato para dar sus recomendaciones.

1. mirar   venir   ir   estudiar   decir
   comer   escuchar   tener   divertirse   hablar

Paso 2. Escucha otra vez al entrenador, y después elige la(s) respuesta(s) correcta(s) para cada pregunta.

2. ¿Adónde tienen que ir todos los jugadores?
   a. los entrenamientos
   b. las fiestas
   c. los partidos
   d. los eventos sociales

3. ¿A quién/es tienen que escuchar?
   a. al entrenador
   b. a los aficionados
   c. a los otros miembros del equipo
   d. a los miembros de otros equipos

4. ¿Qué tienen que comer?
   a. comida sana
   b. una dieta equilibrada
   c. muchas verduras
   d. muchas grasas

5. ¿Cuáles son los aspectos más importantes que quiere decir el entrenador?
   a. Es importante que trabajen mucho.
   b. Es importante que se diviertan mucho.
   c. Es importante que hagan mucho ejercicio para ponerse muy fuertes.
   d. Es importante que se comuniquen con él.

02-09 Ser mandón/mandona (*bossy*). Tienes la oportunidad de decirles a varias personas qué tienen que hacer y qué no deben hacer.

Paso 1. Escribe ideas sobre lo que piensas que cada persona debe y no debe hacer.

1. Tu profesor/a de español:

   _____

   _____

2. El presidente de tu universidad:

   _____

   _____

3. El presidente de los Estados Unidos:

   _____

   _____

4. Un famoso al que admiras mucho:

   _____

   _____

5. Tu jefe/jefa (o tu futuro/a jefe/jefa, si no trabajas ahora):

   _____

   _____

Paso 2. Ahora usa mandatos afirmativos y negativos para decirle a cada persona que tiene que hacer por lo menos una cosa y para decirle a cada persona que no haga por lo menos una cosa.

6. Tu profesor/a de español

7. El presidente de tu universidad

8. El presidente de los Estados Unidos

9. Un famoso al que admiras mucho

10. Tu jefe/jefa (o tu futuro/a jefe/jefa, si no trabajas ahora)

02-10 Heritage Language: *tu español*. Busca en Internet para descubrir a qué tipo de jugadas de fútbol se refieren las siguientes expresiones. Para cada expresión, busca por lo menos un vídeo de un jugador profesional que la esté realizando. Después describe en qué consiste y cómo se hace cada jugada, usando mandatos informales y tus propias palabras.

1. el regate

   _____

   _____

2. el taco

   _____

   _____

3. la bicicleta

   _____

   _____

4. la pedalada

   _____

   _____

5. los caños o los túneles

   _____

   _____

6. el sombrero

   _____

   _____

7. la ruleta

   _____

   _____

8. la tijera

   _____

   _____

9. la rabona

_____

_____

10. la rabona falsa o el amago de rabona

_____

_____

11. la bicicleta

_____

_____

12. la chilena

_____

_____

Gramática

2. Los mandatos de *nosotros/as*: Suggesting group action using *Let's* (Textbook p. 78)

02-11 Recomendaciones para una entrevista importante. Tú y tus amigos van a tener entrevistas de trabajo. Piensa en buenas sugerencias para que todos tengan una experiencia positiva. Para cada expresión, escribe un mandato plural en primera persona (nosotros) afirmativo o negativo para dar buenos consejos. Sigue el modelo con cuidado y escribe la frase entera en cada respuesta.

MODELO   hablar de la política durante la entrevista
            No hablemos de la política durante la entrevista.

1. hablar de lo interesantes que son sus clases

_____.

2. contestar el teléfono móvil durante la entrevista

_____.

3. ponerse ropa formal para ir a la entrevista

_____.

4. criticar a otras personas

_____.

5. contar chistes (*jokes*)

_____.

6. sonreír mucho

_____.

7. hacer preguntas sobre el tipo de trabajo que ofrecen

_____.

02-12 Un domingo tranquilo. Pablo tuvo una semana muy dura y no está nada contento. Su amigo quiere ayudarle y por eso recomienda hacer cosas divertidas durante el fin de semana. Escucha sus sugerencias y escríbelas de nuevo usando los mandatos de nosotros.

MODELO You hear: Vamos a escuchar música.
        You write: *Escuchemos música.*

1. _____.

2. _____.

3. _____.

4. _____.

5. _____.

02-13 Tus planes. Haz tus propios planes para el próximo fin de semana con tu mejor amigo/a.

Paso 1. Escribe apuntes sobre algunas actividades que te gusten mucho y que puedas hacer este fin de semana. Usa vocabulario del **Capítulo 2.**

_____

_____

_____

_____

Paso 2. Usando mandatos de nosotros, explícales a tus amigos lo que quieres hacer este fin de semana.

MODELO *Corramos por el campo de fútbol el sábado.*

02-14 Qué hacer y qué evitar cuando jugamos a un deporte en equipo. Tú y tus amigos van a empezar a jugar con un equipo de fútbol, pero no todos están acostumbrados a jugar deportes de equipo.

Paso 1. Escribe apuntes sobre lo que crees que tú y tus amigos deben hacer y sobre lo que deben evitar cuando están jugando como un equipo.

1. Debemos:

_____

_____

_____

2. Debemos evitar:

_____

_____

_____

Paso 2. Usa mandatos de nosotros para compartir cinco recomendaciones sobre lo que ustedes deben hacer para ser buenos miembros del equipo y cinco recomendaciones sobre lo que ustedes no deben hacer.

MODELOS   *Pasemos el balón a nuestros compañeros.*

No tratemos de marcar todos los goles.

02-15   Heritage Language: *tu español*. Mandatos en la forma de **nosotros** pueden ser difíciles a la hora de escribir porque algunos verbos requieren acento escrito y otros no, y algunos requieren un cambio de ortografía (*spelling*) y otros no. Repasa las reglas sobre los acentos y sobre los cambios de ortografía para los mandatos de **nosotros**. Después, escucha cada oración y escribe el mandato que oyes.

1. _____

2. _____

3. _____

4. _____

5. _____

Notas culturales

La Vuelta al Táchira (Textbook p. 82)

02-16 La Vuelta al Táchira. Lee la lectura en tu libro sobre la Vuelta al Táchira, y después indica si las siguientes oraciones son **Ciertas, Falsas** o si **No se dice.**

1. La Vuelta al Táchira tiene que ver con (*has to do with*) montar en bicicleta.	Cierto	Falso	No se dice.
2. Este evento ocurre en los Estados Unidos.	Cierto	Falso	No se dice.
3. La distancia de la competencia es muy corta.	Cierto	Falso	No se dice.
4. El evento dura por 2 días.	Cierto	Falso	No se dice.
5. Hay rivalidad entre los ecuatorianos y los venezolanos.	Cierto	Falso	No se dice.
6. Es un evento bastante tranquilo y, en general, aburrido.	Cierto	Falso	No se dice.

Nombre: _____   Fecha: _____

Escucha (Textbook p. 84)

02-17 Antes de escuchar. Mira las fotos y explica cuál es tu opinión de cada deporte. Para cada deporte, responde a las siguientes preguntas:

¿Sabes jugar a este deporte?

¿Crees que es un deporte peligroso? ¿Por qué sí o por qué no?

¿Conoces a alguna persona que juegue a este deporte o puedes decir el nombre de un atleta famoso o un equipo que juegue este deporte?

¿Tienes un equipo o un atleta favorito asociado con este deporte? Si sí, ¿quién es y por qué te gusta?

¿Te gusta el deporte? ¿Por qué sí o por qué no?

1.

3.

5.

2.

4.

02-18 La idea general y algunos detalles. Primero lee las preguntas y sus posibles respuestas. Después, escucha a Marita para determinar cuál es la respuesta correcta para cada pregunta.

1. ¿Qué deportes menciona Marita?
   a. fútbol
   b. fútbol americano
   c. béisbol
   d. básquetbol

2. ¿Cuántos equipos profesionales menciona?
   a. 1
   b. 2
   c. 3
   d. 4

3. ¿Cuántos atletas profesionales menciona (por su nombre y apellido)?
   a. 1
   b. 2
   c. 3
   d. 4

4. ¿Cuál de las oraciones mejor expresa el tema general de su descripción?
   a. A Marita le gusta el fútbol americano un poco, pero no le gustan los deportes en general.
   b. Marita piensa que el fútbol americano es mejor que el fútbol del resto del mundo.
   c. El fútbol americano es el deporte favorito de Marita, y su equipo favorito son los Patriots.
   d. A Marita le gustan muchos equipos diferentes de fútbol americano; es difícil decir cuál es su favorito.

🔊 **02-19 ¿Qué piensa Marita del fútbol americano?** Escucha lo que dice Marita sobre el fútbol americano, y después indica si las oraciones son **Ciertas, Falsas** o si **No lo dice.**

1. Marita cree que el fútbol americano no es peligroso.		Cierto	Falso	No lo dice.
2. El hermano de Marita va a jugar con la Liga Nacional de Fútbol Americano después de terminar sus estudios.		Cierto	Falso	No lo dice.
3. Hay personas en la familia de Marita que jugaron al fútbol americano para sus escuelas secundarias.		Cierto	Falso	No lo dice.
4. Marita le gusta ver partidos profesionales más que los partidos del equipo de su universidad.		Cierto	Falso	No lo dice.
5. Marita cree que Tom Brady no tiene mucho talento y que no juega muy bien.		Cierto	Falso	No lo dice.
6. El equipo favorito de Marita ganó el Campeonato Nacional de Fútbol Americano tres veces entre 2002 y 2008.		Cierto	Falso	No lo dice.
7. Marita piensa que los Giants tienen mucho talento y que juegan muy bien.		Cierto	Falso	No lo dice.

02-20 ¿Cuál es tu deporte favorito? Ahora vas a escribir un párrafo sobre tu deporte favorito.

Paso 1. Antes de escribir el párrafo, escribe apuntes sobre tus ideas.

- ¿Por qué te gusta este deporte?

- ¿Qué necesitas para jugar este deporte?

- ¿Dónde se juega?

- ¿Cuáles son algunos de los mejores jugadores y los jugadores más conocidos de este deporte? ¿De dónde son? ¿Dónde juegan?

_____

_____

_____

_____

_____

_____

_____

Paso 2. Crea un mapa o un esquema (*outline*) para organizar tus apuntes.

_____

_____

_____

_____

_____

_____

_____

_____

_____

_____

Paso 3. Ahora escribe un párrafo de siete a diez oraciones sobre tu deporte favorito.

_____

_____

_____

_____

_____

_____

_____

_____

Comunicación II

Vocabulario

3. Pasatiempos y deportes: Describing pastimes and sports (Textbook p. 86)

02-21 Asociaciones. Para cada expresión, elige el pasatiempo correcto con el que se asocia.

1. plantar plantas y flores _____   a. el ajedrez

2. la tienda de campaña _____   b. comentar en un blog

3. la computadora _____   c. bucear

4. nadar _____   d. trabajar en el jardín

5. juego de mesa _____   e. ir de camping

02-22 Quiero conocerte mejor. Roberto invita a Susana a tomar un café después de clase porque quiere conocerla mejor. Lee su conversación y complétala con las palabras apropiadas.

pasear	teje	pescamos
tirar un platillo volador	vamos de camping	las damas
bucear	excursionista	campeón

ROBERTO: Bueno, Susana, yo te conozco un poco de nuestras clases de inglés y biología, pero dime algo más de ti. ¿Qué te gusta hacer cuando tienes tiempo libre?

SUSANA: Me gusta estar afuera. Por ejemplo, cuando visitamos las montañas de Carolina del Norte, mi

familia y yo (1) _____. Mis padres tienen una tienda de campaña grande para ellos,

y mi hermana y yo compartimos otra.

ROBERTO: ¿Qué más hacen ustedes en las montañas?

SUSANA: Pues, mi padre es un (2) _____ muy bueno. Creo que él ha explorado todos los

caminos de las montañas que visitamos. Le gusta mucho caminar. También mi hermana y yo

(3) _____ en el río. Un día volvimos a nuestro campamento con diez truchas (*trout*)

muy grandes. Comimos mucho pescado ese fin de semana.

ROBERTO: ¡Caramba! ¡No me digas!

SUSANA: Sí, es verdad. A veces nosotros alquilamos (*rent*) una cabaña. Es bueno porque a veces llueve y es más

cómoda que una tienda. Si llueve, nosotros jugamos dentro de la cabaña. A mí me encanta jugar a

(4) _____, pero solo con las fichas negras, no con las rojas. No sé por qué. Mi padre

es el (5) _____; siempre nos gana a todos. Mi madre normalmente

(6) _____. A ella le gusta hacerles suéteres y calcetines a mis primos como regalos

de Navidad.

ROBERTO: ¿Siempre van a las montañas para las vacaciones?

SUSANA: Casi siempre sí, pero a veces visitamos otros lugares también. Me gusta el Caribe porque allí puedo

(7) _____ y ver peces de tantos colores tan bonitos. A mi padre le gusta

(8) _____ en la playa con nuestro perro, Checkers. A veces, él y yo alquilamos un

barco de vela para (9) _____. Mi hermana y mi madre toman el sol.

ROBERTO: ¡Qué vacaciones más divertidas has tenido con tu familia! Y también parece que tienes muy buena relación con ellos; eso me parece muy bonito.

02-23 Crucigrama. Completa el crucigrama con el vocabulario correcto.

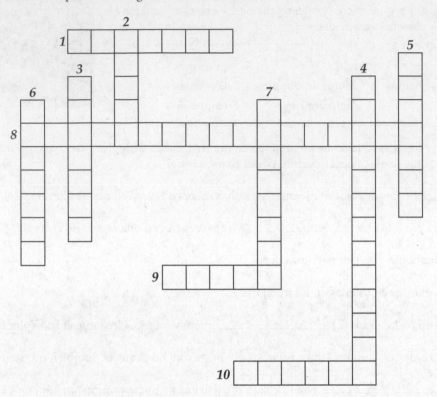

1. Lo que se hace para hacer que la casa sea más bonita

2. Hacer ropa, cortinas, etc.

3. Un sinónimo de **correr** es "hacer _____".

4. Lo que hacen muchas personas en los casinos de Las Vegas

5. Mi hermano mayor tiene una colección impresionante de tarjetas de _____.

6. Un juego de mesa cuyo objetivo consiste en capturar el rey (*king*) de tu adversario

7. Lo que puedes hacer en el blog de otra persona

8. Me gusta _____ clásicos como "Pac Man", "Space Invaders" y "Frogger".

9. Hacer suéteres, gorras y bufandas (*scarves*)

10. Lo que hace un pintor

Repaso

El subjuntivo: Conveying doubt, influence, feelings, and hopes
(Textbook p. 87)

02-24 La primera cita. Después de su primera cita con Silvia, Fermín habla con su amigo Juan Pablo sobre cómo fue. Llena cada espacio con el verbo apropiado del presente del subjuntivo.

JUAN PABLO: Oye, Fermín. ¿Qué tal la cita con Silvia?

FERMÍN: Excelente. Es una chica muy linda... Ojalá que ella (1) _____ (salir / poder) conmigo otra vez.

JUAN PABLO: Tal vez ella te (2) _____ (escribir / invitar) a la fiesta que va a hacer en su casa dentro de dos semanas.

FERMÍN: No sé. Es posible que ella no (3) _____ (querer / salir) volver a verme nunca jamás. Soy tan tonto en las primeras citas.

JUAN PABLO: No lo creo. Eres un tipo muy bueno. Es importante que tú (4) _____ (preguntar / hablar) con ella pronto, porque si no, va a pensar que no estás interesado en ella.

FERMÍN: Quizás yo le (5) _____ (escribir / recibir) un e-mail ahora.

JUAN PABLO: Es mejor que tú la (6) _____ (buscar / llamar) por teléfono. Es más personal.

FERMÍN: Tienes razón. Tal vez yo le (7) _____ (preguntar / querer) si tiene planes para el viernes. Quizás ella y yo (8) _____ (poder / buscar) salir a bailar. ¿Qué te parece?

JUAN PABLO: Es una idea estupenda. Es muy bueno que te (9) _____ (conocer / gustar) bailar tanto porque Silvia baila muy bien. Ojalá que ella todavía no (10) _____ (saber / tener) planes. ¡Suerte!

02-25 Una excursión. Uno de tus amigos te invita a ir de excursión este fin de semana a las montañas. Cuéntales a tu familia lo que quieres y esperas hacer (y/o lo que esperas no hacer) durante el fin de semana usando el vocabulario de este capítulo con expresiones como *quizás, tal vez, ojalá que, es posible que, es probable que* y *es poco probable que*. Debes usar cada expresión por lo menos una vez.

tejer	coser	comentar en un blog
tirar un platillo volador	hacer artesanía	hacer jogging
hacer trabajo de carpintería	ir de camping	jugar a las damas
hacer yoga	pescar	pintar

02-26 Heritage Language: *tu español*. Lee el siguiente artículo con cuidado y después contesta las preguntas.

El tiempo libre y lexicón del español —¿deterioro o desarrollo?

Muchas personas, especialmente los jóvenes, pasan el tiempo libre escuchando música, jugando algún deporte (o mirándolo en la tele) o leyendo o enviando correos electrónicos o mensajes instantáneos. La lectura que anteriormente se llevaba a cabo en la biblioteca con un libro, una revista o un periódico impreso sobre papel ahora existe cada vez más en versión electrónica. Es importante que pensemos en las innovaciones léxicas a las que ha dado lugar la difusión mundial de ciertas actividades y la terminología que se usa para hablar de ellas.

El vocabulario que usamos para hablar de deportes y otras actividades de ocio refleja en algunos casos una influencia impactante del inglés. Por ejemplo, en cuanto al léxico deportivo tenemos la palabra *jonrón* en lugar de "cuadrangular" y *golero* para "portero". En el mundo de las nuevas tecnologías este fenómeno es todavía más notable. Ahora mucha gente habla de mandar un *e-mail* en lugar de un "correo electrónico", hacer *clic* en el *link* en vez de "pinchar el enlace", y hacer un *forward* en lugar de "reenviar un mensaje". Hay gente que ha llegado a emplear como verbos palabras como *emailear* y *forwardear*.

En algunos casos es probable que la tecnología haya evolucionado más rápidamente que nuestros términos para describir el mismo fenómeno. Cuando esto ocurre, como casi todas las lenguas, el español tiende a acoger este vocabulario nuevo y a alterarlo para que se conforme a la pronunciación y ortografía normativas del mismo. Por ende (*Therefore*), cuando se trata de nuevas innovaciones, muchas veces dependemos de un vocabulario que algunos consideran un deterioro de la lengua en lugar de un desarrollo (*development*) lingüístico, especialmente si en el español existe una palabra adecuada que podría utilizarse.

1. Según el primer párrafo, ¿cómo ha impactado la tecnología algunos de nuestros pasatiempos?

   _____

   _____

2. ¿Cuáles son las innovaciones léxicas que menciona el artículo que proceden del mundo del deporte?

   _____

   _____

3. Investiga hasta encontrar por lo menos una innovación léxica más del mundo deportivo. ¿Existen palabras en español para expresar la misma idea? Si sí, ¿cuáles son?

   _____

   _____

4. ¿Cuáles son los términos del mundo de la tecnología mencionados en el artículo que demuestran la influencia del inglés en el español de muchos hispanohablantes?

   _____

   _____

5. Investiga hasta encontrar por lo menos una innovación léxica más del mundo de la tecnología. ¿Existen palabras en español para expresar la misma idea? Si sí, ¿cuáles son?

_____

_____

6. Piensa en algunos de tus pasatiempos favoritos. Investiga en Internet para averiguar qué innovaciones léxicas existen para describir estas actividades. ¿De dónde vienen esas variaciones? ¿Existen palabras en español para expresar las mismas ideas? Si sí, ¿cuáles son?

_____

_____

_____

_____

7. ¿Crees que estas innovaciones léxicas representan un deterioro o un desarrollo de la lengua? ¿Por qué? Explica tu perspectiva y compárala con las ideas presentadas en el artículo.

_____

_____

_____

_____

_____

_____

_____

Gramática

4. El subjuntivo para expresar pedidos (*requests*), mandatos y deseos: Recommending, suggesting, requesting, or requiring something of someone (Textbook p. 91)

02-27 Planes. Javier ha invitado a Tomi a salir el viernes que viene. No sabe qué hacer en la cita y le pide consejos a su hermano mayor, Quique. Completa su diálogo con las formas correctas de los verbos correctos en el presente del subjuntivo.

JAVIER: No sé qué debo planear para mi cita con Tomi. Quiero que nosotros

(1) _____ (hacer / ser) unas actividades afuera, porque a ella le gustan.

QUIQUE: Espero que tú no (2) _____ (planear / preguntar) demasiadas actividades. Es mejor

que tu cita (3) _____ (creer / ser) sencilla, pero elegante.

JAVIER: Buena idea. Bueno, deseo que ella (4) _____ (aburrirse / divertirse) y que también

(5) _____ (preocuparse / sentirse) especial. ¿Recomiendas que yo la

(6) _____ (llevar / pensar) al restaurante Nina Divina?

QUIQUE: Sí, recomiendo que ustedes (7) _____ (hacer / ir) allí; es un restaurante muy bueno.

También, si hace buen tiempo, pueden comer afuera.

JAVIER: Y después podemos pasear por el río y hablar. Es bueno que el restaurante

(8) _____ (estar / querer) cerca del río. Hay un camino muy bonito allí.

QUIQUE: Y ¿qué pasa si llueve? Sugiero que tú (9) _____ (molestar / tener) un plan adicional.

JAVIER: Bueno, en este caso, yo propongo que nosotros (10) _____ (jugar / hacer) al boliche

si llueve. ¿Qué te parece?

QUIQUE: Va a ser una cita perfecta.

Nombre: _____   Fecha: _____

02-28 Heritage Language: *tu español*. The subjunctive can be challenging not only because it requires remembering a new conjugation, but also because it is used in only specific instances. Complete the following description with the correct forms of the correct verbs. Be careful: some sentences require the present subjunctive conjugation, others require the present indicative, and others require the infinitive (unconjugated) form of the verb.

IÑAKI: Necesito que me (1) _____ (ayudar / evitar) con una cosa: quiero que mi hijo y yo

(2) _____ (apoyar / aprender) a pescar. Sé que tú (3) _____ (ir / ser)

a las montañas casi todos los fines de semana y que allí siempre (4) _____ (pescar /

bucear) mucho. ¿Crees que nos (5) _____ (poner / poder) enseñar?

RICARDO: ¡Claro que te (6) _____ (poder / ayudar)! No obstante, quizá

(7) _____ (ser / estar) mejor que primero (8) _____ (buscar / ir) tú

y yo solos. Recomiendo que tu hijo no nos (9) _____ (acompañar / acampar) la

primera vez para darte la oportunidad a ti de ver si realmente te gusta. Mucha gente piensa que le va

a (10) _____ (encantar / molestar) la pesca, pero después se frustran porque

requiere mucha paciencia y dedicación. Además de eso, tienes que (11) _____

(recordar / grabar) que tu hijo (12) _____ (tener / ser) todavía muy pequeño y es

posible que él (13) _____ (preferir / ir) hacer cosas más activas como jugar en el río

o andar por el monte.

IÑAKI: Gracias por darme tan buenos consejos, Ricardo. Es probable que tú (14) _____

(estar / tener) mucha razón. Mi hijo tiene mucha energía y le encanta correr por el parque y jugar al

fútbol todo el día; es muy posible que, con la edad que tiene ahora, (15) _____

(molestar / aburrirse) con un deporte como la pesca.

Perfiles

Campeones famosos del mundo hispano (Textbook p. 94)

02-29 Perfiles. Lee la información en la sección *Perfiles* del **Capítulo 2** del libro de texto y después asocia cada palabra o frase con la persona a quien mejor la describe.

a. José Alberto Pujols Alcántara

b. José Raúl Capablanca

c. Lionel Messi

1. primera base _____

2. delantero _____

3. prodigio del ajedrez _____

4. St. Louis Cardinals _____

5. Torneo Internacional Capablanca in Memoriam _____

6. Barcelona _____

7. dominicano _____

8. cubano _____

9. argentino _____

10. Balón de Oro _____

02-30 ¿Quién te interesa más?

Paso 1. ¿Cuál de los tres hombres de *Perfiles* te parece más interesante? ¿Cuál de las tres actividades te parece más interesante? ¿Por qué? Escribe apuntes sobre tus impresiones. No uses oraciones completas.

_____

_____

_____

_____

_____

Paso 2. Describe cuál de los tres *Perfiles* te parece más interesante y por qué.

¡Conversemos! (Textbook p. 96)

02-31 La buena educación. Escoge la definición más precisa para cada expresión.

1. ¿Cómo? _____   a. Excuse me.

2. Con permiso… _____   b. Pardon.

3. Disculpa. _____   c. Repeat, please.

4. Perdón / perdóname. _____   d. What?

5. ¿Qué dijiste? _____   e. What did you say?

6. ¿Qué significa…? _____   f. What does . . . mean?

7. Repita, por favor. _____   g. With your permission . . .

Nombre: _____ Fecha: _____

🔊 **02-32 Rafael Márquez Álvarez.**

Paso 1. Estás en clase y un grupo de tus compañeros está haciendo una presentación sobre futbolistas importantes. Escucha la información sobre Rafael Márquez Álvarez, y completa las oraciones con la información correcta.

13 de febrero	2003	capitán
México	Rafa	un campeonato europeo

1. Rafael Márquez Álvarez es de _____.

2. Su apodo (*nickname*) es _____.

3. Su cumpleaños es el _____.

4. Empezó a jugar en España en _____.

5. Tuvo el papel de _____ en el equipo nacional de México.

6. En el 2006, él ganó _____.

Paso 2. Aunque comprendiste mucho de la presentación, fue difícil entender la parte durante la que uno de tus compañeros habló sobre Leo Messi. Así que después de la presentación hablas con tu compañero para pedirle aclaraciones. Completa cada oración con la expresión de cortesía, perdón o clarificación más apropiada.

7. _____, pero no oí muy bien lo que dijiste sobre Leo Messi.
   a. Disculpa
   b. Qué significa
   c. Repite por favor

8. No oí bien todo lo que dijiste; _____ la parte sobre los premios y los honores que Messi recibió en el pasado.
   a. Disculpa
   b. Con permiso
   c. Repite por favor

9. ¿_____ la palabra "delantero"?
   a. Qué dijiste
   b. Qué significa
   c. Cómo

10. ¿_____ sobre la participación de Messi en la Copa Mundial?
    a. Qué dijiste
    b. Qué significa
    c. Cómo

02-33 Tu atleta favorito. Estás en un campeonato viendo al atleta del mundo hispano al que más admiras y/o que más te gusta. Tienes la oportunidad de hablar con él/ella y obtener su autógrafo.

Paso 1. Para poder llegar hasta la persona, tienes que pasar por un grupo de personas bastante grande. ¿Qué les vas a decir mientras intentas pasar y llegar hasta tu atleta favorito? Diles algo a cinco personas diferentes, usando por lo menos tres expresiones diferentes.

Paso 2. Por fin llegas hasta tu atleta favorito. Pero te habla y te dice cosas que no entiendes. Pídele aclaraciones y pídele también que te dé su autógrafo.

Escribe (Textbook p. 98)

02-34 Palabras para conectar nuestras ideas. Asocia cada palabra en inglés con la palabra en español a la que corresponde.

1. así que _____   a. and

2. cuando _____   b. also

3. o _____   c. but

4. pero _____   d. or

5. porque _____   e. well or since

6. pues _____   f. that

7. que _____   g. thus or so

8. quien _____   h. when

9. y _____   i. who

10. también _____   j. because

02-35 Ideas conectadas. Para cada oración, elige la palabra más apropiada para conectar las ideas. Solo puedes usar cada expresión una vez.

pues	también	cuando	porque
así que	pero	y	

Mi hermano me dio dos entradas para ver a mi equipo favorito jugar en el estadio de nuestra ciudad,

(1) _____ invité a mi mejor amiga a ir al partido conmigo. Salimos de casa muy pronto para

llegar temprano y sin problemas al estadio, (2) _____ al final llegamos más tarde de lo que

queríamos porque había muchísimo tráfico. (3) _____ llegamos al estadio el partido estaba a

punto (*about to*) de empezar. Durante la primera parte, Messi marcó un gol (4) _____ durante la

segunda parte marcó otros dos. Fue un partido fabuloso para Messi, y (5) _____ para Iniesta,

Villa y Xavi. Nos divertimos muchísimo durante el partido (6) _____ los jugadores de nuestro

equipo jugaron muy bien y al final ganamos. ¿Cuál fue el momento más emocionante del partido?

(7) _____, no lo sé. ¡Todo fue tan increíble!

02-36 Un partido importante. Un amigo te invita a ir a un partido muy importante de tu equipo favorito de tu deporte favorito. Vas a escribir sobre tu experiencia.

Paso 1. Para empezar a sacar tus ideas, escribe unas oraciones sencillas para describir por qué te gusta ese deporte, por qué te gusta ese equipo y por qué te emociona la idea de ir al partido. Debes mencionar también lo que esperas que ocurra durante el partido. Escribe por lo menos quince oraciones cortas y sencillas.

_____

_____

_____

_____

_____

_____

_____

Paso 2. Para organizar las ideas que has sacado, indica cómo puedes combinar las oraciones cortas para crear oraciones más largas usando algunas de las palabras de conexión que has estudiado en este capítulo. Escribe por lo menos cinco oraciones largas usando por lo menos cinco palabras de conexión diferentes.

_____

_____

_____

_____

_____

_____

Paso 3. Usa tus apuntes del **Paso 1** y tus ideas del **Paso 2** para ayudarte a escribir sobre la experiencia de ir a ver a tu equipo favorito.

¿Adónde vas? ¿Cómo crees que va a ser la experiencia? ¿Qué actividades quieres hacer durante el partido? ¿Qué quieres que tus jugadores favoritos hagan? ¿Por qué es emocionante? Usa el vocabulario del capítulo y algunos ejemplos del presente del subjuntivo.

_____

_____

_____

_____

_____

_____

_____

_____

_____

_____

Vistazo cultural

Deportes y pasatiempos en la cultura mexicana (Textbook p. 100)

02-37 Vistazo cultural. Lee la sección *Vistazo cultural* del **Capítulo 2** del libro de texto, y después asocia las palabras o frases en la primera columna con las de la segunda columna.

1. La artesanía _____   a. las alebrijes

2. El Parque Chapultepec _____   b. el buceo

3. El Tricolor _____   c. el clavadismo

4. La lucha libre _____   d. las máscaras

5. Cozumel _____   e. el Museo Nacional de Historia

6. La Quebrada _____   f. El Estadio Azteca

7. Xochimilco _____   g. las trajineras

Más cultura

02-38 ¡Oé, oé, oé! Lee el siguiente texto sobre el canto de muchos aficionados al fútbol por todo el mundo.

- Como por todo el mundo, en el mundo hispano la gente se emociona mucho con algunos de sus pasatiempos. Hay deportes y actividades artísticas que inspiran mucha pasión y mucho ánimo. En español hay dos palabras que se asocian muy fuertemente con estas emociones: "oé" y "olé". Aunque estas expresiones pueden parecer muy similares, las dos palabras son distintas. No tienen el mismo origen y los hispanohablantes normalmente no los usan de manera intercambiable (*interchangeable*).

- Durante los partidos de fútbol, especialmente cuando su equipo marca un gol o gana, muchos aficionados por todo el mundo hispanohablante tienen la costumbre de cantar "¡Campeones, campeones! ¡Oé, oé, oé!" repetidas veces. De este modo, no solo demuestran su gran satisfacción con el talento y las habilidades de los jugadores de su equipo, sino que también expresan su propia alegría. Este canto es una parte fundamental de la experiencia de disfrutar un partido de fútbol profesional.

- La palabra "olé" es la que los aficionados usan durante las corridas de toros (*bullfights*) cuando el torero o el matador realiza una parte de la corrida especialmente bien. Por ejemplo, muchos aficionados gritan "¡Olé!" cuando el torero se muestra especialmente valiente o audaz, o cuando realiza movimientos muy peligrosos o difíciles. Los aficionados emplean esta exclamación para aplaudirle al torero por su talento, su habilidad y su valentía, y también para expresar sus propios sentimientos durante momentos tan emocionantes.

- La palabra "olé" también se emplea con mucha frecuencia en el mundo del flamenco, también para aplaudir a los artistas —sean cantantes, músicos o bailadores— durante o después de un espectáculo especialmente notable.

- Como la expresión "olé" es muy conocida por mucha gente por todo el mundo, cuando unos aficionados de fútbol en el norte de España empezaron a cantar "oé, oé, oé", mucha gente de otros países creyó que estaban cantando "olé, olé, olé". Pero no fue el caso. La expresión empleada en el mundo del fútbol viene de la lengua vasca, de la palabra "hobe" que significa "mejor". Cuando los aficionados cantan "Campeones, campeones, oé, oé, oé", están diciendo que su equipo es el mejor y que son campeones.

- Por esta confusión con estas dos palabras, durante los partidos de diversos deportes hay muchos aficionados por todo el mundo (incluyendo los Estados Unidos) que demuestran su alegría cantando "Olé, olé, olé" en lugar de "Oé, oé, oé".

1. ¿Qué hace la gente en los Estados Unidos durante los partidos profesionales de diferentes deportes para demostrar su alegría y satisfacción con la manera de jugar de su equipo? ¿En tu universidad, qué canta la gente durante los partidos?

   _____

   _____

2. ¿Qué hace la gente durante los conciertos o durante los espectáculos de baile para aplaudir a los artistas?

   _____

   _____

3. ¿En qué contextos canta la gente en el mundo hispanohablante "oé, oé, oé"? ¿Por qué cantan ese canto?

_____

_____

4. ¿En qué contextos dice o grita la gente en el mundo hispanohablante "olé"? ¿Por qué dicen esa palabra?

_____

_____

_____

5. ¿Cuál es el origen de la palabra "oé" y qué significa?

_____

6. Busca "campeones, campeones, oé, oé, oé" en YouTube™ y escucha cómo suena el canto de los aficionados. Después busca "Olé, olé, olé, we are the champs" en YouTube™ y escucha cómo suena por lo menos una versión de ese canto. ¿Te parece fácil o difícil oír la diferencia entre las dos palabras? ¿Por qué?

_____

02-39 Heritage Language: *tu mundo hispano*. Aunque muchos deportes y pasatiempos, como los que estás estudiando en este capítulo, son internacionales y practicados por gente por todo el mundo, también es importante recordar que también hay deportes que tienen sus orígenes en culturas específicas. Investiga algunos de los deportes que se originan en el mundo hispano. Para cada deporte tienes que contestar las siguientes preguntas:

- ¿En qué cultura tiene su origen?

- ¿Qué necesitas para jugar?

- ¿Cómo se juega?

1. Jai alai

_____

_____

_____

_____

2. El juego de la chueca

_____

_____

_____

_____

3. La kimbomba

_____

_____

_____

_____

4. Aiskolaritza

_____

_____

_____

_____

5. La pelota mixteca

_____

_____

_____

_____

Laberinto peligroso

Episodio 2

Lectura: *Búsquedas* (Textbook p. 102)

02-40 Antes de leer. Después de leer superficialmente el diálogo entre Celia y Javier, contesta la siguiente pregunta.

1. ¿Cuál de los títulos es más apropiado para el diálogo entre Celia y Javier?
   a. Deportes extremos
   b. Escalar montañas
   c. Personas y preferencias
   d. El amor en la tienda deportiva

02-41 Después de leer. Lee el episodio y después elige la mejor palabra para completar cada oración.

1. Javier sugiere que Celia _____.
   a. compre equipo deportivo caro
   b. practique el buceo
   c. escale montañas
   d. juegue al fútbol

2. A Celia no le gusta mucho la idea de _____.
   a. escalar montañas
   b. jugar el fútbol
   c. jugar al golf
   d. hacer yoga

3. Es evidente que a Celia le interesa mucho _____.
   a. Javier
   b. el golf
   c. el buceo
   d. Cisco

4. Es evidente que a Cisco le interesa mucho _____.
   a. la desaparición de las selvas tropicales
   b. el medio ambiente
   c. Celia
   d. su artículo

5. Cisco quiere que le contraten para trabajar en el laboratorio principalmente para _____.
   a. pagar sus deudas
   b. completar su investigación
   c. impresionarle a una chica
   d. mejorar la situación de las selvas tropicales

Video: *¿Qué te ocurre, Celia?* (Textbook p. 104)

02-42 Después de ver el video. Indica si las oraciones siguientes son **Ciertas**, **Falsas** o si **No lo dice.**

1. A Javier no le gusta correr.	Cierto	Falso	No lo dice.
2. Celia cree que utilizar una bicicleta es bueno para el medio ambiente.	Cierto	Falso	No lo dice.
3. Celia y Javier van a las montañas el próximo fin de semana.	Cierto	Falso	No lo dice.
4. La conferencia es sobre las plantas y la comida saludable.	Cierto	Falso	No lo dice.
5. Celia y Cisco comen frutas en la conferencia.	Cierto	Falso	No lo dice.
6. Celia se enferma al final del episodio.	Cierto	Falso	No lo dice.

02-43 La vida activa. Después de ver el episodio, mira la siguiente foto y contesta las preguntas.

Paso 1.

1. ¿De qué actividad o deporte hablan Celia y Javier? ¿Participas en esta actividad o practicas este deporte? ¿Por qué sí o por qué no?

_____

_____

_____

_____

Paso 2. Celia y Javier quieren tener una vida más saludable; quieren ser más activos y comer mejor. Dales seis recomendaciones, usando el subjuntivo.

2. Les propongo que _____.

3. Recomiendo que _____.

4. Es necesario que _____.

5. Es importante que _____.

6. Es preferible que _____.

7. Es mejor que _____.

Escritura

02-44 Tu bosquejo. En esta actividad tienes la oportunidad de desarrollar más tus habilidades de escribir buenas descripciones. Para hacer la actividad, vas a tener que hacer una investigación y recopilación (*compilation*) de datos (*data*).

Paso 1. Primero, haz una lista de cinco de los deportes más populares que se practican en tu universidad e indica cuándo se practica cada deporte y cuáles son algunos de los beneficios de practicar cada deporte. Organiza tus ideas de la siguiente manera:

Deporte

Estación (o estaciones) del año

Beneficios

1. _____

   _____

   _____

   _____

2. _____

   _____

   _____

   _____

3. _____

   _____

   _____

   _____

4. _____

   _____

   _____

   _____

5. _____

   _____

   _____

   _____

Paso 2. Selecciona dos o tres deportes de la lista que más te interesen para crear un panfleto. Este panfleto va a servir para atraer a atletas jóvenes de diversas regiones hispanohablantes a tu universidad. El propósito de la información provista en el panfleto es el de convencerles a los padres y a los estudiantes para que vayan a tu universidad en lugar de ir a alguna otra. Así que, trata de incorporar vocabulario muy positivo e interesante. Escribe un párrafo para cada deporte seleccionado.

6. _____

_____

_____

_____

_____

7. _____

_____

_____

_____

_____

Refranes

02-45 La situación de Celia. Leíste la entrega del diario de Celia al principio de este capítulo en la que ella comenta acerca de su falta de interés en hacer ejercicio físico. A continuación hay algunos refranes que se relacionan con el problema, o la falta de interés o motivación que tiene Celia. Para cada refrán, elige el significado más apropiado.

1. "Tiempo malgastado, nunca recobrado". _____

2. "No lograrás el éxito esperándolo sentado en una silla". _____

3. "A quién madruga, Dios le ayuda". _____

4. "Más vale un hoy que dos mañanas". _____

a. Si quieres hacer cosas importantes, tienes que hacer algo, no puedes ser pasivo.

b. No debes dejar las cosas para más tarde; tienes que aprovechar cada momento.

c. El tiempo que no aprovechas bien para hacer cosas está perdido para siempre.

d. Tienes que estar atento para ver las buenas oportunidades antes que los demás.

Comunidades

02-46 Experiential Learning: Atletas destacados. Investiga un deporte mencionado en el **Capítulo 2** del libro de texto. Encuentra por lo menos tres atletas hispanohablantes de ese deporte que tengan mucho éxito y que sean famosos en sus paises de origen. Debes elegir atletas que te parezcan especialmente interesantes y que creas que debemos admirar. Crea una presentación sobre los tres atletas, incluyendo la siguiente información sobre cada uno:

- nombre y país de origen
- lugar donde (o equipo en el que) juega
- momentos importantes en su vida en general
- momentos importantes en su vida como atleta profesional
- por qué es digno de nuestra admiración

02-47 Service Learning: Una guía del ocio.

Paso 1. Investiga todas las actividades extracurriculares que se ofrecen en tu universidad. Escribe una *Guía de ocio* para tu universidad, y concéntrate en las actividades que más te interesan.

Paso 2. En grupos, comparte tu guía con tus compañeros de clase para comparar y contrastar las actividades incluidas y la forma de presentarlas. Con tu grupo, usa las ideas de todos los miembros del grupo para crear una nueva guía más completa y lo más profesional posible.

Paso 3. Presenta todas las guías preparadas por los grupos a toda la clase y elige una para dar a las personas de la universidad que trabajan con estudiantes que visitan el campus y que están interesados en estudiar allí en el futuro. También puedes compartirla con organizaciones estudiantiles de la universidad.

Activities for *Letras:* Literary Reader for *¡Anda! Curso intermedio*

02-48 Letras: Eduardo Galeano. Lee la sección de *Letras* sobre Eduardo Galeano, y después selecciona todas las oraciones que son ciertas.

_____ Es español.

_____ Es argentino.

_____ Es uruguayo.

_____ Pasó tiempo en la cárcel.

_____ Experimentó dos golpes de estado.

_____ Nunca volvió a su país de origen.

_____ Escribe de la política.

_____ Experimenta con formas tradicionales.

_____ No escribe ficción.

_____ Es periodista.

02-49 Letras: Términos literarios: hipérbole y metáfora. En *Letras,* aprendiste sobre la **hipérbole** y la **metáfora.** Lee las oraciones siguientes e indica si cada oración es un ejemplo de hipérbole o de metáfora.

1. Mi hermano es el mejor atleta del mundo de todos los tiempos.   hipérbole   metáfora

2. El fútbol es un combate.   hipérbole   metáfora

3. Si no puedo ir al partido, me voy a morir.   hipérbole   metáfora

4. El delantero disparó con la pierna derecha.   hipérbole   metáfora

5. Messi le robó el balón a Marcelo.   hipérbole   metáfora

6. Todo es posible en el fútbol.   hipérbole   metáfora

02-50 Letras: Fragmentos de *El fútbol a sol y sombra y otros escritos*.

Paso 1. Mientras lees cada fragmento de *El fútbol a sol y sombra y otros escritos*, escribe un resumen de las ideas principales que presenta el autor. Escribe 3–5 oraciones para cada sección.

1. *Del prólogo:*

_____

_____

_____

2. *El estadio:*

_____

_____

_____

3. *El jugador:*

_____

_____

_____

4. *El mejor negocio del planeta:*

_____

_____

_____

Paso 2. Una de las características más interesantes del texto *Fútbol a sol y sombra y otros escritos* es la manera en la que Galeano mezcla (*mixes*) el humor con su clara intención de criticar una situación que evidentemente no le parece ni buena ni justa. Escribe por lo menos tres citas del texto para demostrar cuándo Galeano emplea el humor. Después, escribe por lo menos tres citas del texto para demostrar que la intención de Galeano es criticar una situación que no le parece ni buena ni justa.

5. El humor

_____

_____

_____

_____

6. La crítica

_____

_____

_____

_____

Paso 3. Escribe un párrafo sobre por qué crees que el autor mezcla el humor con la intención crítica en este texto.

_____

_____

_____

_____

_____

_____

_____

_____

_____

_____

3 Hogar, dulce hogar

Comunicación I

Vocabulario

1. La construcción de casas y sus alrededores: Describing houses and their surroundings
(Textbook p. 110)

🔊 **03-01 Vamos a alquilar una casa.**

Paso 1. Bernarda, Carmen, Jon y Santi no van a vivir en las residencias del campus el año que viene. Escucha sus monólogos y selecciona todas las palabras que oyes.

acera	azulejo	componer	guardar	préstamo
alquilar	cerca	cuadra	hipoteca	presupuesto
alquiler	césped	estanque	ladrillo	quemar
añadir	comparar	factura	manguera	

Paso 2. Ahora, vuelve a escuchar los monólogos e indica si las siguientes oraciones son **Ciertas** o **Falsas**.

1. Los padres de Bernarda y Santi han vivido en varias ciudades.   Cierto   Falso

2. Carmen quiere vivir en el campo.   Cierto   Falso

3. Carmen es una mujer independiente.   Cierto   Falso

4. Santi sirvió en el ejército antes de ir a la universidad.   Cierto   Falso

5. Jon quiere alquilar un piso porque vivir en una residencia cuesta más.   Cierto   Falso

03-02 Asociaciones. Asocia cada palabra o frase con su definición.

1. añadir _____

2. el dueño _____

3. el estanque _____

4. gastar _____

5. mudarse _____

6. el obrero _____

7. ponerse de acuerdo _____

8. el préstamo _____

9. reparar _____

10. el yeso _____

a. poner una cosa nueva a algo

b. dos o más personas determinan y resuelvan hacer algo de una manera

c. dinero que te da el banco y que tienes que devolver con intereses

d. cambiarse de casa; ir a una nueva casa

e. persona que posee (*possesses*) algo

f. sustancia empleada en la construcción y en el arte

g. cuerpo de agua pequeño que puede servir para tener peces o como adorno en un jardín

h. arreglar

i. usar el dinero (para comprar cosas o servicios)

j. persona que trabaja

03-03 ¿Qué características tienen las casas? Tú y tus amigos están buscando una casa para alquilar y, por eso, han hablado con un agente inmobiliario (*real estate*). Te ha enviado fotos de varias casas por correo electrónico. Ahora escucha sus descripciones de cada casa y después indica a qué casa corresponde.

1. _____

2. _____

3. _____

4. _____

5. _____

6. _____

a

b

c

d

e

f

Repaso

1. El pretérito: verbos con cambios de raíz y otros verbos irregulares: Discussing past events (Textbook p. 111)

03-04 Crucigrama. Completa el crucigrama con la forma correcta de cada verbo en el pretérito.

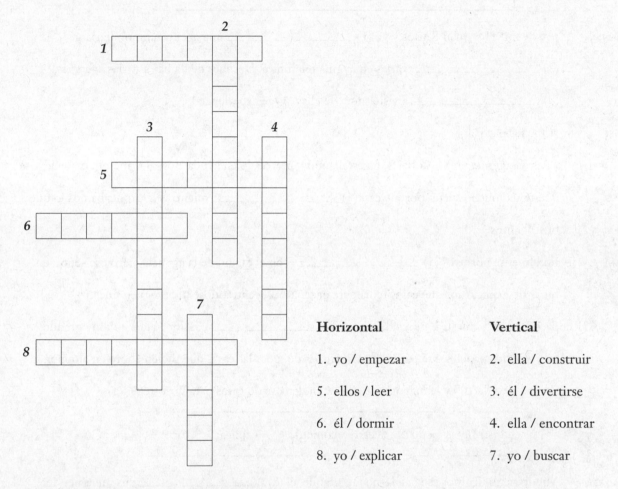

Horizontal

1. yo / empezar

5. ellos / leer

6. él / dormir

8. yo / explicar

Vertical

2. ella / construir

3. él / divertirse

4. ella / encontrar

7. yo / buscar

03-05 Buscamos un apartamento. Raúl y su amigo Jesús buscan un apartamento. Completa la descripción de su experiencia en un cibercafé con las formas correctas en el pretérito de los verbos correctos.

En cuanto yo (1) _____ (llegar / empezar) al cibercafé, yo (2) _____

(mostrar / buscar) unas páginas web con anuncios sobre casas y apartamentos en alquiler. Después

(3) _____ (llegar / construir) Jesús. Como yo tengo más experiencia con esto, primero le

(4) _____ (mostrar / construir) a Jesús mis páginas favoritas y le (5) _____

(buscar / explicar) cómo funcionan. Mientras nosotros navegábamos, una camarera muy simpática nos

(6) _____ (servir / llegar) café. ¡En tan solo media hora nosotros (7) _____

(encontrar / conocer) más de diez apartamentos que vamos a visitar! ¡Qué experiencia más positiva —al final

nosotros (8) _____ (pedir / divertirse) mucho!

03-06 Un agente inmobiliario. Esteban, Juan Karlos, Laurencio y Santos quieren compartir un apartamento el año que viene. Esteban y Juan Karlos hablaron con un agente inmobiliario (*real estate*) para pedirle ayuda con su búsqueda. Completa su conversación con Laurencio y Santos sobre su experiencia, llenando los espacios con las formas correctas en el pretérito de los verbos correctos.

hablar ir dar buscar dormirse encontrar	

ESTEBAN: ¡Ay de mí! Hoy Juan Karlos y yo (1) _____ una agencia inmobiliaria y

(2) _____ varias en la guía telefónica. Después de llamar a varias agencias,

(3) _____ a visitar una de ellas. ¡Qué experiencia!

SANTOS: ¿Qué les pasó?

JUAN KARLOS: Pues, el agente, un Sr. Roberts, no estaba muy interesado en ayudarnos; al principio era evidente

que tenía mucho sueño porque casi (4) _____ mientras le explicábamos lo que

buscábamos.

SANTOS: Finalmente nosotros (5) _____ con el dueño de la agencia, pero ese señor, en

lugar de explicarnos qué casas tenía para enseñarnos, centrándose (*focusing*) en nuestro

presupuesto y nuestras necesidades, nos (6) _____ un cuaderno muy grande

con muchos papeles que tenían descripciones de todas las casas que tienen ahora en alquiler.

¡Había más de 100 y la mayoría de ellas eran demasiado caras para nosotros!

construir pedir leer comenzar explicar hacer	

JUAN KARLOS: Mientras mirábamos ese cuaderno tan grande, él (7) _____ sus mensajes de

correo electrónico y también (8) _____ unas llamadas por teléfono.

SANTOS: Sí, y cuando nosotros le (9) _____ información sobre algunas casas al Sr.

Roberts, él (10) _____ a decirnos que no eran buenas opciones para nosotros.

Ofreció mostrarnos unas casas que una compañía de arquitectura (11) _____ en

los años 50 y que los dueños no han cuidado ni mantenido.

JUAN KARLOS: Sí, y entonces, yo le (12) _____ que no nos interesaban esas casas tan viejas, y

salimos.

LAURENCIO: Bueno, parece que no vamos a usar esa agencia. ¡Qué gente más mal educada!

03-07 Heritage Language: *tu español*. Como la forma de escribir las palabras es casi idéntica, con la excepción del uso del acento ortográfico, es fácil confundir en la escritura algunas formas del pretérito con algunas formas del presente de subjuntivo. Escucha cada oración y, prestando atención tanto al contexto como también a la pronunciación, escribe la forma del verbo que se usa en cada oración.

1. buscar _____

2. buscar _____

3. pagar _____

4. pagar _____

5. explicar _____

6. explicar _____

Gramática

2. Usos de los artículos definidos e indefinidos: Specifying people, places, and things (Textbook p. 115)

03-08 Una conversación entre hermanas. Carmela habla con su hermana sobre la casa que va a alquilar con sus amigas. Completa su conversación eligiendo el artículo apropiado.

INMA: Hola, Carmela. ¿Qué tal?

CARMELA: Bien. El otro día fui a ver a (1) (el / un / la / una) agente inmobiliario. Se llamaba Francisco Elizalde. Fue muy simpático. (2) (El / Un / La / Una) Sr. Elizalde me ayudó muchísimo y gracias a él, he encontrado (3) (el / un / la / una) casa muy bonita que me gusta mucho.

INMA: Qué bien. Me alegro mucho. ¿Vas a vivir sola o vas a compartir (4) (el / un / la / una) casa con otra gente?

CARMELA: Vamos a compartirla unas amigas y yo. ¿Te acuerdas de mi amiga Isabel? Es (5) (el / un / la / una) persona muy buena y muy simpática.

INMA: Sí, claro que la recuerdo. ¿Con quiénes más van a vivir?

CARMELA: Además de ella, con mis amigas Bárbara y Juana.

INMA: Ah, sí. Bárbara y Juana son (6) (los / unos / las / unas) que conocí en (7) (el / un / la / una) biblioteca de ciencias cuando fui a verte, ¿verdad?

CARMELA: Sí. Son muy inteligentes y siempre están estudiando porque tienen clases muy difíciles. (8) (Los / Unos / Las / Unas) dos estudian ingeniería porque cuando terminen sus estudios quieren trabajar en el área de (9) (los / unos / las / unas) energías renovables.

INMA: ¡Qué ambiciosas! Lo siento, pero no puedo hablar más; me tengo que ir a clase.

CARMELA: No te preocupes, yo también. ¿Charlamos mañana por (10) (el / un / la / una) mañana?

INMA: No puedo. Tengo cita con el médico a (11) (los / unos / las / unas) 9:00 y después tengo que estudiar y trabajar. ¿Charlamos (12) (el / un / la / una) jueves?

CARMELA: Perfecto. Hasta entonces.

INMA: Muy bien y buenas noches.

03-09 La vida universitaria. Juan Pablo le escribe un mensaje de correo electrónico a su amigo José. Escoge el artículo correcto o la X si un artículo no es necesario según el caso.

Hola José:

¿Qué tal? (1) (La / Una / X) vida es divertida aquí en (2) (la / una / X) universidad. Aprendo (3) (el / un / X) inglés con mis compañeros. Tengo algunos amigos que son (4) (los / unos / X) norteamericanos y algunos otros que son (5) (los / unos / X) latinoamericanos. Ahora estoy buscando (6) (la / una / X) casa bonita para (7) (el / un / X) año que viene. Es difícil porque (8) (los / X) alquileres cerca del campus son caros. Es casi imposible encontrar casas por menos de (9) (los / X) mil doscientos dólares. (10) (Una / X) otra opción es alquilar (11) (el / un / X) apartamento; no obstante son caros también.

Bueno, me tengo que ir. Ayer estuve estudiando hasta (12) (las / unas / X) cuatro de la mañana para un examen que tengo que tomar (13) (el / un / X) viernes y ahora me duele (14) (la / una / X) cabeza. Voy a tomarme (15) (el / un / X) vaso de agua con (16) (la / una / X) aspirina y me voy a acostar.

¡Buenas noches!

Juan Pablo

03-10 Arreglos en casa. Ana por fin hizo unos arreglos en su casa. Completa la descripción con las formas correctas de los artículos correctos. Si una oración no requiere artículo, escribe X en el espacio.

Necesitaba (1) _____ cambio en mi casa. Cuando compré

(2) _____ casa me gustó en general, pero siempre quería

hacer (3) _____ cambios —nada grande, solamente

cambiar ciertos aspectos de algunos de los cuartos. De pronto me di cuenta de que llevaba ya cinco años

viviendo allí y todo seguía igual. Por eso, decidí hacer algo. (4) _____ cocina era muy vieja y

tenía (5) _____ distribución que no me gustaba nada: quería tener más alacenas y alacenas más

altas, y también era hora de comprar nuevos electrodomésticos (*appliances*). Además (6) _____

estilo era demasiado tradicional y quería amueblar todo el resto de la casa con (7) _____

muebles y adornos mucho más modernos. (8) _____ otro de los problemas era la falta de color

en las paredes. Todas eran blancas y aburridas; necesitaba cuartos con (9) _____ alegría y vida.

Sin embargo, (10) _____ problema más grande que tenía era que me faltaba tiempo para

dedicar a estos proyectos. Tenía un amigo que era (11) _____ contratista y lo llamé para ver si

me podía ayudar. Al final me preparó (12) _____ presupuesto muy razonable en muy poco

tiempo y él y sus obreros empezaron a trabajar casi inmediatamente. Ahora estoy mucho más contenta con mi

hogar.

03-11 Heritage Language: *tu español.* Ser bilingüe a veces es un poco complicado. Cuando hablamos dos lenguas, es fácil confundir las reglas gramaticales y las normas de uso de cada uno de los idiomas que usamos.

Paso 1. Elige la respuesta correcta para completar cada oración.

1. Me encanta _____ arquitectura colonial.
   a. la
   b. una
   c. ningún artículo

2. Empezaron a trabajar a _____ ocho de la mañana.
   a. las
   b. unas
   c. ningún artículo

3. Mientras Francisco trabajaba con la madera, se cortó _____ mano.
   a. la
   b. una
   c. ningún artículo

4. Pablo empezó a tener calor y por eso se quitó _____ guantes.
   a. los
   b. unos
   c. ningún artículo

5. Todos _____ viernes después de trabajar vamos al gimnasio para jugar al squash.
   a. los
   b. unos
   c. ningún artículo

6. _____ español es la lengua que habla la mayoría de las personas que están trabajando en este proyecto.
   a. El
   b. Un
   c. ningún artículo

7. _____ Profesora Martínez es una ingeniera puertorriqueña.
   a. La
   b. Una
   c. ningún artículo

8. Es importante recordar que sin _____ ingenieros sería muy difícil construir edificios.
   a. los
   b. unos
   c. ningún artículo

9. Santiago Calatrava es _____ arquitecto.
   a. el
   b. un
   c. ningún artículo

10. Santiago Calatrava es _____ español.
    a. el
    b. un
    c. ningún artículo

11. Frank Gehry es _____ arquitecto muy importante.
    a. el
    b. un
    c. ningún artículo

12. Frank Gehry es _____ arquitecto que diseñó el Museo Guggenheim de Bilbao.
    a. el
    b. un
    c. ningún artículo

Paso 2. Debido a las diferencias entre el inglés y el español en cuanto a los usos de los artículos definidos e indefinidos, incluso personas que hablan las dos lenguas a nivel muy avanzado a veces se confunden. Para cada oración del **Paso 1**, indica qué es lo que se usa en inglés para los mismos casos.

13. (oración 1 del **Paso 1**)
    a. artículo definido
    b. artículo indefinido
    c. ninguna palabra
    d. otro tipo de palabra

14. (oración 2 del **Paso 1**)
    a. artículo definido
    b. artículo indefinido
    c. ninguna palabra
    d. otro tipo de palabra

15. (oración 3 del **Paso 1**)
    a. artículo definido
    b. artículo indefinido
    c. ninguna palabra
    d. otro tipo de palabra

16. (oración 4 del **Paso 1**)
    a. artículo definido
    b. artículo indefinido
    c. ninguna palabra
    d. otro tipo de palabra

17. (oración 5 del **Paso 1**)
    a. artículo definido
    b. artículo indefinido
    c. ninguna palabra
    d. otro tipo de palabra

18. (oración 6 del **Paso 1**)
    a. artículo definido
    b. artículo indefinido
    c. ninguna palabra
    d. otro tipo de palabra

19. (oración 7 del **Paso 1**)
    a. artículo definido
    b. artículo indefinido
    c. ninguna palabra
    d. otro tipo de palabra

20. (oración 8 del **Paso 1**)
    a. artículo definido
    b. artículo indefinido
    c. ninguna palabra
    d. otro tipo de palabra

21. (oración 9 del **Paso 1**)
    a. artículo definido
    b. artículo indefinido
    c. ninguna palabra
    d. otro tipo de palabra

22. (oración 10 del **Paso 1**)
    a. artículo definido
    b. artículo indefinido
    c. ninguna palabra
    d. otro tipo de palabra

23. (oración 11 del **Paso 1**)
    a. artículo definido
    b. artículo indefinido
    c. ninguna palabra
    d. otro tipo de palabra

24. (oración 12 del **Paso 1**)
    a. artículo definido
    b. artículo indefinido
    c. ninguna palabra
    d. otro tipo de palabra

Notas culturales

El mejoramiento de la casa (Textbook p. 117)

03-12 Hazlo tú mismo. Estudia la sección de **Notas culturales** en el libro de texto, y después elige la respuesta correcta para completar cada oración.

1. "Hazlo tú mismo" se refiere a
   a. el lema de muchos negocios nuevos
   b. la moda de hacer renovaciones en la casa uno mismo
   c. la moda de contratar a profesionales para hacer renovaciones en la casa
   d. a y b
   e. a y c

2. Según el artículo, esta moda es muy popular hoy en día en
   a. todo el mundo hispano
   b. América Latina
   c. Chile, Colombia, Perú, México, España y Costa Rica
   d. Chile, Colombia, Perú, México, España, Venezuela y Costa Rica
   e. España

3. Según el artículo, las personas deciden participar en este proceso
   a. porque es más barato
   b. porque les gusta hacer estas cosas durante su tiempo libre
   c. porque tienen miedo de los contratistas
   d. a y b
   e. a, b y c

4. Sodimac es una compañía de este sector que es de
   a. Chile
   b. Colombia
   c. Perú
   d. a y b
   e. a, b y c

5. Una(s) compañía(s) mexicana(s) de este sector es/son
   a. Bricor
   b. Del Norte
   c. EPA
   d. a y b
   e. b y c

6. Una compañía europea de este sector es
   a. Bricor
   b. Sodimac
   c. EPA
   d. Total HOME
   e. ninguna

7. Unas compañías de este sector con presencia internacional son
   a. Sodimac
   b. Total HOME
   c. EPA
   d. a y b
   e. a y c

Escucha (Textbook p. 120)

03-13 Antes de escuchar. El año que viene una de tus compañeras de clase quiere vivir fuera del campus en una casa con unos amigos, pero tiene un problema. El problema se relaciona con sus padres. ¿Qué tipo de problema crees que es posible que tenga? ¿Qué tipo de diferencias de opinión puede haber entre padres y una hija en esta situación? ¿Qué preocupaciones tienen algunos padres de estudiantes universitarios?

_____

_____

_____

_____

03-14 El problema de Anabela.

Paso 1. El año que viene una de tus compañeras de clase quiere vivir fuera del campus en una casa con unos amigos, pero tiene un problema y el problema tiene que ver con sus padres. Escucha su conversación con una de sus amigas, y después contesta la pregunta.

1. ¿Cuál es el problema principal de Anabela?
   a. Sus padres no pueden ayudarla en pagar parte del alquiler de una casa o apartamento.
   b. Es difícil encontrar una casa o un apartamento.
   c. Sus padres no quieren que ella viva con muchachos.
   d. Sus padres quieren que vuelva a casa el semestre que viene.

Paso 2. Escucha la conversación entre las dos amigas otra vez, y después indica si las oraciones son **Ciertas** o **Falsas** o si **No se dice.**

2. Anabela piensa que sus padres son muy flexibles.	Cierto	Falso	No se dice.
3. Los padres de Anabela no quieren que ella viva lejos de la universidad.	Cierto	Falso	No se dice.
4. Su amiga piensa que vivir en una casa puede ser una solución al problema.	Cierto	Falso	No se dice.
5. La amiga de Anabela es más optimista que ella.	Cierto	Falso	No se dice.
6. A Anabela y a sus amigos no les gusta la casa en Calle Mayor.	Cierto	Falso	No se dice.

Comunicación II

Vocabulario

3. Dentro del hogar: la sala, la cocina y el dormitorio: Depicting a home and its rooms (Textbook p. 122)

03-15 Anuncios. Lee los anuncios sobre diferentes casas que están en alquiler, y después contesta las preguntas.

1. Palacio en la calle Castillo. Casa de ladrillo, 4 dormitorios, 2 baños, oficina. Cerca del campus universitario. Aire acondicionado, lavadora y secadora. $1400/mes.

2. Apartamento lujoso, a tres cuadras de la universidad. 3 dormitorios, 2 baños. Muro, piscina y gimnasio. Aire acondicionado, calefacción central, chimenea. Sistema de seguridad. $1200/mes.

3. Casa modesta para alquilar en la calle Harris. Cerca de parada de autobús de varias líneas. 2 dormitorios, 1 baño. Amueblada (*Furnished*). Sistema de calefacción nuevo. Chimenea y sótano. Garaje. $800/mes.

4. Apartamento perfecto para jóvenes profesionales en pleno centro de la ciudad y a diez minutos andando de la universidad. 2 dormitorios, 2 baños, oficina. Cocina con mucho espacio y electrodomésticos (*appliances*) de calidad (*quality*) profesional. Despensa muy amplia. Recientemente remodelado. $900/mes.

1. ¿Cuál de las viviendas es la más segura?
   a. número 1   b. número 2   c. número 3   d. número 4

2. ¿Cuál de las viviendas probablemente no esté cerca del campus?
   a. número 1   b. número 2   c. número 3   d. número 4

3. ¿Cuál de las viviendas le va a gustar a una persona a quien le encanta cocinar?
   a. número 1   b. número 2   c. número 3   d. número 4

4. Si en un grupo de cuatro amigos cada persona puede pagar hasta trescientos dólares al mes, ¿cuál de las viviendas no puede alquilar el grupo?
   a. número 1   b. número 2   c. número 3   d. número 4

03-16 ¿Cuál es la mejor vivienda? Estás buscando una casa o un apartamento donde vivir. Lee las descripciones y elige cuál es la mejor para ti o para ti y tus mejores amigos. Explica con detalle por qué la que has elegido es la mejor, cuáles son los aspectos de las otras viviendas que también te gustan y cuáles son los aspectos de las otras viviendas que no te gustan tanto.

1. Palacio en la calle Castillo. Casa de ladrillo, 4 dormitorios, 2 baños, oficina. Cerca del campus universitario. Aire acondicionado, lavadora y secadora. $1400/mes.

2. Apartamento lujoso, a tres cuadras de la universidad. 3 dormitorios, 2 baños. Muro, piscina y gimnasio. Aire acondicionado, calefacción central, chimenea. Sistema de seguridad. $1200/mes.

3. Casa modesta para alquilar en la calle Harris. Cerca de parada de autobús de varias líneas. 2 dormitorios, 1 baño. Amueblada (*Furnished*). Sistema de calefacción nuevo. Chimenea y sótano. Garaje. $800/mes.

4. Apartamento perfecto para jóvenes profesionales. 2 dormitorios, 2 baños, oficina. Cocina con mucho espacio y electrodomésticos (*appliances*) de calidad (*quality*) profesional. Despensa muy amplia. Recientemente remodelado. $900/mes.

Nombre: _____   Fecha: _____

03-17 Unas casas diferentes. Estás leyendo una revista que tiene fotos de casas para alquilar. Mira los dos dibujos, y escoge todas las palabras de vocabulario que corresponden a cada casa.

1. CASA A	2. CASA B
la acera	la acera
la almohada	la almohada
el césped	el césped
la chimenea	la chimenea
las cortinas	las cortinas
el cuadro	el cuadro
el muro	el muro
la sábana	la sábana
la toalla	la toalla

03-18 ¡Buenas noticias! Tú y tus amigos quieren vivir en una casa fuera del campus el año que viene, pero todas las casas que han visto parecen muy caras. Enrique, uno de tus amigos, tiene muy buenas noticias. Escucha lo que dice, y después contesta las preguntas.

1. ¿Quién va a comprar la casa?
   a. Enrique
   b. El padre de Enrique
   c. Un amigo del padre de Enrique
   d. Tú y tus amigos

2. ¿Qué va a pasar con la casa después del final de los estudios de Enrique?
   a. La van a alquilar.
   b. La van a vender.
   c. La van a renovar.
   d. Nada va a cambiar.

3. ¿Cuánto tienen que pagar en total tú y tus amigos para vivir en la casa?
   a. $600 por mes
   b. $300 por mes
   c. $150 por mes
   d. Nada. Van a ayudar con las renovaciones.

4. ¿Quién va a trabajar para renovar la casa?
   a. La madre de Enrique
   b. Tú y tus amigos
   c. Un contratista profesional
   d. b y c

5. ¿Cuándo van a finalizar la venta?
   a. la semana que viene
   b. en un mes
   c. en tres meses
   d. en cuatro meses

📣 03-19 Cosas para la casa. Tu amigo se ha mudado a una nueva casa y le estás ayudando a instalarse allí. Escucha los objetos que saca de las cajas y organízalas indicando en qué cuartos piensas que debe ponerlas.

1. …
   a. el dormitorio
   b. la sala
   c. la cocina
   d. el baño

4. …
   a. el dormitorio
   b. la sala
   c. la cocina
   d. la oficina

7. …
   a. el dormitorio
   b. la sala
   c. la cocina
   d. el baño

2. …
   a. el dormitorio
   b. la sala
   c. la cocina
   d. el baño

5. …
   a. el dormitorio
   b. la sala
   c. la cocina
   d. el baño

8. …
   a. el dormitorio
   b. la sala
   c. la cocina
   d. el baño

3. …
   a. el dormitorio
   b. la sala
   c. la cocina
   d. el baño

6. …
   a. el dormitorio
   b. la sala
   c. la cocina
   d. la oficina

9. …
   a. el dormitorio
   b. la sala
   c. la cocina
   d. el baño

10. …
   a. el dormitorio
   b. la sala
   c. la cocina
   d. el baño

Repaso

El imperfecto: Sharing about situations in the past and how things used to be
(Textbook p. 123)

03-20 Los recuerdos. Carolina encuentra algunas fotos de las vacaciones de su niñez. Llena los espacios con las formas correctas en el imperfecto de los verbos correctos.

Cuando yo (1) _____ (ser / querer) niña, mi

familia y yo siempre (2) _____ (evitar / ir) a

Cataluña para las vacaciones en agosto. Cataluña no

(3) _____ (ser / estar) muy lejos de Valencia, y

nos (4) _____ (gustar / faltar) ir a Barcelona y a la playa. Entonces, nosotros

(5) _____ (tener / poder) disfrutar de la vida nocturna de la ciudad, y también de la vida

tranquila al lado del océano. Recuerdo que mi hermana, Inma, (6) _____ (construir / destruir)

castillos en la arena. ¡Hoy ella estudia para arquitecta! Y cada año nosotros (7) _____

(aprender / visitar) la famosa catedral de Gaudí, La Sagrada Familia. Mis padres no (8) _____

(gastar / ganar) mucho dinero en las vacaciones porque siempre (9) _____ (gustar / tener)

muchas facturas que pagar, pero yo siempre (10) _____ (acostarse / divertirse).

03-21 Daniel y su familia. Completa la descripción de Daniel sobre lo que hacía con su familia cuando era más joven y cómo ha impactado su vida ahora como adulto usando los verbos correctos en las formas correctas del imperfecto o del presente perfecto, según convenga.

Cuando yo (1) _____ (ser / estar) pequeño, mis

padres siempre (2) _____ (hacer / tener) muchos

arreglos en casa y también mucha artesanía de todo tipo. De hecho, es

una costumbre que nosotros (3) _____ (obtener / mantener) hasta hoy. Creo que es por eso que,

desde pequeño, la carpintería siempre me (4) _____ (evitar / interesar) tanto. Cuando yo

(5) _____ (tener / estar) entre quince y dieciocho años, mis padres siempre me

(6) _____ (ayudar / aprender) con diferentes proyectos de construcción de diversas cosas hechas

de madera. Nosotros (7) _____ (hacer / saber) todo tipo de cosas: desde una caja de

herramientas (*tool box*) hasta muebles para nuestra casa. Durante esa época mi madre me

(8) _____ (aprender / enseñar) a hacer un plan de trabajo y a preparar todos los materiales, y

después, con la ayuda de mi padre, yo (9) _____ (ser / usar) diferentes herramientas (*tools*) para

construir los muebles y las cosas. Ellos dos siempre (10) _____ (poner / querer) verme aprender

a hacer las cosas y estar contento con el producto final. La caja de herramientas (11) _____

(ser / tener) muy útil durante toda mi vida hasta el momento y todavía está en perfectas condiciones. También,

desde que yo (12) _____ (mudarse / moverse) a mi propia casa (13) _____

(poner / poder) usar las mesas y otros muebles que a lo largo de estos años mis padres y yo

(14) _____ (hacer / ser) juntos.

03-22 ¿Dónde vivías y dónde vives?

Paso 1. Antes de escribir. Tu nueva amiga quiere saber cómo era la casa donde vivías cuando eras pequeño/a. Piensa en una vivienda (o en la vivienda) dónde vivías cuando eras más joven. Escucha sus preguntas y escribe una lista con apuntes sobre dónde vivías cuando eras pequeño/a.

_____

_____

_____

_____

_____

_____

_____

Paso 2. Ahora, usando el vocabulario de este capítulo y los tiempos imperfecto y presente, escribe un párrafo de **diez a quince oraciones** comparando la vivienda sobre la que has escrito apuntes en el **Paso 1** con el lugar donde vives ahora. Si todavía vives en el mismo lugar, compara cómo era cuando eras pequeño/a y cómo es ahora, y también explica dónde pasabas más tiempo cuando eras más joven (y lo que hacías allí) en comparación a donde pasas más tiempo ahora (y lo que haces allí ahora).

_____

_____

_____

_____

_____

_____

_____

_____

_____

_____

_____

03-23 Heritage Language: *tu español*.

Paso 1. Lee el siguiente texto con cuidado y después contesta las preguntas.

La búsqueda de una vivienda: pasado y presente

Antes, cuando a uno le interesaba comprar una vivienda, el proceso era bastante complicado. Muchas veces era necesario ponerse en contacto con un agente inmobiliario (*real estate*) para que este le comunicara qué tipo de casas y apartamentos estaban en venta en ese momento. También era habitual pasear o conducir por las zonas de la ciudad donde le interesaba vivir para buscar carteles (*signs*) anunciando viviendas en venta.

Hoy en día, sin embargo, todo el proceso ha cambiado bastante, debido a las nuevas tecnologías. El trabajo de analizar las propiedades en las zonas donde le gustaría vivir, contemplando las diferentes ventajas e inconvenientes de cada casa o apartamento y comparando los precios se ve extremadamente simplificado gracias al Internet. Mientras que antes se requería mucho tiempo y trabajo "en persona" para iniciar una búsqueda, hoy en día existen muchas fuentes electrónicas que nos pueden ayudar con el proceso. En numerosas páginas web podemos buscar las viviendas disponibles que allí anuncian tanto profesionales de agencias inmobiliarias como también particulares que han decidido intentar vender su casa por su propia cuenta (*on their own*).

En la mayoría de los casos, estas páginas nos permiten limitar nuestra búsqueda según nuestro presupuesto y necesidades: podemos introducir parámetros correspondientes al precio de las casas, su tamaño, el número de dormitorios y baños que tienen, si tienen garaje o no, si tienen otros elementos como piscina, buenas vistas, etc. De este modo, hoy en día podemos acceder a mucha más información de lo que podíamos hace tan solo veinte años y ahora disfrutamos también de acceso bastante más fácil y cómodo de lo que había en aquel entonces (*in those times*).

1. Según el texto, ¿cómo se diferencia el proceso de buscar una vivenda ahora de como era antes?
   a. La tecnología ha complicado el proceso porque hay demasiadas páginas web con demasiada información.
   b. La tecnología ha facilitado el proceso de obtener información relevante a nuestras preferencias.
   c. La tecnología no ha impactado mucho el proceso de buscar una vivienda.

Paso 2. Ahora estudia el anuncio para una casa en venta y después contesta las preguntas.

Un anuncio para un apartamento en Madrid

Localidad:	Madrid
Ubicación:	Barrio Legazpi, Distrito Arganzuela
Tipo de Vivienda:	Piso
Altura:	4° piso
Viviendas por planta:	2
Precio:	595.000€
Metros construidos:	131
Metros útiles:	110
Antigüedad de edificio:	entre 5 y 10 años
Estado:	buen estado
Núm. de dormitorios:	3
Núm. de baños:	2
Cocina:	equipada
Ascensor:	Sí

GARAJE:	2
TRASTERO (*STORAGE*):	Sí
DESCRIPCIÓN:	Amplio piso exterior con muchas ventanas y luz natural. Cocina de diseño. Dormitorio principal con baño completo. Aire acondicionado y calefacción central. Acceso directo al garaje desde la vivienda. Cuarto piso (edificio de siete pisos con dos viviendas por piso) con ascensor. Zonas privadas, piscina, parque infantil, portero 24 horas, videoportero.
VENDEDOR:	Particular
CONTACTO:	Andoni, 620-123-4567 (abstenerse agencias inmobiliarias y curiosos, solo solicitudes de información serias)

2. ¿Qué significados tiene la palabra "piso" tal y como se usa en el anuncio?
   a. un apartamento
   b. una casa
   c. el suelo de un edificio
   d. una mansión
   e. la planta de un edificio

3. ¿Cuándo se construyó la vivienda del anuncio?
   a. Hace veinte años
   b. Hace quince años
   c. En los últimos diez años
   d. En los últimos cinco años

4. ¿Cuántos metros cuadrados de espacio habitable tiene la vivienda?
   a. 131
   b. 110
   c. Entre 5 y 10

5. Según el anuncio, ¿quiénes quiere el anunciante que se pongan contacto con él?
   a. Agentes inmobiliarios
   b. Personas que solo quieren ver la vivienda y que no tienen un auténtico interés en comprarla
   c. Personas que tienen un auténtico interés en comprar la vivienda

6. ¿Quién es el anunciante?
   a. el dueño de la vivienda
   b. un agente inmobiliario

Gramática

4. El subjuntivo para expresar sentimientos, emociones y dudas: Expressing doubt, emotions, and sentiments (Textbook p. 126)

03-24 El contratista. Gorka y su esposa están renovando su casa. Completa su diálogo con el contratista con las formas correctas en el subjuntivo de los verbos correctos.

GORKA: Hola, Sr. García. Quiero decirle que mi mujer y yo estamos muy

contentos de que usted (1) _____ (ir / tener) a

ayudarnos con la renovación de nuestra casa.

LUIS: Gracias. Por favor, soy Luis. Es todo un placer trabajar con ustedes.

Creo que es bueno que ustedes (2) _____ (querer /

hacer) esta reforma; su casa va a estar muy bonita.

GORKA: ¿No cree usted que a la casa le (3) _____ (faltar /

hacer falta) muchas reparaciones?

LUIS: No, qué va. Está en muy buenas condiciones, más o menos. Dudo que (4) _____

(poder / ser) muy difícil reparar todo bastante rápidamente.

GORKA: ¡Qué bueno! A mi mujer y a mi nos gustaba mucho la idea de intentar hacer todo nosotros, pero

temo que nosotros no (5) _____ (saber / hacer) lo suficiente sobre la construcción.

Mi mujer especialmente quiere que nosotros (6) _____ (aprender / conocer) a hacer

más cosas, pero la verdad es que no tenemos mucho tiempo.

LUIS: Es una pena que ustedes dos (7) _____ (trabajar / jugar) fuera de la casa. Todo es

más difícil con tan poco tiempo libre. De todos modos, si durante la renovación de su casa quieren

que yo les (8) _____ (aprender / enseñar) a hacer algunas cosas, estoy encantado de

hacerlo.

GORKA: Gracias. Espero que sí que usted (9) _____ (poder / poner) hacerlo y, ya que va a

estar aquí en nuestra casa todos los días, también espero que nosotros ahora

(10) _____ (querer / tener) más tiempo para empezar a aprender.

03-25 Suerte con la mudanza. La hermana de Mikaela se muda a una casa nueva. Lee el mensaje de correo electrónico que le ha escrito y llena los espacios con las formas correctas en el subjuntivo de los verbos correctos.

mandar	mudarse	poder	permitir
pagar	ir	quedar	tener

Querida hermanita,

¡Cuánto me alegro de que por fin tú (1) _____ a la nueva

casa. Es bueno que tú (2) _____ esta oportunidad de vivir de

forma independiente. Aunque también me parece una lástima que (3) _____ tantos

intereses en tu hipoteca. Tenemos que hablar con el banco para ver si los pueden bajar.

Siento muchísimo que yo no (4) _____ ir a verte y ayudarte con tu mudanza. Dudo que

Pablo y yo te (5) _____ a visitar antes del otoño. Mientras tanto, espero que tú nos

(6) _____ muchas fotos por correo electrónico lo más pronto posible.

Después de realizar la compra de la casa, dudo que te (7) _____ mucho dinero para

comprar todo lo que quieres comprar, por eso te hemos enviado por correo una tarjeta de regalo de una

tienda que creo que te gusta mucho. Ojalá que la tarjeta te (8) _____ comprar alguna cosa

que realmente te haga falta o que simplemente quieras tener.

Un abrazo fuerte,

Mikaela

03-26 Sentimientos, deseos y opiniones.

Paso 1. Para cada grupo de componentes para crear oraciones, indica si el verbo entre paréntesis tiene que ir en el subjuntivo, el indicativo o el infinitivo.

1. Creo / (él - ser) / muy buen arquitecto.
   a. subjuntivo
   b. indicativo
   c. infinitivo

2. No creo / (el presupuesto - ser) / caro.
   a. subjuntivo
   b. indicativo
   c. infinitivo

3. Quiero / (yo - hacer) / la renovación.
   a. subjuntivo
   b. indicativo
   c. infinitivo

4. Es dudoso / (los obreros - terminar) / la casa antes del otoño.
   a. subjuntivo
   b. indicativo
   c. infinitivo

5. Siento / (nosotros - no poder) / ayudar con la renovación.
   a. subjuntivo
   b. indicativo
   c. infinitivo

6. Espero / (yo - poder) / ir a ayudarte con tu
   mudanza hoy.
   a. subjuntivo
   b. indicativo
   c. infinitivo

7. Quiero / (mi marido - aprender) / a hacer más
   arreglos en casa.
   a. subjuntivo
   b. indicativo
   c. infinitivo

Paso 2. Ahora usando las diferentes palabras, escribe oraciones completas con la forma correcta de cada verbo en el subjuntivo, indicativo o infinitivo, según convenga. Recuerda que algunas de las oraciones requieren también el uso de **que** y otras no.

8. Creo / (él - ser) / muy buen arquitecto.

   _____.

9. No creo / (el presupuesto - ser) / caro.

   _____.

10. Quiero / (yo - hacer) / la renovación.

    _____.

11. Es dudoso / (los obreros - terminar) / la casa antes del otoño.

    _____.

12. Siento / (nosotros - no poder) / ayudar con la renovación.

    _____.

13. Espero / (yo - poder) / ir a ayudarte con tu mudanza hoy.

    _____.

14. Quiero / (mi marido - aprender) / a hacer más arreglos en casa.

    _____.

03-27 Heritage Language: *tu español*. Entrevista a un amigo, pariente o estudiante de herencia hispana sobre sus sentimientos, deseos, emociones y opiniones con un tema relacionado con las casas.

Paso 1. Primero elige el tema que va a ser el enfoque de tu entrevista y después escribe las preguntas que le vas a hacer. Intenta utilizar una variedad de expresiones que requieren y que no requieren el uso del subjuntivo.

_____

_____

_____

_____

_____

Paso 2. Ahora realiza la entrevista y después escribe un resumen de lo que te contó la persona.

_____

_____

_____

_____

Gramática

5. *Estar* + el participio pasado: Reporting results of actions
(Textbook p. 130)

03-28 Mucho trabajo en casa. Tu familia se ha mudado a una casa nueva que necesitaba algunos arreglos. Trabajaron durante toda la semana y ahora quedan menos cosas para hacer. Mira la lista de las cosas que ya se hicieron y después asocia cada oración con la descripción correcta.

1. Ya acabaron de pintar las paredes. _____

2. Todavía no han arreglado los azulejos. _____

3. Solo empezaron a construir la cerca. _____

4. Organizaron y ordenaron todas las cosas en el sótano. _____

5. Ya terminaron de cuidar el jardín. _____

6. Ya terminaron de reconstruir la chimenea. _____

7. Todavía no cosieron los adornos para las ventanas. _____

8. Todavía no pusieron fundas a los muebles del balcón. _____

a. No está terminada.

b. El césped ya está cortado.

c. Las cortinas todavía no están hechas.

d. Ya están todos los nuevos ladrillos puestos.

e. Están pintadas.

f. Ya está limpio.

g. No están reparados.

h. No están cubiertos.

03-29 ¿Está hecho? Mira las fotos y contesta las preguntas usando las formas correctas de **estar** con las formas correctas del participio y las palabras **ya** (*already*) y **todavía no** (*not yet*). Sigue el modelo con mucho cuidado.

MODELO   ¿Ya remodelaron la casa?

Ya está remodelada.   *Todavía no está remodelada.*

1. ¿Ya se despertaron Pablo y Ana de la siesta?

_____.

2. ¿Ya pusieron las mesas?

_____.

3. ¿Ya terminó la clase?

_____.

4. ¿Ya se sentaron a ver la película?

_____.

5. ¿Ya abrió la discoteca?

_____.

6. ¿Ya conectaron las computadoras?

_____.

03-30 Mucho que hacer esta semana. Piensa en todas las cosas que tenías que hacer esta semana que ya hiciste y todas las cosas que todavía no has hecho. Usando las formas correctas de **estar** y de los participios, describe lo ocupado/a que has estado y que vas a estar.

Vocabulario útil

Ya = *already*

Todavía no = *not yet*

03-31 Heritage Language: *tu español*. Lee el siguiente texto sobre los participios pasados y después completa las oraciones con las formas correctas de los participios de los verbos **imprimir** (*to print*), **soltar** (*to release / let go*) y **proveer** (*to supply / provide*).

En los capítulos 2 y 3 hemos examinado diferentes usos del participio pasado. Como tiempo verbal en el presente perfecto, se usa el verbo **haber** junto con el participio pasado y como adjetivos se usan los participios con el verbo **estar** y con otros verbos. Ya sabes que existen numerosas formas irregulares de los participios. No obstante, es interesante notar que para algunos verbos hay dos formas, una regular que se usa con el verbo **haber** y otra irregular que se usa con otros verbos como **estar**. Algunos ejemplos incluyen los verbos **imprimir**, **soltar** y **proveer**:

	Forma irregular con **estar** y otros verbos	Forma regular con **haber**
imprimir	impreso/a	imprimido
proveer	provisto/a	proveído
soltar	suelto/a	soltado

1. El contratista fue a su despacho para recoger unos formularios que estaban _____ en papel.

2. El carpintero estaba revisando unos harneses de seguridad y se asustó al ver que estaban _____.

3. Los obreros tenían todos los materiales que necesitaban; todo estaba ya _____.

4. Los clientes han _____ en papel el presupuesto que el contratista les ha enviado por correo electrónico.

5. Al terminar de construir la casa, los obreros han _____ todos los harneses de seguridad.

6. El contratista ha _____ a los clientes los planos que ha preparado.

Perfiles

La importancia de la casa y de su construcción (Textbook p. 131)

03-32 Perfiles. Lee la sección **Perfiles** de tu libro de texto y después escoge la persona a la que corresponda cada descripción o detalle.

a. Eduardo Xol

b. Sandra Tarruella e Isabel López

c. Los incas

1. arquitectura _____

2. estrella de televisión _____

3. de España _____

4. de California _____

5. del Perú _____

6. jardinería _____

7. interioristas _____

8. Machu Picchu _____

¡Conversemos! (Textbook p. 134)

03-33 La fiesta. Unos estudiantes acaban de mudarse a una casa y quieren tener una fiesta de inauguración. Quieren invitar a muchos de sus amigos y conocidos. Para cada invitación, responde de una forma apropiada.

1. JORGE: Profesor Rodríguez, quisiera invitarle a una fiesta para inaugurar mi nueva casa.

2. CAMINO: ¿Tienes planes para el viernes? Vamos a hacer una fiesta en nuestra nueva casa.

3. NEREA: Hola Carolina y Alejandro, ¿quieren venir a una fiesta en nuestra nueva casa?

4. MIKEL: ¿Estás libre el viernes, Alba? Quiero que vengas a mi fiesta.

Nombre: _____ Fecha: _____

Escribe (Textbook p. 136)

03-34 Hogar, dulce hogar

Paso 1. Antes de escribir. Has ganado un concurso de un programa
de televisión y el premio es que ahora van a reformar tu casa. ¿Dónde
vives ahora: en un dormitorio, en un apartamento o en una casa?
¿Cómo es el lugar donde vives? ¿Te gusta la idea de renovarlo? ¿Qué
cambios quieres hacer? Escribe una lista de los siete puntos más
importantes que quieres comunicar.

_____
_____
_____
_____

Paso 2. Ahora añade dos o tres detalles más a cada punto del **Paso 1**.

_____
_____
_____
_____
_____
_____
_____

Paso 3. Ahora escribe la descripción de lo que quieres que hagan, usando los apuntes de los **Pasos 2 y 3**.
Escribe por lo menos **diez oraciones**.

_____
_____
_____
_____
_____
_____
_____
_____
_____

Vistazo cultural

Las casas y la arquitectura en España (Textbook p. 138)

03-35 **Vistazo cultural.** Estudia la sección **Vistazo cultural** en tu libro de texto y después asocia términos de la segunda lista con los de la primera.

1. Casa Batlló _____   a. Andalucía

2. Las casas colgantes _____   b. Antonio Gaudí

3. Las casas cuevas _____   c. Cuenca

4. Los paradores _____   d. Joaquin Sorolla y Bastida

5. *El Patio de la Casa Sorolla* _____   e. palacios y monasterios

6. Santiago Calatrava _____   f. arquitecto valenciano

03-36 Antonio Gaudí. Lee el artículo sobre Gaudí y después elige la respuesta correcta para cada pregunta o afirmación.

El arquitecto modernista Antonio (Antoni) Gaudí nació el 25 de junio de 1852 en Reus, Cataluña, España y murió el 10 de junio, 1926, en Barcelona, a causa de las heridas que recibió en un accidente de tranvía (*streetcar*).

Gaudí venía de una familia de metalúrgicos. Estudió arquitectura en la Escola Técnica Superior d'Arquitectura en Barcelona, y, aunque no era buen estudiante, se graduó y se hizo arquitecto en 1878. Fue influenciado por la naturaleza, e incorporó muchos aspectos de ella en sus obras. También se notan en sus obras elementos góticos y del arte nuevo. Su patrón por muchos años fue el industrialista Eusebi Güell, y Gaudí le dedicó muchas de sus obras a él.

Su obra más conocida es probablemente La Sagrada Familia, una iglesia enorme en Barcelona con muchas torres en forma de estalagmitas (*stalagmites*). Gaudí era un hombre muy religioso, y dedicó sus últimos años exclusivamente a este proyecto. La construcción de esta catedral empezó en 1883, pero, desafortunadamente, Gaudí murió antes de terminarla. Muchos de los planes originales de Gaudí fueron destruidos en 1936 por unos anarquistas durante la Guerra Civil Española. Sin embargo, hoy en día un equipo de arquitectos e ingenieros siguen trabajando en la iglesia, y quieren terminarla para el 2026.

1. Gaudí murió a los setenta años de edad. Cierto   Falso   No se dice.

2. Gaudí murió de una enfermedad. Cierto   Falso   No se dice.

3. Los padres de Gaudí no eran arquitectos. Cierto   Falso   No se dice.

4. Barcelona es donde Gaudí nació, asistió a una escuela de arquitectura y murió. Cierto   Falso   No se dice.

5. A Gaudí no le gustaba la iglesia. Cierto   Falso   No se dice.

6. La Sagrada Familia fue el único proyecto en el que Gaudí trabajaba durante los últimos años de su vida. Cierto   Falso   No se dice.

7. Se ven estatuas de los santos en la Sagrada Familia. Cierto   Falso   No se dice.

8. Hoy en día hay profesionales de la construcción que han recuperado los planes de Gaudí y piensan completar la catedral. Cierto   Falso   No se dice.

Más cultura

03-37 Unos patios españoles. Haz una búsqueda de Google imágenes de los siguientes términos y para cada término elige una imagen y descríbela con tantos detalles como sean posibles.

1. Patio andaluz, Patio Habana, Patio Querétaro, Patio Antigua, Patio San Agustín

_____

_____

_____

2. Patio Alhambra, Patio Alcázar, Patio de los Naranjos

_____

_____

_____

_____

3. Txoko

_____

_____

_____

03-38 Peculiaridades arquitectónicas. Lee el siguiente texto sobre unas características arquitectónicas de muchas casas del mundo hispano, y después contesta las preguntas.

- Por toda España y en algunas partes de América Latina, una característica arquitectónica de muchas casas y otros edificios son los patios interiores. A diferencia de los patios de muchas casas estadounidenses, este espacio está en el centro del edificio y no detrás del edificio. El patio es un espacio sin techo que puede servir una variedad de funciones. Los edificios pueden tener uno o varios patios, dependiendo del tamaño de la vivienda y del tamaño y la función del patio.

- A causa de la influencia de la cultura árabe en la arquitectura de Andalucía (la zona del sur de España), los patios interiores son abundantes allí. También se ven por muchas partes de América Latina, especialmente en las ciudades con mucha arquitectura colonial. A causa del clima soleado y caluroso, hoy en día estos patios normalmente son zonas de entrada y bienvenida a la casa o zonas de estar (una zona para sentarse y estar con otra gente). En la mayoría de los casos el patio está rodeado de galerías cubiertas que nos permiten pasar a los espacios del interior de la planta baja de la casa. El primer piso de la casa muchas veces tiene balcones, a veces cubiertos y otras veces abiertos, que dan al patio. Por la influencia árabe, muchas veces estos patios andaluces están decorados con azulejos pintados de forma muy elaborada y también con plantas, flores, e incluso, en algunos casos, con esculturas, pequeños estanques y fuentes (*fountains*). En el caso de los palacios, las catedrales y las casas especialmente grandes y lujosas, a veces hay patios tan grandes que incluso tienen largas series de árboles plantados allí.

- Por el norte de España, es difícil encontrar patios interiores como los que hay en el sur. En los edificios de apartamentos de esa zona los patios interiores tienen una función principalmente utilitaria. Esto se debe a varios factores. Un factor importante es la falta de la influencia de la cultura árabe en la arquitectura del norte. Otro es la diferencia de clima entre el norte y el sur, y el hecho de que cada año hay muchos más días de sol y calor en el sur y bastantes más días de lluvia por el norte. Los patios interiores del norte normalmente tiene ventanas en cada planta del edificio. A veces sirven, a través de esas ventanas, para dar más luz natural a los cuartos interiores de las casas (los que no tienen ventanas "exteriores" o ventanas que dan a la calle). Otras veces son el lugar ideal y relativamente privado donde colgar tendederos (*clotheslines*) para poder tender o colgar la ropa que está lavada para que se seque.

- Un rasgo que tienen las casas del norte y que no se ve en el sur, concretamente las casas que están en el País Vasco y Navarra, es un cuarto que se llama "el txoko" (se pronuncia "*choko*"). En la lengua vasca, "txoko" significa "rincón" o "sitio pequeño". El txoko normalmente se encuentra en el sótano de la casa, muchas veces tiene una mesa de comedor muy alargada y frecuentemente también tiene chimenea. Al igual que algunos patios andaluces, es un espacio de bienvenida y de estar. Al contrario de los patios andaluces, el txoko es un espacio cerrado aunque muy acogedor (*cosy*); en este cuarto la gente vasca se reúne con la familia y con los amigos, disfrutan de su compañía y comparten con ellos comida rica y largas horas de conversación.

1. ¿Cómo son los patios andaluces?

_____

_____

2. ¿Cómo se diferencian los patios andaluces de los patios interiores que hay en el norte de España?

_____

_____

3. ¿Por qué son tan diferentes los patios del sur de los del norte?

_____

_____

4. ¿Qué es un txoko? ¿Qué hace la gente allí?

_____

_____

03-39 Heritage Language: *tu mundo hispano*

Paso 1. Lee el siguiente texto sobre las azoteas y después contesta las preguntas.

> - Las azoteas son una característica muy común de muchas casas en España, y también en muchas zonas de América Latina. La azotea de una casa o de un edificio es un techo plano sobre el que podemos andar.
>
> - En las zonas donde hace mucho sol y no llueve mucho, a veces la azotea es un espacio funcional donde la gente cuelga tendederos para que los habitantes del edificio puedan tender su ropa lavada para que se seque al aire libre. Otras veces es una especie de terraza donde reunirse al aire libre con la familia y con los amigos y disfrutar del buen tiempo y de las vistas al entorno donde se encuentra la vivienda.

1. ¿Qué es una azotea?

_____

_____

2. ¿Para qué sirven las azoteas?

_____

_____

3. Haz una búsqueda de imágenes en el Internet de azotea. Escribe una descripción detallada y comparada de las azoteas que más te gusten.

_____

_____

Paso 2. Investiga en el Internet el concepto de las "azoteas verdes". ¿En qué consisten? ¿Qué otros nombres tienen? ¿Cuáles son las ventajas que tienen? ¿Dónde en el mundo hispano hay azoteas verdes?

_____

_____

_____

_____

_____

_____

_____

_____

_____

_____

Laberinto peligroso

Episodio 3

Lectura: *Planes importantes* (Textbook p. 140)

03-40 Planes importantes. Usa la estrategia de lectura del **Capítulo 3,** mira las fotos en el libro de texto y repasa lo que ocurrió en el episodio anterior. Luego lee superficialmente "Planes importantes", y explica cuáles crees que son los tres temas más importantes de este episodio y por qué piensas que son importantes.

© 2013 Pearson Education, Inc.

Video: *Una nota misteriosa* (Textbook p. 142)

03-41 Una nota misteriosa. Después de ver el video, indica si las siguientes afirmaciones son **Ciertas** o **Falsas** o si **No se dice.**

1. Cisco cree que la nota que Celia recibió es un chiste.	Cierto	Falso	No se dice.
2. Celia no entiende todo lo que está pasando con Cisco.	Cierto	Falso	No se dice.
3. Celia llama a Javier para hablar sobre Cisco.	Cierto	Falso	No se dice.
4. Javier les da la misma información a Cisco y a Celia.	Cierto	Falso	No se dice.
5. Celia sabía que Cisco trabajaba con el gobierno una vez.	Cierto	Falso	No se dice.
6. El Dr. Huesos no quiere ayudarles.	Cierto	Falso	No se dice.
7. El hombre extraño cerca de la oficina del Dr. Huesos estaba en la cafetería antes.	Cierto	Falso	No se dice.
8. Celia recibe un mensaje de correo electrónico con buenas noticias al final del episodio.	Cierto	Falso	No se dice.

03-42 La cocina de Cisco. A Cisco no le gusta su cocina y quiere hacer renovaciones. Mira las fotos de la cocina. ¿Qué necesita hacer Cisco para mejorarla? ¿Por qué piensas así? Escribe un párrafo para explicar tus opiniones. Usa el vocabulario del **Capítulo 3.**

_____

_____

_____

_____

_____

Escritura

03-43 ¡Tienes que vivir aquí! Vas a redactar (*write / develop*) una descripción para vender o alquilar apartamentos en tu área o dormitorios de una residencia estudiantil de tu universidad. Utiliza tu imaginación.

Paso 1. En este primer paso, escribe apuntes sobre las características más importantes y atractivas de la vivienda o de la residencia.

_____

_____

_____

_____

Paso 2. Ahora, escribe una descripción más detallada y atractiva de la propiedad, conectando los fragmentos con conjunciones, verbos y adjetivos. Utiliza el vocabulario del capítulo para crear una descripción más completa.

_____

_____

_____

_____

_____

_____

Refranes

03-44 Refranes sobre la casa. A continuación se presentan dos refranes que tienen que ver con la casa. Lee cada uno y luego explica el significado.

1. "A cada pájaro le gusta su nido".

_____

_____

2. "A casa de tu hermano no irás cada verano".

_____

_____

Comunidades

03-45 Experiential Learning: Programas de televisión. Visita las páginas web de un programa de televisión de los Estados Unidos como *Extreme Makeover: Home Edition* y también las páginas web de por lo menos dos programas del mundo hispano (como *Esta casa era una ruina* por Antena 3 en España y *Cámbiame la casa* por TV Azteca en México). Estudia las características de cada programa y por lo menos dos de los proyectos que han realizado. Después escribe un análisis comparando los tres programas y los proyectos que hacen.

03-46 Service Learning: Una casa reformada. Contacta con centros sociales de tu zona y ofrece los servicios de tu clase como escritores a familias hispanas que necesitan reformar sus casas pero que no lo pueden hacer. Trabaja en grupos de estudiantes, con cada grupo representando a una familia. Primero entrevista a la familia y pregúntales sobre su situación y la situación de su casa. Después, con la familia y con tu grupo, completa la solicitud (*application*) e intenta escribir la nominación más convincente posible para que el programa *Extreme Makeover: Home Edition* les haga la renovación de su vivienda.

Activities for *Letras:* Literary Reader
for *¡Anda! Curso intermedio*

03-47 El autor: Wenceslao Fernández Flórez Lee la información sobre el autor de "Yo y el ladrón" y después completa el crucigrama con la información correcta.

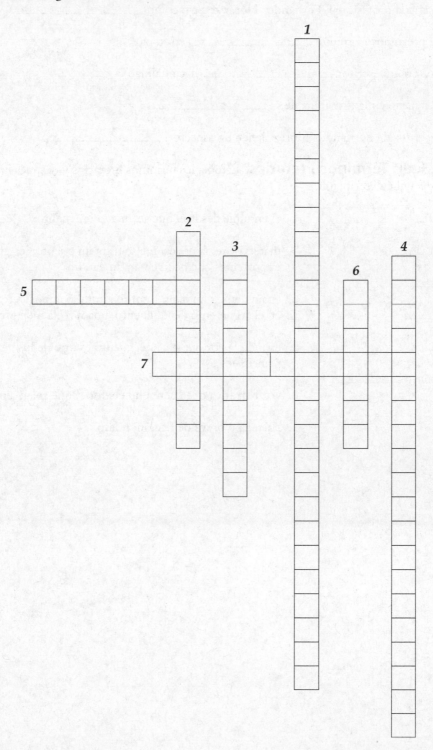

1. Fernández Flórez nació en el año _____.

2. Además de las numerosas novelas y cuentos que escribió, Fernández Flórez también hizo guiones para

   _____.

3. Al principio de su vida profesional, Fernández Flórez trabajó como _____.

4. En 1926 ganó el prestigioso Premio _____ en su país.

5. Fernández Flórez era un escritor _____ (nacionalidad).

6. Fernández Flórez nació en la provincia de _____.

7. Muchos de los escritos de Fernández Flórez tienen un aspecto _____.

03-48 Antes de leer: Términos literarios. Estudia los términos literarios y después indica qué término corresponde a qué descripción.

1. cuento _____

2. argumento _____

3. personaje _____

4. narrador _____

5. punto de vista _____

6. narrador protagonista _____

a. el enfoque desde el que se cuenta un cuento

b. materia y tema de los que se trata un cuento; los eventos más importantes que ocurren en un cuento

c. cualquier ser humano o sobrenatural o animal, etc. que toma parte en el argumento de un cuento, una novela o de otra obra literaria

d. cuando la voz que narra el cuento es uno de los personajes principales

e. voz narrativa que cuenta un cuento o que relata una novela

f. narración breve de ficción; relato

03-49 Antes de leer: Vocabulario nuevo. Utiliza el contexto de cada oración para determinar cuál es el significado de la palabra subrayada.

1. Después de un día muy largo, la señora decidió retirarse a la <u>alcoba</u> para dormir. _____

2. Cuando volvió a casa después de trabajar en el <u>despacho</u>, se puso a preparar la cena. _____

3. Después de cenar juntos, toda la familia fue al <u>salón</u> para ver una película juntos. _____

4. Después de casarse, se mudaron a un <u>piso</u> en el centro de la ciudad. _____

5. Hacía mucho frío, por eso decidió ponerse el <u>gabán</u> antes de salir de casa. _____

6. Trabajaba muchas horas todas las semanas porque a su familia le hacían mucha falta los <u>billetes</u>. _____

7. Estaba durmiendo tranquilamente cuando de pronto el teléfono sonó; la interrupción le <u>fastidió</u> mucho. _____

8. Mientras preparaba la cena tuvo que salir a comprar más ingredientes, así que me dijo, "Por favor, <u>echa un ojo</u> a la comida; no quiero que se queme". _____

9. Cuando era pequeño, mi familia y yo siempre <u>veraneábamos</u> en la playa. _____

10. La policía por fin ha detenido a los hombres que <u>desvalijaron</u> diez casas en diferentes barrios de la ciudad. _____

11. Los <u>ladrones</u> robaron varios bancos. _____

12. La familia era muy rica y tenía muchas cosas muy <u>valiosas</u> en la casa. _____

a. oficina

b. molestar, enfadar

c. abrigo

d. sala

e. dinero

f. personas que quitan o toman algo que no es suyo

g. algo muy caro, que cuesta o que vale mucho dinero

h. ir de vacaciones durante el verano

i. apartamento

j. dormitorio

k. robar

l. mirar, cuidar y atender

03-50 Después de leer: Comprensión. Lee el cuento y después elige las respuestas correctas para completar cada oración.

1. Garamendi necesita la ayuda del narrador porque…
   a. va a irse de vacaciones.
   b. no va a estar en su casa.
   c. no quiere que le roben.
   d. no sabe adónde ir para veranear.
   e. necesita dinero.

2. Después de oír lo que le pide Garamendi, el narrador…
   a. le responde a Garamendi que sí le va a ayudar.
   b. le responde a Garamendi que no le va a ayudar.
   c. nos dice que quiere y tiene intenciones de ayudarle a Garamendi.
   d. nos dice que no quiere ni tiene intenciones de ayudarle a Garamendi.

3. Después de varias semanas, el narrador por fin…
   a. echó un ojo a la casa de Garamendi.
   b. llamó por teléfono a la casa de Garamendi.
   c. no hizo nada para Garamendi.

4. El narrador habló con un ladrón…
   a. que estaba dentro de la casa de Garamendi.
   b. que quería entrar dentro de la casa de Garamendi.
   c. que estaba dentro de la casa del narrador.

5. Durante la conversación, el narrador le pide al ladrón que…
   a. le describa cómo son algunos cuartos de la casa de Garamendi.
   b. robe un objeto que él le regaló a Garamendi.
   c. le den las pieles de la mujer de Garamendi a su novia Albertina.

6. El ladrón dice que va a…
   a. devolver todas las cosas a Garamendi.
   b. enviar las pieles de la mujer de Garamendi al narrador.
   c. salir de la casa sin robar nada.
   d. ir a la policía y confesar su crimen.

7. Al final de la conversación, parece que…
   a. el narrador y Garamendi son buenos amigos.
   b. Garamendi y el ladrón son amigos.
   c. el narrador y el ladrón se han caído bien.

03-51 Después de leer: La caracterización. Lee el cuento y después indica si cada afirmación es **Cierta** o **Falsa**.

1. El narrador dice que Garamendi es su amigo.	Cierta	Falsa
2. Parece que Garamendi cree que el narrador es su amigo.	Cierta	Falsa
3. Con su forma de describirle a Garamendi al principio del cuento, el narrador demuestra que es muy buen amigo de Garamendi y que Garamendi le gusta mucho.	Cierta	Falsa
4. Con su forma de actuar durante el cuento, el narrador demuestra que es muy buen amigo de Garamendi y que quiere ayudarle.	Cierta	Falsa
5. Con su forma de hablar sobre Garamendi con el ladrón, el narrador demuestra que es muy buen amigo de Garamendi y que Garamendi le cae bien.	Cierta	Falsa
6. Con las decisiones que toma durante la conversación con el ladrón, el narrador demuestra que es muy buen amigo de Garamendi y que quiere ayudarle.	Cierta	Falsa

4   ¡Celebremos!

Comunicación I

Vocabulario

1. Las celebraciones y los eventos de la vida: Expressing information about celebrations and life events (Textbook p. 148)

04-01 Crucigrama. Completa el crucigrama con las palabras correctas.

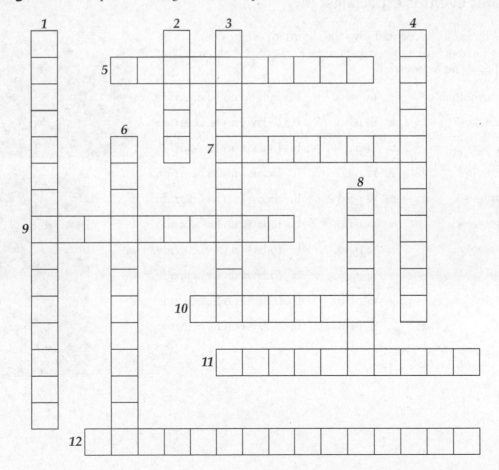

1. Un evento religioso para los católicos; normalmente se celebra a los siete u ocho años de edad.

2. Muchas celebraciones incluyen música y _____.

3. Cuando una chica cumple 15 años.

4. En el día de las Brujas, los niños van a _____.

5. Cuando una persona termina un ciclo de estudio formal.

6. Antes de casarse, una persona está _____.

7. Lo que se hace en una celebración.

8. Cuando se conmemora a la persona que nos dio a luz: "día de _____".

9. El aniversario del nacimiento de una persona.

10. El 25 de diciembre.

11. Cuando vamos al cementerio para conmemorar a las personas que ya no están con nosotros: "día de
    _____".

12. En los Estados Unidos, es el 4 de julio: "día de _____".

🔊 04-02 Muchas eventos especiales.

Paso 1. Escucha lo que te cuenta Luis sobre todos los eventos tan especiales que están ocurriendo con su familia. Para cada evento, indica si ya pasó o si todavía no ha ocurrido.

1. la primera comunión   a. Ya pasó.   b. Todavía no ha ocurrido.

2. un cumpleaños   a. Ya pasó.   b. Todavía no ha ocurrido.

3. un nacimiento   a. Ya pasó.   b. Todavía no ha ocurrido.

4. un aniversario   a. Ya pasó.   b. Todavía no ha ocurrido.

5. un compromiso   a. Ya pasó.   b. Todavía no ha ocurrido.

6. una graduación   a. Ya pasó.   b. Todavía no ha ocurrido.

7. una quinceañera   a. Ya pasó.   b. Todavía no ha ocurrido.

8. un bautizo   a. Ya pasó.   b. Todavía no ha ocurrido.

9. dar a luz   a. Ya pasó.   b. Todavía no ha ocurrido.

10. una boda   a. Ya pasó.   b. Todavía no ha ocurrido.

Paso 2. Escucha otra vez y ahora, para cada evento, elige con quién o con quiénes se asocia.

11. la primera comunión
 a. Olga
 b. Pedro
 c. Luis
 d. Leticia
 e. Pablo

12. un cumpleaños
 a. Olga
 b. Pedro
 c. Luis
 d. Elena
 e. Susana

13. un nacimiento
 a. Pablo
 b. Silvia
 c. Elena
 d. Susana
 e. Martín

14. un aniversario
 a. Olga
 b. Pedro
 c. Luis
 d. Leticia
 e. Pablo

15. un compromiso
 a. Pablo
 b. Silvia
 c. Elena
 d. Susana
 e. Martín

16. una graduación
 a. Luis
 b. Leticia
 c. Pablo
 d. Silvia
 e. Elena

17. una quinceañera
 a. Pablo
 b. Silvia
 c. Elena
 d. Susana
 e. Martín

18. un bautizo
 a. Pablo
 b. Silvia
 c. Elena
 d. Susana
 e. Martín

19. dar a luz
 a. Pablo
 b. Silvia
 c. Elena
 d. Susana
 e. Martín

20. una boda
 a. Pablo
 b. Silvia
 c. Elena
 d. Susana
 e. Martín

04-03 Historia de amor. Completa la descripción de la historia sobre Antonio y Lourdes con las formas correctas en el pretérito de los verbos correctos.

| casarse | tener | enamorarse | | resolver | celebrar |
| dar a luz | pelearse | estar comprometido/a | | salir | discutir |

Cuando se conocieron por primera vez, Antonio y Lourdes

(1) _____ inmediatamente; fue amor a primera vista. Ellos

(2) _____ su primera cita dos días después de conocerse;

(3) _____ a cenar a un restaurante muy elegante. Desde el

principio sabían que su amor era verdadero y, por eso, (4) _____ muy pronto —menos de un

año después de su primera cita. Solamente (5) _____ durante siete meses antes de la boda. Sus

padres estaban nerviosos porque no entendían por qué sus hijos tenían tanta prisa. Los padres de Lourdes no

estaban de acuerdo con su decisión y, por eso, Lourdes (6) _____ varias veces con sus padres.

Los padres de Antonio estaban muy en contra de su decisión y también ellos (7) _____ más de una vez por el mismo asunto. Con el tiempo y muchos intentos de comprenderse entre ellos, al final las dos familias (8) _____ todos los problemas.

Al final Antonio y Lourdes (9) _____ la boda en una iglesia muy bonita, rodeados de toda su familia y fue un día lleno de alegría. Un año después Lourdes (10) _____ a su primer hijo.

Repaso

El pretérito y el imperfecto: Reporting and narrating past events (Textbook p. 149)

04-04 Halloween. Escucha la descripción sobre las celebraciones de Halloween y, basándote en el tiempo verbal que se usa, para cada actividad indica si es algo que pasó solamente una vez o si pasó más de una vez.

1. celebrar Halloween fuera, al aire libre   a. pasó una vez   b. pasó más de una vez

2. jugar en casa el día de Halloween   a. pasó una vez   b. pasó más de una vez

3. hacer una fiesta de disfraces en casa   a. pasó una vez   b. pasó más de una vez

4. invitar a todos los amigos a casa   a. pasó una vez   b. pasó más de una vez

5. comer torta de chocolate en forma de araña (*spider*)   a. pasó una vez   b. pasó más de una vez

6. recibir muchos dulces de todos los amigos   a. pasó una vez   b. pasó más de una vez

7. darnos regalos toda la familia   a. pasó una vez   b. pasó más de una vez

04-05 Un día especial. Para la clase de español uno de tus amigos tiene que escribir un párrafo sobre un día muy memorable en la universidad. Lee sus apuntes, e indica si debe usar el pretérito (**P**) o el imperfecto (**I**) para referirse a esos eventos o detalles en su párrafo.

1. hablar de mis actividades típicas en la universidad   P   I

2. describir a mis amigos en la universidad   P   I

3. describir el tiempo de aquel día   P   I

4. explicar los eventos de aquel día   P   I

5. hablar de mis sentimientos de aquel día   P   I

Nombre: _____ Fecha: _____

04-06 Recuerdos. Completa la descripción de algunos eventos
importantes en la vida de Leonor con las formas correctas en el pretérito o
en el imperfecto de los verbos correctos.

Cuando (1) _____ (ser / tener) niña,

(2) _____ (saber / querer) ser enfermera. Después de

graduarme de la escuela secundaria, (3) _____ (empezar /

ser) a trabajar con mis padres en su restaurante porque ellos

(4) _____ (aprender / necesitar) mi ayuda. Después de conocernos y enamorarnos, mi marido y

yo (5) _____ (pelearse / casarse), y dos años más tarde, yo (6) _____ (estar /

dar) a luz a nuestro primer hijo. Un día, (7) _____ (pelearse / despertarse) y me di cuenta de

que (8) _____ (tener / ser) 25 años y al final no (9) _____ (ser / trabajar)

enfermera. Entonces yo (10) _____ (tomar / tener) la decisión de intentar empezar un programa

de enfermería en la universidad. Durante los cuatro años de la carrera toda mi familia me

(11) _____ (apoyar / discutir) muchísimo porque ellos (12) _____ (evitar /

saber) que ese sueño era importante para mí. El día de mi graduación toda mi familia (13) _____

(ir / aprender) a la ceremonia y todos ellos (14) _____ (ser / estar) muy contentos y orgullosos

(*proud*) de mí.

04-07 Una experiencia inolvidable.

Paso 1. Piensa en tus experiencias en la universidad. ¿Cuáles han sido los días más inolvidables? ¿Qué pasó esos
días? Como preparación para escribir sobre uno de esos días inolvidables, habla de los días más interesantes que
has tenido y por lo menos tres eventos centrales de cada día. Ofrece por lo menos dos detalles para cada evento.

Paso 2. Ahora elige una de las experiencias del **Paso 1** y escribe una descripción detallada de lo que pasó,
usando el pretérito y el imperfecto. Escribe por lo menos **diez** oraciones.

_____

_____

_____

_____

_____

_____

_____

04-08 Heritage Language: *tu español.*

Paso 1. Escucha el podcast sobre el día del santo y después contesta las preguntas.

1. ¿Qué es el día del santo? ¿Cómo se diferencia del cumpleaños? ¿Qué importancia tiene el día del santo? ¿Cómo compara con la importancia del cumpleaños?

   _____

   _____

2. ¿Qué es el santoral?

   _____

   _____

3. Si una persona tiene su cumpleaños y su santo el mismo día, ¿qué puede significar esto?

   _____

   _____

4. ¿Tienes nombre cristiano? Si sí, ¿sabes cuándo es tu santo? Si no lo sabes, búscalo en el Internet.

   _____

   _____

Paso 2. Entrevista a un amigo, pariente o compañero de clase de herencia hispana y de religión católica y pregúntale por la importancia del día del santo en su familia ahora y por la importancia que ha tenido para otras generaciones de su familia. Después resume lo que te contó.

Paso 3. Investiga en el Internet para descubrir cómo la gente celebra su santo. Después compara los resultados de tu investigación con los de tu entrevista del **Paso 2** y también con lo que aprendiste en el podcast del **Paso 1**.

_____

_____

_____

_____

_____

_____

_____

_____

_____

_____

Gramática

2. El pasado perfecto (pluscuamperfecto): Discussing events that *had* occurred (Textbook p. 153)

04-09 ¿Qué habían hecho? Completa la descripción de Ana sobre algunas partes importantes de su vida con las formas correctas en el pluscuamperfecto de los verbos correctos.

Cuando terminé la escuela secundaria, ya (1) _____ (tomar / aprender) clases en la universidad

como parte de un programa acelerado de preparación universitaria. Por eso, cuando mis amigos que empezaron

la carrera el mismo año que yo terminaron sus carreras universitarias, yo ya (2) _____

(pelearse / graduarse) y también (3) _____ (empezar / ayudar) a trabajar. Mi novio estaba en una

situación similar: cuando cumplió veintiún años, ya (4) _____ (empezar / terminar) sus estudios

en la universidad y también trabajaba a tiempo completo. Por eso pudimos pagar todos los préstamos que

(5) _____ (apoyar / sacar) para financiar nuestros estudios antes que muchos de nuestros

amigos. Nuestra situación financiera nos ayudó mucho y gracias a eso para el momento en el que nos casamos,

ya (6) _____ (comprar / evitar) una casa juntos.

04-10 Tu vida. Usa los diferentes componentes para escribir oraciones que describan si habías hecho cada actividad para el momento indicado. Presta atención especial al uso de la forma correcta del pluscuamperfecto. Sigue el modelo con mucho cuidado.

MODELO   (cumplir un año / decir "Mamá")
Cuando cumplí un año, ya había dicho "Mamá". OR
Cuándo cumplí un año, todavía no había dicho "Mamá".

1. (cumplir siete años / viajar en avión)

_____

2. (cumplir diez años / empezar a estudiar el español)

_____

3. (graduarse de la escuela secundaria / aprender a conducir)

_____

4. (empezar el último año de la escuela secundaria / decidir a qué universidad iba a ir)

_____

5. (llegar a la universidad / tomar la decisión sobre qué especialidad iba a hacer)

_____

04-11 Una quinceañera. Escucha la descripción de los preparativos para la quinceañera de Luisa y después indica qué habían hecho cuando ocurrieron los siguientes eventos.

entrar al salón	mirar diferentes hoteles
acabar de decorar el salón	elegir la ropa de Luisa
probar varias comidas diferentes	darle dinero a las personas encargadas de la música
invitar a todos los amigos y toda la familia	

1. Cuando se dieron cuenta de que tenían que hacer la fiesta otro día, ya _____.

2. Cuando escogieron la tarta para la fiesta, ya _____.

3. Cuando decidieron en qué lugar hacer la fiesta, ya _____.

4. Cuando tomaron la decisión sobre qué comida iban a poner durante la fiesta,

   ya _____.

5. Cuando llegó el día de la fiesta, su padre ya _____.

6. Cuando comenzaron a llegar todos los invitados, ya _____.

7. Cuando llegaron Luisa y sus padres a la fiesta, nosotros ya _____.

04-12 Heritage Language: *tu español*. A causa de los enlaces que ocurren entre las palabras cuando hablamos español, a veces es fácil confundir diferentes expresiones en nuestra escritura. Escucha cada oración y utiliza el contexto para determinar cuál de las dos expresiones se está usando.

1. se habían   sabían

2. se habían   sabían

3. se había   sabía

4. se había   sabía

5. nos habíamos   no sabíamos

6. nos habíamos   no sabíamos

Nombre: _____   Fecha: _____

Notas culturales

El Día de los Muertos (Textbook p. 156)

04-13 El Día de los Muertos. Estudia la sección **Notas culturales** en tu libro de texto, y después indica si las siguientes oraciones son **Ciertas** o **Falsas**.

1. El Día de los Muertos viene en parte de una costumbre indígena.   Cierto   Falso   No se dice.

2. El Día de los Muertos es una fiesta que se asocia en gran parte con la   Cierto   Falso   No se dice.
cultura mexicana.

3. El Día de los Muertos se celebra toda la primera semana de noviembre.   Cierto   Falso   No se dice.

4. Durante la fiesta, las familias visitan las tumbas de sus parientes y las   Cierto   Falso   No se dice.
limpian y las decoran.

5. El Día de los Muertos es una fiesta muy solemne y, por su tema tan serio   Cierto   Falso   No se dice.
y difícil, es principalmente para los adultos.

Escucha (Textbook p. 157)

04-14 Cómo celebramos nosotros el Día de los Muertos.

Paso 1. Antes de escuchar. Leo te va a contar cómo celebraba el Día de los Muertos durante su juventud. ¿Cuáles son algunas cosas que puede mencionar? Selecciona todas las posibilidades, basándote en la información en tu libro de texto.

1. bailes   comida   monstruos
   calabazas   disfraces   ofrendas
   calaveras   esqueletos   princesas
   cementerios   flores   vampiros

Paso 2. Escucha. Ahora, escucha a Leo y selecciona las respuestas que mejor contesten las preguntas.

2. ¿Qué no ponían en las ofrendas la familia de Leo?
   a. cerveza   b. una cruz   c. flores   d. velas

3. ¿Qué le gustaban al tío Gustavo?
   a. los camarones   b. los chocolates   c. las flores   d. las frutas

4. ¿Cómo se murió Pablo?
   a. en un accidente de autobús   b. en un accidente de coche   c. de una enfermedad   d. no se murió

5. ¿Qué le compró un año el padre de Leo?
   a. unos dulces   b. un disfraz de esqueleto   c. un esqueleto con el que jugar   d. Una máscara de
                                                                                            calavera

6. Según Leo, ¿quién estaba en el cementerio con él el año en que su abuela se murió?
   a. su abuela   b. su bisabuelo   c. su tío   d. unos niños

Comunicación II

Vocabulario

3. La comida y la cocina: Describing foods and their preparation (Textbook p. 159)

04-15 Una torta. Tu amigo no sabe cocinar y tiene que preparar una torta. Ayúdale, indicando cuáles de los siguientes verbos normalmente **no** corresponden a la preparación de una torta.

asar	derretir	hervir	revolver
batir	freír	mezclar	verter

04-16 Unas recetas. Tu amigo tiene dificultades para entender las recetas de un libro de cocina. Ayúdale indicando cuál de los significados corresponde a cada palabra.

1. añadir _____

2. calentar _____

3. cerdo _____

4. cordero _____

5. tapar _____

6. pelar _____

7. nivel _____

8. pedazo _____

9. recalentar _____

10. ternera _____

a. quitar la piel de una comida, especialmente las verduras y las frutas

b. carne del animal que es el hijo de una oveja (*sheep*)

c. altura

d. una pequeña parte

e. carne del mismo animal que nos da el jamón y el tocino

f. poner más

g. poner algo encima

h. subir la temperatura

i. sacar la comida del refrigerador y ponerlo en una sartén o en un microondas para subirle la temperatura otra vez

j. carne del animal que es el hijo de la vaca

Nombre: _____ Fecha: _____

04-17 Tu receta favorita. ¿Cuál es tu plato favorito? ¿Sabes prepararlo tú sin la ayuda de nadie? Si no, es el momento de averiguar cómo se hace.

Paso 1. Usando el vocabulario del **Capítulo 4,** escribe todos los ingredientes que tiene tu plato favorito y todo lo que necesitas para prepararlo. Escribe también cuáles son los verbos más importantes del proceso.

_____

_____

_____

_____

_____

_____

Paso 2. Explica con tanto detalle como sea posible cómo hacer tu plato favorito.

Repaso

Expresiones con *hacer:* Indicating how long something has been going on or how long ago it occurred (Textbook p. 160)

04-18 Fechas importantes. Es el año 2020 y tu amiga encontró un diario especial donde su madre apuntaba todas las fechas de eventos importantes de la familia. Mira la información y después contesta sus preguntas.

Nacimiento de Pablo: 1988	Boda de Maruja: 1982	Bautizo de Chus: 2002	Boda de Carmelo: 2006	Nacimiento de Gaizka: 2010

1. ¿Cuánto tiempo hace que nació Gaizka?

   Gaizka _____.

2. ¿Cuánto tiempo hace que se casó Maruja?

   _____ Maruja se _____.

3. ¿Cuánto tiempo hace que le bautizaron a Chus?

   A Chus le _____ _____.

4. ¿Hace cuánto tiempo nació Pablo?

   Hace _____ que Pablo _____.

5. ¿Desde hace cuánto tiempo está casado Carmelo?

   Carmelo _____ _____.

04-19 ¿Hace cuánto tiempo? Contesta las siguientes preguntas sobre tu propia vida.

1. ¿Hace cuánto tiempo empezaste a estudiar en tu universidad?

2. ¿Hace cuánto tiempo tomaste tu primera clase de español?

3. ¿Hace cuánto tiempo conociste a tu mejor amigo/a?

4. ¿Hace cuánto tiempo fue tu cumpleaños?

5. ¿Hace cuánto tiempo fue el cumpleaños de tu mejor amigo/a?

6. ¿Hace cuánto tiempo fuiste a una fiesta?

7. ¿Hace cuánto tiempo comiste tu comida favorita?

04-20 Heritage Language: *tu español.* Cuando una persona es bilingüe, a veces es fácil confundir palabras que son falsos cognados. Mira el vocabulario relacionado con la cocina y asocia cada palabra con su significado correcto.

1. remover _____

2. quitar _____

3. receta _____

4. factura _____

5. grosería _____

6. supermercado _____

7. intoxicado _____

8. ebrio _____

9. pan _____

10. sartén _____

11. salado _____

12. ensalada _____

13. escalope _____

14. vieira _____

a. algo que no es dulce sino que lleva sal o exceso de sal en la comida

b. comida que se elabora con harina, agua, sal y levadura y que se prepara en el horno

c. un tipo de molusco que podemos comer

d. estado que resulta a causa de haber consumido el alcohol en exceso

e. sacar la comida de un recipiente o de un sitio

f. comida que consiste en lechuga y otras verduras mezcladas y servida a veces con aceite y vinagre

g. revolver la comida

h. recipiente normalmente de forma circular y hecho de metal que sirve para cocinar

i. pedazo largo y delgado de carne que tapamos con pan para después freírlo

j. falta de respeto y de buena educación

k. estado que resulta a cause de haber consumido una comida o una sustancia venenosa

l. instrucciones que seguimos para elaborar una comida

m. lugar donde podemos comprar comida

n. recibo que nos dan después de comprar algo

Vocabulario

4. Más comida: Expanding on foods (Textbook p. 164)

04-21 Sopa de letras. Busca las siguientes palabras en la sopa de letras.

apio	dona	guisantes	langosta	pimiento
ciruela	espinacas	harina	miel	tocino

```
A  P  I  O  P  I  M  I  E  R  N  T  M  I  E  R  E
P  I  R  A  R  N  C  G  U  I  S  A  N  O  S  A  S
R  O  S  P  I  M  I  R  P  I  M  I  E  N  T  O  P
I  L  O  E  G  U  R  A  N  O  S  A  R  T  E  R  I
L  A  N  S  T  A  U  P  I  T  O  C  I  N  O  C  N
O  N  C  P  O  N  E  N  T  O  C  A  P  I  N  I  A
L  U  I  A  C  T  L  A  N  S  O  R  T  A  C  E  C
A  E  N  N  S  E  A  P  R  O  P  I  M  I  N  L  A
N  S  O  C  A  Q  M  I  E  D  O  N  A  B  A  T  S
G  U  E  A  N  U  E  L  A  G  S  T  E  A  P  I  A
O  I  N  E  B  L  D  O  N  E  H  S  A  H  R  O  C
S  A  G  U  I  S  A  N  T  E  S  P  I  A  C  N  R
T  O  C  M  C  A  I  N  A  H  A  R  I  R  N  A  A
A  N  R  I  E  S  P  I  N  E  C  I  S  I  N  O  D
N  P  D  M  I  L  O  A  R  I  N  A  L  N  I  E  L
T  A  R  A  L  M  I  E  L  G  O  S  T  A  P  R  I
```

04-22 Grupos nutricionales. Escucha las diferentes comidas y después elige con qué grupo nutricional se asocia cada una.

1. ...
   a. fruta
   b. verdura
   c. postre que no sea fruta

2. ...
   a. fruta
   b. verdura
   c. postre que no sea fruta

3. ...
   a. fruta
   b. verdura
   c. postre que no sea fruta

4. ...
   a. fruta
   b. verdura
   c. postre que no sea fruta

5. ...
   a. fruta
   b. verdura
   c. postre que no sea fruta

8. ...
   a. fruta
   b. verdura
   c. postre que no sea fruta

6. ...
   a. fruta
   b. verdura
   c. postre que no sea fruta

9. ...
   a. fruta
   b. verdura
   c. postre que no sea fruta

7. ...
   a. fruta
   b. verdura
   c. postre que no sea fruta

10. ...
   a. fruta
   b. verdura
   c. postre que no sea fruta

04-23 ¿Qué comen? Escucha cada afirmación y después elige cuál es la comida que tiene o que quiere cada persona.

1. La persona ha preparado algo con
   _____.
   a. hongos
   b. fresas
   c. palomitas de maíz
   d. pimientos

2. El plato va a tener _____.
   a. bombones
   b. helados
   c. donas
   d. pimientos

3. La persona va a comprar _____.
   a. bombones
   b. duraznos
   c. ciruelas
   d. guisantes

4. La persona va a comer _____.
   a. mucha carne con mucha grasa
   b. la yema (la parte amarilla) del huevo
   c. mucha fruta y muchas verduras
   d. mucha mantequilla

5. La persona va a evitar _____.
   a. los bombones
   b. los duraznos
   c. las ciruelas
   d. los guisantes

6. La salsa va a tener _____.
   a. hongos
   b. donas
   c. palomitas de maíz
   d. bombones

04-24 Heritage Language: *tu español.* Lee el siguiente texto sobre una técnica de cocina muy importante en la gastronomía hispana, y después contesta las preguntas.

- La base y el ingrediente clave de muchos platos importantísimos por todo el mundo hispanohablante es una sencilla combinación de alimentos preparados de una forma no muy complicada: el sofrito. Sin primero preparar un sofrito, no podemos preparar ninguna paella, ni tampoco unos frijoles negros al estilo cubano, ni tampoco la inmensa mayoría de los guisos, legumbres y salsas que son importantes en la cocina de muchos países hispanos.

- No es difícil preparar un sofrito. Primero necesitamos calentar un poco de aceite de oliva en una sartén, teniendo cuidado de no emplear un fuego demasiado alto. Después añadimos un poco de ajo picado y lo revolvemos con mucha frecuencia para que no se dore demasiado. A continuación ponemos un poco de cebolla picada y seguimos removiéndola para que no se dore. Y entonces añadimos el resto de los ingredientes básicos del sofrito que queremos preparar para el plato que estamos elaborando. A veces lleva también pimiento rojo o verde y frecuentemente también tiene tomate. El sofrito para los frijoles negros al estilo cubano lleva ajo, cebolla y pimiento verde. El sofrito para preparar un pescado al estilo vizcaíno tiene ajo, cebolla, pimientos y también tomate.

- A veces el sofrito es la base para un plato más elaborado, como por ejemplo en el caso de la paella. Otras veces es el toque que le da un sabor especial a las legumbres, como en el caso de los frijoles negros cubanos. Y otras veces el sofrito es el punto final: la salsa en la que se sirve la comida principal, generalmente un pescado, como en el caso del pescado a la vizcaína.

- Sofreír la comida es similar a saltearla (*sauté*) porque las dos técnicas requieren el uso de la sartén con muy poco aceite de oliva (o, en algunos casos, otros tipos de aceite o grasa). La gran diferencia entre sofreír la comida y saltearla (*sauté*) es la temperatura que empleamos. Para un salteado, usamos un fuego muy vivo y de alta temperatura y para el sofrito se emplea una temperatura más baja. Con esta diferencia, al sofreír la comida, dejamos que los ingredientes suelten su propia agua y que se cuecen en ese líquido en lugar de freírse puramente en el aceite. Preparar las verduras con esta temperatura más baja tiene varias ventajas, entre ellas: se conserva mejor el sabor del aceite de oliva y al no calentar el aceite excesivamente la comida que elaboramos es más sana.

1. Según el texto, ¿cuáles de las siguientes comidas requieren un sofrito?

   a. la paella   b. muchos guisos   c. muchas carnes   d. muchas salsas

2. ¿Qué ingredientes lleva el sofrito de los frijoles negros cubanos?

   a. ajo   b. cebolla   c. pimiento rojo   d. pimiento verde

3. ¿Qué función sirve el sofrito al bacalao a la vizcaína?

   a. es la base del plato más elaborado   b. es un toque que da un sabor especial
   c. es la salsa en la que se prepara el pescado

4. ¿Cómo se distingue "sofreír" de "saltear"?

   a. el tipo de aceite o grasa que usamos   b. el recipiente que usamos   c. el fuego que empleamos

5. Si queremos tener un sabor más fuerte de aceite de oliva en el plato que estamos elaborando, ¿qué técnica debemos emplear?

   a. sofreír   b. saltear

Gramática

5. El presente perfecto de subjuntivo: Specifying what *has* happened
(Textbook p. 168)

04-25 Preparativos para una fiesta. Tu amigo Luis y su familia están preparando una fiesta. Escucha lo que dice sobre lo que todavía tienen que hacer y lo que ya han hecho. Después elige la respuesta correcta o las respuestas correctas a cada pregunta.

1. ¿Qué es lo que ya se ha hecho?
   a. decidir a quién invitar
   b. decidir dónde hacer la fiesta
   c. decidir qué comida van a servir
   d. enviar las invitaciones

2. ¿Qué es lo que todavía **no** se ha hecho?
   a. decidir quién va a tocar la música
   b. comprar los adornos
   c. elegir la ropa que va a llevar su hermana
   d. ninguna de estas cosas

3. ¿Qué ha hecho el padre de Luis?
   a. elegir el lugar donde hacer la fiesta
   b. decidir qué comida van a servir
   c. encontrar una banda de mariachi
   d. ninguna de estas cosas

4. ¿Qué quiere Luis que haga su madre?
   a. decidir quién va a tocar la música
   b. comprar los adornos
   c. elegir el lugar donde hacer la fiesta
   d. ninguna de estas cosas

5. ¿Qué tienen que hacer los padres de Luis?
   a. elegir el lugar donde hacer la fiesta
   b. decidir qué comida van a servir
   c. encontrar una banda de mariachi
   d. ninguna de estas cosas

6. ¿Qué tiene que hacer su hermana?
   a. decidir quién va a tocar la música
   b. comprar los adornos
   c. elegir la ropa que va a llevar
   d. ninguna de estas cosas

04-26 Una cena especial. Paula y sus compañeras de casa están haciendo una cena especial. Completa su descripción con las formas correctas en el presente perfecto del subjuntivo de los verbos correctos.

poner	invitar	acordarse
preparar	limpiar	comprar

Espero que mis compañeras (1) _____ todos los ingredientes que necesitamos porque no

tenemos mucho tiempo para cocinar toda la comida. Es bueno que por lo menos yo (2) _____ el

postre esta mañana.

Desafortunadamente, dudo mucho que mis compañeras de casa (3) _____ la casa; ¡siempre

dejan todo tan desordenado! Tampoco creo que ellas (4) _____ la mesa porque normalmente no

piensan en esos detalles tan importantes. Aunque creen que es posible que nosotras (5) _____ a

demasiadas personas, yo no estoy de acuerdo porque estamos planeando preparar muchas cosas ricas y sé que

vamos a tener mucha comida para todos. Lo más importante es que nosotras (6) _____ de

incluir a todas las personas importantes en nuestra vida.

04-27 Unas recomendaciones. Tu amiga está muy ocupada esta semana. Escucha lo que te cuenta sobre todo lo que tiene que hacer y reacciona a sus oraciones usando el presente perfecto del subjuntivo. Sigue el modelo con cuidado.

MODELO   Escuchas: Acabo de comprar un reloj para mi hermano.
           Escribes: *Es bueno que se lo hayas comprado.*

ser bueno / comprarlo	ser malo / tu refrigerador estar vacío	esperar / estudiar mucho
ser bueno / comprárselo	ojalá / ensayar mucho	(yo) alegrarse de / (tú) escribirlos

1. _____.

2. _____.

3. _____.

4. _____.

5. _____.

04-28 Heritage Language: *tu español.* Como las formas del presente de subjuntivo del verbo "haber" se pronuncian igual que las formas del presente de indicativo del verbo "hallar" (que significa "encontrar") o "hallarse" (que significa "sentirse" o "encontrarse"), puede ser fácil confundir estas formas. Escucha cada oración, y después indica cuál de los dos verbos la persona emplea.

1. a. haber   b. hallar   4. a. haber   b. hallar

2. a. haber   b. hallar   5. a. haber   b. hallar

3. a. haber   b. hallar   6. a. haber   b. hallar

Perfiles

Grandes cocineros del mundo hispano (Textbook p. 172)

04-29 Perfiles. Estudia la sección **Perfiles** en tu libro de texto, y después selecciona las personas a las que corresponde la información.

a. Patricia Quintana   b. Dolli Irigoyen

1. *El Bulli* _____

2. Es de Argentina. _____

3. Es de España. _____

4. Es de México. _____

5. Fue lavaplatos. _____

6. *Izote* _____

7. "Mejor cocinero del mundo" _____

8. Una serie de programas de televisión _____

c. Ferran Adriá Acosta

04-30 Descubre más. Elige uno de los tres cocineros de la sección **Perfiles** e investiga más sobre su vida y su trayectoria profesional. Prepara una breve presentación sobre la persona y explica por qué piensas que es una figura interesante y destacada (*prominent*).

¡Conversemos! (Textbook p. 174)

04-31 Dando indicaciones. Escucha cada frase, y después asóciala con la imagen que mejor corresponda.

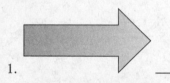

1. _____

4. _____

2. _____

5. _____

3. _____

a. Statement A   d. Statement D

b. Statement B   e. Statement E

c. Statement C

04-32 ¿Cómo se llega a tu casa? Vas a hacer una fiesta y uno de tus amigos no sabe cómo llegar a donde vives. Explícale cómo se llega. Va a salir desde la biblioteca de tu campus.

Escribe (Textbook p. 176)

04-33 Adverbios y expresiones adverbiales.

Paso 1. Asocia cada adverbio y expresión con su equivalente en inglés.

1. al final _____
2. al principio _____
3. antes (de) _____
4. después (de) _____
5. en seguida _____

a. afterward; after
b. at first
c. at the end
d. before
e. finally

6. luego _____
7. más tarde _____
8. por fin _____
9. por último _____
10. pronto _____

f. immediately (after)
g. later
h. last (on a list)
i. soon
j. then

Paso 2. Completa la narración sobre una cena que preparó Carlos con los adverbios o expresiones adverbiales correctas.

luego	después de	primero	al final	al principio
entonces	por fin	más tarde	antes de	en seguida

Pasé todo el día con mis amigos haciendo una excursión por las montañas. Volví a casa a las cuatro de la tarde.

(11) _____ llegar había pasado por el mercado para comprar unas verduras y un poco de

pescado y también diferentes mariscos. Como era la primera vez que preparaba una cena especial para otras

personas, (12) _____ estaba muy nervioso porque quería crear la cena perfecta, pero poco a

poco empecé a tranquilizarme. (13) _____ sacar todo lo que había comprado, empecé a lavar las verduras y cortarlas. (14) _____ calenté un poco de aceite de oliva en la sartén y

(15) _____ puse un poco de ajo picado y empecé a revolverlo. (16) _____ añadí

la cebolla y poco a poco el resto de las verduras. (17) _____ estaba todo listo para los demás

ingredientes: el arroz, el pescado y los mariscos. (18) _____ llegaron mis invitados. Cuando

(19) _____ estaba todo listo empezamos a cenar. (20) _____ todos me dijeron

que todo estaba delicioso.

04-34 La graduación.

Paso 1. Aspectos importantes de la ceremonia. Explica, en tu opinión, cuáles son los eventos más importantes de una ceremonia de graduación en los Estados Unidos. Intenta describir los eventos siguiendo un orden lógico.

Palabras útiles:

el auditorio (*auditorium*)   el estadio (*stadium*)

el birrete (*mortarboard*)   el Himno Nacional (*National Anthem*)

el/la orador/a (*speaker*)   el desfile (*procession*)

el podio (*podium*)   el diploma (*diploma*)

Paso 2. Tu ceremonia de graduación y las ceremonias en general. Ahora escribe una descripción comparada de cómo fue tu ceremonia de graduación de la escuela secundaria y de cómo son las ceremonias de graduación en general en los Estados Unidos. Usa tus ideas del **Paso 1**, los adverbios y expresiones adverbiales, el pretérito, el imperfecto y el presente.

_____

_____

_____

_____

_____

_____

_____

_____

_____

_____

_____

Vistazo cultural

Tradiciones de Guatemala, Honduras y El Salvador (Textbook p. 178)

04-35 Vistazo cultural. Estudia la información de la sección **Vistazo cultural** de tu libro de texto, y después elige la respuesta correcta para completar cada afirmación.

1. Según el texto, la celebración de la Semana Santa en _____ es muy interesante.
   a. Antigua
   b. Copán
   c. Juayúa

2. Según el texto, hay una importante celebración religiosa en _____ en enero todos los años.
   a. Antigua
   b. Copán
   c. Juayúa

3. Una comida muy rica que se elabora con tomates, pollo y verduras es _____.
   a. el pepián
   b. la pupusa
   c. la garífuna

4. Una comida muy rica que es una tortilla rellena de queso, frijoles o carne es _____.
   a. el pepián
   b. la pupusa
   c. la garífuna

5. El segundo domingo de noviembre en El Salvador es un día para celebrar _____.
   a. la Independencia
   b. las pupusas
   c. una feria gastronómica

6. El pueblo _____, de origen africano y caribeño, es muy importante en Honduras.
   a. precolombino
   b. Garífuna
   c. guatemalteco

7. Los Garífuna _____.
   a. han estado en Honduras durante más de 200 años
   b. hacen máscaras tradicionales para las celebraciones guatemaltecas
   c. son procesiones religiosas que pasan sobre "alfombras" en las calles

04-36 Más cultura. Lee el texto sobre las diferentes partes de la comida, y después contesta las preguntas.

- Las comidas que hacemos para celebrar ocasiones especiales en el mundo hispano, como por todas las culturas, normalmente siguen una estructura establecida. Si es simplemente una comida para reunir a toda la familia los domingos, si es para celebrar un cumpleaños o si es el banquete de una boda, hay diferentes partes que podemos ver con mucha frecuencia.

- Comenzamos con el aperitivo para darle la bienvenida a nuestros invitados y para ayudarles a abrir el apetito. Durante el aperitivo es común tomar una bebida con o sin alcohol y "picotear", es decir, comer pequeñas cantidades de comidas variadas. Algunas comidas que son típicas durante los aperitivos normalmente se limitan a los que podemos comer con las manos sin dificultad: salsa con tortillas de maíz, jamón, queso, pequeños pedazos de tortilla española (*Spanish omelette*), aceitunas, diferentes tipos de embutidos curados (*cured sausages*) y frutos secos como cacahuetes y almendras (*almonds*). Lo más habitual es hacer el aperitivo antes de sentarnos a la mesa, estando todos los invitados de pie, aunque también se puede hacer con los invitados sentados.

- Después del aperitivo, pasamos a la comida principal. Los invitados se sientan a la mesa (o, en el caso de un banquete grande, a sus respectivas mesas) y empezamos con uno o varios entrantes. Los entrantes son platos generalmente ligeros (o por lo menos de porciones pequeñas) que marcan el comienzo de la comida "formal". Unos entrantes típicos incluyen ensalada, verduras, patés hechos a base de carne, pescado o verduras, y/o diferentes tipos de embutido (*sausage*) que hay que cocinar, como el chorizo o la chistorra.

- Después de los entrantes, llega el plato fuerte (o, en algunos casos, los platos fuertes). El plato principal de la comida normalmente lleva carne, pescado y/o marisco que va acompañado de una salsa o unas pocas verduras. Para las celebraciones especialmente importantes o formales, como por ejemplo las bodas, en algunos lugares es común ofrecerles a nuestros invitados dos platos fuertes, primero uno de pescado o marisco y después otro de carne.

- Al final de la comida obviamente llega el postre, y en seguida el café y, a continuación, para los que quieran, normalmente ofrecemos una pequeña copa de licor. Además de gustar por el sabor que tienen, muchas veces los licores que tomamos después de una comida ayudan con la digestión.

- Finalmente, pasamos a lo que, según muchas personas, es la parte más importante de cualquier comida, y no llega hasta que los platos hayan desaparecido. Este tiempo durante el que nos quedamos sentados a la mesa después de haber terminado de comer se llama "la sobremesa". Mientras que la conversación durante la comida muchas veces es interrumpida porque todos estamos disfrutando de todos los platos tan deliciosos, durante la sobremesa podemos aprovechar para hablar sin prisa y con tranquilidad, y de esta manera prestar toda nuestra atención a nuestros amigos y familiares y a la conversación que estamos compartiendo con ellos. La sobremesa no es un fenómeno que se limita a ocasiones muy especiales; en muchas familias la sobremesa es algo que se practica a diario y en otras es un aspecto importante de las comidas durante los fines de semana, cuando tienen más tiempo, menos prisa y menos responsabilidades fuera de casa a las que atender.

1. ¿En qué consiste el aperitivo? ¿Para qué sirve?

   _____

   _____

2. ¿Qué son entrantes? ¿Cuáles de los entrantes mencionados en la lectura te parecen más deliciosos?

   _____

   _____

3. ¿En qué consiste el plato fuerte o el plato principal? ¿Cuándo es habitual tener más de un plato fuerte?

   _____

   _____

4. ¿Qué es "la sobremesa"? ¿Por qué crees que muchas personas creen que es la parte más importante de cualquier comida? ¿Estás de acuerdo? ¿Piensas que es una buena costumbre? ¿Por qué sí o por qué no?

   _____

   _____

   _____

5. ¿Tienes la costumbre con tu familia o con tus amigos de quedarse sentados a la mesa hablando durante un tiempo significativo después de haber terminado de comer? ¿Por qué sí o por qué no?

   _____

   _____

04-37 Heritage Language: *tu mundo hispano.*

Paso 1. Lee el siguiente texto sobre las empanadas, y después contesta las preguntas.

- La empanada o la empanadilla es un alimento que existe por casi todo el mundo hispano, aunque cada país ofrece diferentes variaciones en su propia elaboración de este alimento. Una empanada es una comida que se prepara rellenando pequeñas porciones de hojaldre (*puff pastry*), masa de pan (*bread dough*), masa de maíz molido o masa de harina de maíz (*corn meal dough*). Una vez rellenas, se preparan o bien al horno o bien fritas.

- Podemos rellenar las empanadas con toda clase de ingredientes, tanto salados (*savory*) como también dulces. Entre los ingredientes salados, tenemos carne, marisco o pescado preparados con sofritos de diferentes verduras. Entre los dulces, podemos encontrar empanadas rellenas de uvas, piñas, higos (*figs*), frambuesas (*raspberries*) u otras frutas y también existen empanadas de crema, chocolate, almendras o dulce de leche.

- El tamaño habitual de una empanada es mediana y así se sirven como entrante o como merienda en casa o en un restaurante. También podemos hacer empanadas de tamaño más pequeño para servir con el aperitivo o simplemente para picotear (*snack*).

1. ¿Qué es una empanada y dónde se comen las empanadas?

   _____

   _____

2. ¿Con qué tipos de masa prepara la gente empanadas?

   _____

   _____

3. ¿Qué tipo de rellenos pueden tener las empanadas?

   _____

   _____

4. ¿Cuándo se comen las empanadas?

   _____

   _____

Paso 2. Ahora investiga en el Internet cómo son las empanadas en la región de Galicia de España, y en Argentina, Colombia y la República Dominicana. Elige también otros dos países para investigar. Después escribe una descripción comparada de las semejanzas y diferencias entre las empanadas en los seis países.

_____

_____

_____

_____

_____

_____

_____

Paso 3. Usando la información que aprendiste en **Pasos 1** y **2**, decide qué tipo de empanada crees que te va a gustar más y busca una receta para ella. Luego explica qué ingredientes tiene, cómo se hace y por qué crees que te va a gustar.

_____

_____

_____

_____

_____

Laberinto peligroso

Episodio 4

Lectura: *Colaboradores, competidores y sospechosos* (Textbook p. 180)

04-38 El título. Piensa en los episodios que has visto hasta ahora y examina bien el título de la lectura de este capítulo: "Competidores, colaboradores y sospechosos". Ahora explica qué piensas que va a pasar en este episodio y por qué. Si ya has leído el episodio, explica por qué crees que tiene este título.

04-39 Competidores, colaboradores y sospechosos. Después de leer el episodio, completa cada una de las siguientes oraciones con la palabra correcta o las palabras correctas.

1. A Cisco le _____ que Celia no le haya prestado mucha atención mientras hablaba.

   a. hace falta   b. interesa   c. encanta   d. molesta

2. Al principio, Celia piensa que _____ le había enviado el mensaje extraño.

   a. el Dr. Huesos   b. Javier   c. Cisco   d. su ex novio

3. Después de escuchar la acusación de Celia, Cisco _____.

   a. se defiende y le convence a Celia   b. se enoja con Celia   c. se levanta y se va del café
   d. le abraza a Celia

4. Antes de llegar a su casa, Celia tuvo que _____.

   a. encontrar un regalo de boda   b. encontrar un regalo de bautizo
   c. encontrar páginas web y artículos sobre las selvas tropicales   d. ir a un bautizo

5. Cisco quiere _____.

   a. que Celia no descubra los resultados de su investigación   b. que Celia colabore con él en la investigación
   c. que Celia vaya con él a la boda de su amigo
   d. que el Dr. Huesos no descubra los resultados de su investigación

6. Al final del episodio una persona entra en la casa de Cisco _____.

   a. con invitación   b. sin invitación   c. con llave   d. sin llave

Video: *¿Mágica o malvada?* (Textbook p. 182)

04-40 ¿Mágica o malvada? Lee las siguientes oraciones, y después mira el episodio de *Laberinto peligroso*. Entonces, indica si las oraciones son **ciertas** o **falsas** o si **No se dice.**

1. Celia acaba de volver del bautizo de su sobrino.	Cierto	Falso	No se dice.
2. Celia hizo mucho trabajo durante el fin de semana.	Cierto	Falso	No se dice.
3. Cisco llama a Celia para invitarla a tomar un café.	Cierto	Falso	No se dice.
4. Celia encuentra información sobre una planta valorada.	Cierto	Falso	No se dice.
5. Celia va a la casa de Cisco para compartir la información que encontró.	Cierto	Falso	No se dice.

04-41 Días especiales. Mira la foto de Celia en su apartamento y usa el vocabulario del **Capítulo 4** para hablar sobre las fotos y las celebraciones. ¿De qué celebraciones crees que son las fotos de Celia? ¿Quién(es) piensas que son las personas en las fotos? ¿Qué relación crees que tienen con Celia? ¿Tienes fotos de tu familia y/o tus amigos en tu casa/apartamento/dormitorio? ¿Tienes fotos de celebraciones? Si sí, ¿cuáles? ¿Por qué pone la gente este tipo de fotos por su casa?

Refranes

04-42 Refranes. Lee y escucha cada refrán, y después para cada uno, elige cuál es la explicación más apropiada.

1. A boda ni bautizo no vayas sin ser llamado.

   _____

2. En muerte y en boda verás quien te honra. _____

3. El casado casa quiere. _____

4. Más vale pan con amor que gallina con dolor.

   _____

5. Con buen hambre, el plátano verde es dulce.

   _____

6. De golosos y tragones están llenos los panteones.

   _____

7. No comer por haber comido, no es mal de peligro.

   _____

8. Boca que se abre, o quiere dormir o está muerta de

   hambre. _____

a. Si no has comido nada y tienes muchas ganas de comer, casi cualquier comida va a estar deliciosa.

b. No debes ir a ciertas celebraciones a menos que te hayan invitado.

c. Mucha gente bosteza (*yawns*) cuando tiene sueño o cuando tiene hambre.

d. Comer en exceso no es bueno para la salud.

e. Es mejor comer algo sencillo con quien te quiere que comer algo elaborado con quien no te quiere.

f. Si no tienes hambre, no tienes que comer.

g. Las personas casadas normalmente quieren su propio espacio donde vivir y tener su nueva vida.

h. En los eventos importantes, puede ver quién te aprecia realmente.

Comunidades

04-43 Experiential Learning: Un banquete. Tu universidad ha acordado diferentes colaboraciones con unas universidades del mundo hispano y ahora tienen que organizar un banquete formal con gente importante, incluyendo representantes de todas las universidades y representantes de los gobiernos de todos los países. Para este evento tan especial, la universidad quiere preparar un menú especial, inspirado en la gastronomía más elegante e innovadora del mundo hispano. Busca en el Internet para descubrir cómo son los menús de algunos restaurantes hispanos famosos, como *Izote*, *el Espacio Dolli* o *El Bulli*. Inspirándote en lo que hayas descubierto, crea un menú bilingüe para el banquete de tu universidad. Algunos restaurantes que pueden ser de ayuda incluyen:

COMIDA COLOMBIANA:	Restaurante Armadillo, Restaurante Leo Cocina y Cava
COMIDA ESPAÑOLA:	Etxanobe, Arzak, Mugarritz, Taberna del Alabardero y El Faro del Puerto
COMIDA MEXICANA:	Oyamel
COMIDA NUEVA LATINA EN LOS ESTADOS UNIDOS:	Minibar by José Andrés, Yuca Restaurant

04-44 Service Learning: El semáforo nutricional.

Paso 1. Investiga en el Internet el concepto del "semáforo nutricional" y explica en qué consiste.

Paso 2. Contacta con el servicio de cátering de tu universidad con el fin de llevar el semáforo nutricional a las cafeterías de tu universidad. Pide los detalles nutricionales sobre algunas de las comidas que preparan y que sirven con más frecuencia. Después, para cada plato, averigua qué luz del semáforo tienen esas comidas en general y también en las siguientes categorías específicas: calorías, grasas, grasas saturadas, azúcar y sodio (sal).

Paso 3. Prepara una presentación en español simplificando el sistema del semáforo nutricional para dar en una escuela de educación infantil o primaria. Usa el semáforo no solo para enseñarles a los niños o jóvenes los nombres de diferentes tipos de comida en español, sino también para enseñarles a tomar buenas decisiones nutricionales.

Activities for *Letras:* Literary Reader for *¡Anda! Curso intermedio*

04-45 Baltasar del Alcázar. Lee la información biográfica sobre Baltasar del Alcázar, y después asocia cada lugar o año con la descripción correcta.

1. Lugar donde nació el autor _____   a. Los Molares

2. Lugar donde murió el autor _____   b. 1565

3. Lugar donde fue alcalde _____   c. Sevilla

4. Año en que se casó _____   d. 1606

5. Año en que regresó a Sevilla _____   e. Ronda

6. Año en que murió _____   f. 1583

04-46 Términos literarios: Tipos de rima. Escucha y mira cada estrofa, y después indica qué tipo de rima tiene.

1. Yo soy un hombre sincero
   De donde crece la palma,
   Y antes de morirme quiero
   Echar mis versos del alma.
   a. rima abrazada
   b. rima encadenada

2. ¡Perla del mar! ¡Estrella de occidente!
   ¡Hermosa Cuba! Tu brillante cielo
   La noche cubre con su opaco velo,
   Como cubre el dolor mi triste frente.
   a. rima abrazada
   b. rima encadenada

3. Yo he visto en la noche oscura
   Llover sobre mi cabeza
   Los rayos de lumbre pura
   De la divina belleza.
   a. rima abrazada
   b. rima encadenada

4. Trájome un año sin seso,
   hasta que en una ocasión
   me dio a merendar jamón
   y berenjenas con queso.
   a. rima abrazada
   b. rima encadenada

04-47 Términos literarios: Tipos de verso. Escucha y mira cada palabra, y después indica si es **llana**, **aguda** o **esdrújula**.

1. poesía _____   6. corazón _____

2. octosílabo _____   7. amores _____

3. Alcázar _____   8. corazones _____

4. cosas _____   9. quiero _____

5. amor _____   10. es _____

04-48 Términos literarios: La sinalefa y el cómputo silábico. Escucha y lee los siguientes versos y, para cada uno, si es necesario, elimina espacios e introduce guiones (-) para indicar dónde hay sinalefas y así demostrar que todos son versos octosílabos. Si no es necesario o posible hacer ninguna sinalefa en el verso, no cambies nada. Recuerda la diferencia entre las reglas de cómputo silábico para los versos llanos y los versos agudos.

MODELOS   Tres cosas me tienen preso
Tres co sas me tie nen pre so
Tres co sas me tie nen pre so (no es necesario introducir ningún guión)
de amores el corazón
de a mo res el co ra zón
de-a mo res el co ra zón

1. Esta Inés, amantes, es

   Es ta I nés, a man tes, es

2. quien tuvo en mí tal poder,

   quien tu vo en mí tal po der,

3. que me hizo aborrecer

   que me hi zo a bo rre cer

4. todo lo que no era Inés.

   to do lo que no e ra I nés.

5. Trájome un año sin seso,

   Trá jo me un a ño sin se so,

6. hasta que en una ocasión

   ha sta que en u na o ca sión

7. me dio a merendar jamón

   me dio a me ren dar ja món

8. y berenjenas con queso.

   y be ren je nas con que so.

04-49 Preso de amores: características básicas. Estudia el poema de Baltasar del Alcázar, y después contesta las preguntas. Escribe solo la información necesaria; no uses oraciones completas.

1. ¿Cuántas estrofas tiene el poema? _____

2. ¿Cuántos versos tiene? _____

3. ¿Qué tipo de rima tiene el poema? ¿Consonante o asonante? _____

4. ¿Qué tipo de rima tiene el poema? ¿Abrazada o encadenada? _____

04-50 Preso de amores: Comprensión. Estudia el poema de Baltasar del Alcázar, y después contesta las preguntas.

1. Según la primera estrofa, ¿qué cosas le encantan a la voz poética?
   a. el corazón
   b. los amores
   c. Inés
   d. el jamón
   e. las berenjenas con queso

2. Según la segunda estrofa, ¿qué le hizo Inés a la voz poética?
   a. Hizo cosas que a la voz poética le gustaron mucho.
   b. Hizo cosas que a la voz poética no le gustaron nada.
   c. A causa de Inés y las cosas que hizo, la voz poética se obsesionó con ella.

3. Según la tercera estrofa, ¿cuánto tiempo estuvo en esta situación?
   a. un año
   b. dos años
   c. tres años
   d. cuatro años

4. Según la tercera estrofa, ¿qué provocó el cambio en los sentimientos de la voz poética?
   a. Inés le dio jamón y berenjenas con queso.
   b. Otra mujer le dio jamón y berenjenas con queso.
   c. Él se preparó jamón y berenjenas con queso.

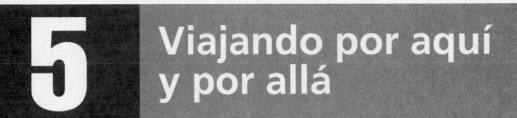

5 Viajando por aquí y por allá

Comunicación I

Vocabulario

1. Los viajes: Discussing travel and means of transportation
(Textbook p. 188)

05-01 ¿Adónde vamos? Escucha la conversación entre los amigos sobre el viaje que quieren hacer, y después indica si las oraciones son **ciertas** o **falsas** o si **No se dice.**

1. Cristóbal no quiere hacer un viaje en un crucero.	Cierto	Falso	No se dice.
2. Adrián quiere ir a un país caribeño.	Cierto	Falso	No se dice.
3. Margarita ha viajado a muchos lugares fuera de los Estados Unidos.	Cierto	Falso	No se dice.
4. La tía de Ana Laura vive en Puerto Rico.	Cierto	Falso	No se dice.
5. Al final todos quieren ir a Centroamérica.	Cierto	Falso	No se dice.

05-02 Asociaciones. Asocia cada palabra con la descripción que mejor corresponda.

1. paisaje _____

2. gira _____

3. crucero _____

4. equipaje _____

5. tarjeta postal _____

6. guía _____

7. itinerario _____

8. limusina _____

9. mapa _____

10. carretera _____

11. puerto _____

12. recuerdos _____

a. excursión por diferentes lugares

b. viaje en barco que normalmente incluye paradas en diferentes lugares

c. extensión de lugares y espacio que podemos ver desde un lugar

d. camino ancho donde podemos conducir

e. persona que enseña a otras personas las cosas notables y de interés turístico de un lugar

f. toda la información principal de un viaje: fechas y horas de salida y llegada, etc.

g. automóvil lujoso muy largo

h. maletas

i. representación geográfica de un lugar

j. lugar en la costa donde los barcos pueden llegar y salir

k. pedazo de papel grueso (*thick*) que incluye una foto y espacio para escribir; se envia por correo sin sobre

l. objetos que compramos para recordar un lugar que hemos visitado

05-03 ¿Adónde quieres ir tú? Tienes vacaciones durante dos semanas y puedes ir adónde quieras con todos los gastos pagados. ¿Adónde quieres ir? ¿Por qué? ¿Qué quieres hacer allí? ¿Qué prefieres no hacer mientras estás allí? En tu respuesta, usa por lo menos **seis** de las palabras siguientes:

el extranjero	alquilar un coche
el crucero	la limusina
el avión	el monumento
el hotel	el paisaje
el guía	los recuerdos

Repaso

Por y *para*: Expressing time, location, purpose, destination, and direction (Textbook p. 189)

05-04 Viaje fin de estudios. Escucha la descripción sobre el viaje que hicieron Eduardo y sus compañeros de clase después de su último año en la escuela secundaria. Después elige la(s) mejor(es) respuesta(s) a cada pregunta.

1. ¿Qué hicieron Eduardo y sus amigos durante un año?
   a. vivir en otro país
   b. trabajar
   c. estudiar

2. ¿Por qué lo hicieron?
   a. porque tenían que pagar sus préstamos
   b. porque no querían tener que sacar préstamos para la universidad
   c. porque querían hacer un viaje especial
   d. porque querían vivir en otro país durante un año

3. ¿Qué hicieron después de su ceremonia de graduación?
   a. Se fueron de vacaciones a Houston.
   b. Se fueron de vacaciones a otro país.
   c. Se fueron de vacaciones a Miami.
   d. Se fueron a tomar clases de español en otro país.
   e. Se fueron al aeropuerto.

4. ¿Cuánto tiempo estuvieron de viaje?
   a. 1 día
   b. 5 días
   c. 6 días
   d. 7 días
   e. 1 año

5. ¿Qué hicieron durante el viaje?
   a. tomar clases de español
   b. tomar clases de cocina
   c. tomar clases de surf
   d. tomar clases de fotografía

6. ¿Dónde pasaron tiempo?
   a. en las montañas
   b. en la playa
   c. en el océano
   d. en la ciudad
   e. en pueblos

7. ¿Por qué no salió de casa Eduardo durante tres días después de volver?
   a. porque había hecho muchas cosas durante el viaje
   b. porque estaba muy cansado después del viaje
   c. porque se puso enfermo durante el viaje
   d. porque se sentía muy tenso después del estrés del viaje

05-05 Un viaje por Panamá.

Paso 1. Lee la siguiente descripción sobre un viaje a Panamá y llena cada espacio con **por** o **para** según sea necesario.

(1) _____ solamente $800 cada persona, mis

amigos y yo fuimos (2) _____ Panamá

(3) _____ descansar y divertirnos. Estuve

planeando el viaje durante meses, así que cuando por fin llegó el momento de salir, estaba muy emocionada.

El viaje incluyó el hotel y desayuno todos los días y también cuatro excursiones diferentes. Salimos

(4) _____ la Ciudad de Panamá un viernes y estuvimos allí (5) _____ nueve

días. Nos impresionó mucho el hotel; (6) _____ ser un hotel de solamente tres estrellas era

muy bonito y elegante. Durante el viaje hicimos una fascinante excursión en barco (7) _____

el Canal de Panamá. También fuimos a la provincia de Coclé (8) _____ visitar varios

pueblos por las montañas. Paseamos mucho por todos los pueblos y compramos productos artesanales

(9) _____ nuestras familias. No me sorprende que esa región sea tan conocida

(10) _____ sus paisajes. ¡Son verdaderamente impresionantes!

Paso 2. ¿Por qué? Ahora, mira tus respuestas del **Paso 1** y elige el motivo por cada uso de **por** o **para.**

11. (número 1 del **Paso 1**)
    a. duración
    b. movimiento
    c. motivo o causa
    d. intercambio

12. (número 2 del **Paso 1**)
    a. fecha exacta o fecha límite
    b. destino
    c. persona que debe recibir algo
    d. comparación
    e. propósito o meta

13. (número 3 del **Paso 1**)
    a. fecha exacta o fecha límite
    b. destino
    c. persona que debe recibir algo
    d. comparación
    e. propósito o meta

14. (número 4 del **Paso 1**)
    a. fecha exacta o fecha límite
    b. destino
    c. persona que debe recibir algo
    d. comparación
    e. propósito o meta

15. (número 5 del **Paso 1**)
    a. duración
    b. movimiento
    c. motivo o causa
    d. intercambio

16. (número 6 del **Paso 1**)
    a. fecha exacta o fecha límite
    b. destino
    c. persona que debe recibir algo
    d. comparación
    e. propósito o meta

17. (número 7 del **Paso 1**)
    a. duración
    b. movimiento
    c. motivo o causa
    d. intercambio

18. (número 8 del **Paso 1**)
    a. fecha exacta o fecha límite
    b. destino
    c. persona que debe recibir algo
    d. comparación
    e. propósito o meta

19. (número 9 del **Paso 1**)
    a. fecha exacta o fecha límite
    b. destino
    c. persona que debe recibir algo
    d. comparación
    e. propósito o meta

20. (número 10 del **Paso 1**)
    a. duración
    b. movimiento
    c. motivo o causa
    d. intercambio

05-06 Heritage Language: *tu español.* Utiliza el contexto de cada oración para averiguar los significados de los términos subrayados, todos los cuales se relacionan con los viajes por avión.

1. Primero vamos al mostrador de nuestra compañía aérea para <u>facturar</u> las maletas. _____

2. También vamos al mostrador para que nos puedan entregar nuestra <u>tarjeta de embarque</u>. _____

3. Luego pasamos por el control de seguridad para después poder acercarnos a nuestra <u>puerta de salida</u>. _____

4. Mientras tanto, nuestras maletas pasan por una cinta mecánica y los trabajadores de la compañía nos las llevan a <u>la bodega</u> de nuestro avión. _____

5. Normalmente <u>embarcamos</u> por lo menos veinte minutos antes de la hora prevista de salida. _____

6. Por fin, después de que el avión se pare delante de una puerta de salida en el aeropuerto de nuestro destino, podemos <u>desembarcar</u>. _____

7. Para algunos destinos, es necesario tener <u>un visado</u> para poder visitarlos. _____

a. Entrar en el avión para sentarse y empezar el viaje

b. Lugar dentro del avión para el equipaje que está separado de donde se sientan los pasajeros

c. Documento emitido por el gobierno del país que vas a visitar que te permite entrar a ese país

d. Llevar tu equipaje al mostrador de tu aerolínea para que te lo lleven a la bodega del avión

e. Trozo de papel que tiene información sobre tu vuelo y tu asiento; te permite entrar en el avión

f. Salir por la puerta del avión después de finalizar un viaje

g. Lugar del aeropuerto por donde podemos entrar y salir de nuestro avión y desde donde sale un avión

Vocabulario

2. Viajando por coche (Textbook p. 193)

05-07 Un accidente.

Paso 1. Escucha la conversación entre Laura y Jazmín, y selecciona todas las palabras que oyes.

1. camino
   faro
   atasco
   carretera

   transmisión
   paso de peatones
   navegador personal

   cinturón de seguridad
   vehículo utilitario deportivo
   seguro de coche

   frenos
   velocidad
   bocinas

Paso 2. Escucha la conversación otra vez, y después indica si las oraciones son **ciertas** o **falsas** o si **No se dice.**

2. No hay mucho tráfico por las calles.   Cierto   Falso   No se dice.

3. Laura sabe cómo llegar a la tienda.   Cierto   Falso   No se dice.

4. La tienda está cerca.   Cierto   Falso   No se dice.

5. La persona en el coche deportivo conduce muy rápido.   Cierto   Falso   No se dice.

6. El conductor del coche deportivo causa el accidente.   Cierto   Falso   No se dice.

05-08 ¡Están bien! Laura y su amiga han tenido un accidente de coche y su hermano Adrián va a ayudarles.
Completa su conversación llenando cada espacio con la expresión apropiada.

alquilar un coche	cinturón de seguridad	faros	frenos	seguro de coche

ADRIÁN: ¿Están bien? Los papás y yo estábamos tan preocupados al recibir su llamada.

LAURA: Sí, afortunadamente, estamos bien. El policía dijo que el (1) _____ nos protegió.

Tuvieron que llevar al otro conductor al hospital.

ADRIÁN: Tu pobre coche está destrozado, Laura. Los (2) _____ y el parachoques están

completamente rotos. Era bueno que los (3) _____ fueran nuevos; supongo que por

eso fue posible parar el coche a tiempo y evitar daños más importantes.

LAURA: Sí, es verdad. Acabo de llamar al agente del (4) _____. Una grúa (*tow truck*) va a

llevar el coche a un mecánico, y van a evaluar el daño. El agente dice que puedo

(5) _____; la compañía va a pagarlo porque no tuve yo la culpa (*fault*).

ADRIÁN: Pues, me alegro mucho de que ustedes estén bien y que no se hayan hecho daño. Ahora vengan

conmigo y las llevo a casa para que puedan descansar.

05-09 Heritage Language: *tu español.* Utiliza el contexto de cada oración y/o un diccionario para averiguar los significados de los términos subrayados, todos los cuales se relacionan con los coches.

1. No sabíamos si debíamos comprar un <u>coche manual</u> o uno automático. _____

2. En un coche manual, para acelerar es necesario cambiar de <u>marcha</u>. _____

3. Antes de poder cambiar la marcha, es imprescindible pisar el <u>embrague</u>. _____

4. Mientras estaba esperando a mi amiga, dejé el motor encendido pero puse el coche en <u>punto muerto</u>. _____

5. La calle era tan estrecha que no pudimos dar la vuelta; tuvimos que salir <u>marcha atrás</u>. _____

6. Antes de dejarme su coche, mi hermana me recordó muchas veces que el suyo necesita <u>gasóleo</u> en lugar de gasolina. _____

7. Durante el invierno con tanta nieve, es muy bueno tener un coche con <u>tracción a las cuatro ruedas</u>. _____

8. Cuando nació su tercer hijo, decidieron comprar un <u>monovolumen</u>. _____

9. Para ir al trabajo y para llevar a sus clientes a diferentes sitios, mi padre siempre conducía una <u>berlina</u>. _____

10. A pesar de solamente conducirlo por la ciudad, la carretera y el autopista, nos gusta mucho nuestro <u>todoterreno</u>. _____

a. Coche familiar en el que los asientos de los pasajeros y el maletero están en un solo espacio

b. Tipo de combustible que normalmente requieren los motores de tipo diésel

c. Coche diseñado para conducirse fuera de la carretera por todo tipo de terrenos

d. Las posiciones motrices en una caja de cambios; normalmente los coches tienen seis

e. El mecanismo en un coche manual que hace posible que el conductor pueda cambiar de marcha

f. Coche de dos o cuatro puertas cuyo maletero está separado de la zona donde se sientan los pasajeros

g. Cuando el movimiento del motor no se pasa a las ruedas del coche; cuando el coche no marcha

h. Mecanismo en un coche que permite que el coche retroceda

i. Un coche con una caja de cambios que requiere que uno cambie la marcha para cambiar de velocidad

j. El sistema de coches que permite que todas las ruedas reciban la potencia del motor simultáneamente

Gramática

3. Los pronombres relativos *que* y *quien:* Connecting sentences and clarifying meaning (Textbook p. 196)

05-10 Un buen mecánico. Completa la descripción que hace Leire sobre su experiencia con un mecánico, llenando cada espacio con **que, quien** o **quienes** según convenga.

Aitor, el mecánico a (1) _____ siempre llevo mi coche, es todo un profesional. Siempre me

explica muy bien y con mucho detalle todos los arreglos (2) _____ recomienda que haga.

Además de la calidad del servicio, los precios (3) _____ pide son muy competitivos. Mi

hermano, (4) _____ también sabe mucho de los coches y a (5) _____ le encanta

arreglar su propio coche, me presentó a Aitor hace siete meses cuando este abrió su taller en la ciudad

donde vivo. Mi hermano y Aitor han sido amigos desde hace varios años; se conocieron en una carrera en

(6) _____ participan todos los años. El mecánico con (7) _____ yo había

trabajado siempre hasta conocer a Aitor era simpático, pero también era más caro llevar el coche allí y como

siempre estaba muy ocupado, casi nunca tenía tiempo para hablar conmigo sobre el coche. Me encanta el

trato tan personalizado (8) _____ me dan Aitor y sus compañeros del taller. Es evidente que

son profesionales (9) _____ no solamente tienen un auténtico interés en ayudar a la gente,

sino que también son personas a (10) _____ les fascina su trabajo.

Nombre: _____ Fecha: _____

05-11 Vacaciones. Mira las descripciones de las vacaciones de
Inaru y Nadia. Después combina cada par de oraciones usando **que,**
quien o **quienes,** según sea necesario.

OCÉANO ATLÁNTICO

MODELO   Inaru y Nadia decidieron hacer un viaje especial. El viaje
era para celebrar el cumpleaños de Inaru.

Inaru y Nadia decidieron hacer un viaje especial *que* era
para celebrar el cumpleaños de Inaru.

1. A Inaru y a Nadia les encanta el Caribe. Inaru y Nadia decidieron ir a Puerto Rico.

   Inaru y Nadia, a _____ les encanta el Caribe, decidieron ir a Puerto Rico.

2. Nadia compró una guía. La guía tenía buenos mapas.

   Nadia compró una guía _____ tenía buenos mapas.

3. Inaru hizo una reserva en un hotel. El hotel era de cuatro estrellas.

   Inaru hizo una reserva en un hotel _____ era de cuatro estrellas.

4. Nadia compró unos boletos de avión. Los boletos eran para un vuelo directo.

   Nadia compró unos boletos de avión _____ eran para un vuelo directo.

5. Inaru hizo una reserva de alquiler de un coche. La reserva era para un coche híbrido.

   Inaru hizo una reserva de alquiler de un coche _____ era para un coche híbrido.

6. A Inaru y a Nadia les gusta mucho ir a la playa. Inaru y Nadia pasaron mucho tiempo nadando en el mar.

   Inaru y Nadia, a _____ les gusta mucho ir a la playa, pasaron mucho tiempo nadando en el mar.

7. Inaru y Nadia pasaron mucho tiempo con algunas personas. Las personas eran sus amigos y parientes
   puertorriqueños.

   Las personas con _____ Inaru y Nadia pasaron mucho tiempo eran sus amigos y parientes

   puertorriqueños.

05-12 Heritage Language: *tu español.* Cuando escribimos, es importante prestar atención especial a la ortografía y los acentos. Debemos recordar la diferencia entre los pronombres relativos **que, quien** y **quienes,** y los pronombres interrogativos **qué, quién** y **quiénes.** También debemos tener cuidado con la diferencia entre **quien es** y **quienes** (como también entre **quién es** y **quiénes**). Escucha cada oración, y después indica cuál es la palabra que se ha usado.

1. qué   que

2. qué   que

3. quién   quien   quiénes   quienes

4. quién   quien   quiénes   quienes

5. quién   quien   quiénes   quienes

6. quién   quien   quiénes   quienes

7. quién   quien   quiénes   quienes

8. quién   quien   quiénes   quienes

Vocabulario

4. Las vacaciones: Planning and illustrating vacations (Textbook p. 199)

05-13 Asociaciones. Elige la palabra que no se relaciona con el resto de cada grupo.

Sra. Teresa Silva de Granados
504 Edificio Los Pinos
Panamá 3, Rep. de Panamá

1. camarero   huésped   portero   recepcionista

2. dirección   sello   sombrilla   sobre

3. arena   lentes de sol paquete   sombrilla

4. paquete   servicio   sobre   tarjeta postal

5. telefonista   camarero   recepcionista   paquete

05-14 Un mensaje de Elena.

Paso 1. Elena acaba de volver de un viaje muy emocionante y quiere hablar sobre su experiencia con su mejor amiga, pero esta no está en casa. Escucha el mensaje, y después indica cuáles son las palabras que menciona.

1. arena   camarera   guardia de seguridad   hotel de lujo
   huésped   portero   recepcionista   telefonista
   lentes de sol paquete   dirección   sombrilla

Paso 2. Escucha otra vez el mensaje de Elena, y después indica si las oraciones son **ciertas** o **falsas**.

2. A Elena le gusta mucho el Caribe.   Cierto   Falso

3. El hotel donde Elena se alojó en San Juan tenía más de 3 estrellas.   Cierto   Falso

4. El hotel donde se alojó en San Juan le gustó mucho.   Cierto   Falso

5. Durante el viaje Elena no salió de Puerto Rico.   Cierto   Falso

6. Según Elena, durante su viaje fue a una playa muy bonita.   Cierto   Falso

7. Elena no pudo descansar mucho durante el viaje porque hizo muchas excursiones. Cierto   Falso

05-15 ¿Vacaciones fabulosas? Los planes no siempre salen cómo nosotros queremos que salgan. Completa la descripción de las vacaciones de José Luis con las palabras correctas.

la recepcionista	un hotel de lujo	un guardia de seguridad
la dirección	el número de teléfono	telefonistas

Habíamos reservado habitaciones en (1) _____, sin embargo, al llegar allí

(2) _____ nos dijo que no tenía ninguna reserva a nuestro nombre. Entonces le pregunté si

podían darnos una habitación y me respondió que no. Cuando me dijo eso me enfadé mucho porque estaba

muy cansado después de un viaje tan largo y en ese momento vino (3) _____ y me dijo a mí y

a mi esposa que nos teníamos que ir. Entonces me calmé un poco y le pedí una guía telefónica para buscar

(4) _____ de otro hotel. Después de hablar con cuatro (5) _____ diferentes

de cuatro hoteles diferentes, por fin encontré uno con una habitación libre para nosotros. Cuando le pedí

(6) _____ del hotel, se equivocó al decirme el nombre de la calle y, por eso, nos perdimos

durante una hora antes de llegar allí por fin. Comparado con el primer día, el resto de las vacaciones no fueron

tan malas pero tampoco fueron muy buenas; ¡nunca volveré allí!

05-16 Heritage Language: *tu español.* Un grupo de turistas está de viaje en Costa Rica y se alojan en un hotel de lujo. Mira los diferentes servicios que ofrece el hotel, y después indica cuál puede ayudar a cada persona con sus respectivos problemas o deseos. Si necesitas ayuda, utiliza un diccionario o el Internet para ayudarte a determinar las respuestas correctas.

1. servicio de conserjería _____

2. servicio de botones _____

3. servicio de lavandería _____

4. servicio de planchado _____

5. prensa diaria gratuita _____

6. recepción de 24 horas _____

7. centro de negocios _____

8. cambio de divisas _____

9. servicio de guardería _____

10. servicio médico _____

a. He ensuciado toda la ropa que he traído y no me queda casi nada limpio para ponerme.

b. Estoy de vacaciones, pero todavía quiero saber qué está pasando en el mundo.

c. Mi vuelo tiene un retraso grande y no voy a llegar al hotel hasta las dos de la mañana.

d. Necesito ayuda sacando entradas para un concierto.

e. He abierto la maleta y resulta que tengo toda la ropa arrugada.

f. Tengo tantas maletas que no las puedo subir sin ayuda.

g. Viajamos con nuestros hijos, y mi mujer y yo queremos tener una cena romántica esta noche.

h. No me siento nada bien; creo que tengo fiebre.

i. Solo llevo dólares estadounidenses y necesito colones.

j. Necesito consultar mi correo electrónico y enviar un fax muy importante a mi oficina.

Notas culturales

El fin del mundo y los glaciares en cinco días
(Textbook p. 200)

05-17 La Patagonia. Lee el folleto sobre la Patagonia que está en el libro de texto, y completa las siguientes oraciones.

1. Puedes dormir en un hotel de 4 estrellas en _____ y _____.

2. Puedes ver los pingüinos durante el Día _____.

3. Ushuaia, también conocida como _____, es la ciudad más austral del mundo.

4. Hay aeropuerto en _____.

5. El Día 5, viajas al aeropuerto por _____.

05-18 ¿Qué piensas de la Patagonia? Examina bien el folleto sobre la Patagonia que está en el libro de texto. ¿Qué piensas del viaje a la Patagonia? ¿Tienes ganas de viajar allí? ¿Por qué sí o por qué no? ¿Qué aspectos del viaje te gustan? ¿Por qué? ¿Hay aspectos que no te gustan tanto? ¿Cuáles? ¿Por qué?

Escucha (Textbook p. 202)

05-19 Antes de escuchar. Vas a escuchar una conversación entre unos amigos sobre sus planes para un viaje durante las vacaciones. Tienen que decidir adónde van y tienen que hacer los planes para el viaje. Antes de escuchar, escribe cinco preguntas sobre lo que crees que van a discutir.

MODELO   *¿Adónde deciden ir?*

1.

2.

3.

4.

5.

05-20 Finalización de los planes. Escucha la conversación entre unos amigos sobre sus planes para un viaje, y luego indica si las oraciones son **ciertas** o **falsas**.

1. Fermín quiere ir a la Patagonia.	Cierto	Falso
2. Anabela tiene mucho dinero.	Cierto	Falso
3. Karla fue a una agencia de viajes.	Cierto	Falso
4. El paquete que Anabela menciona cuesta más que el viaje a Patagonia.	Cierto	Falso
5. Al final todos deciden ir a la Patagonia.	Cierto	Falso
6. Al final no saben exactamente cuál de las opciones van a elegir.	Cierto	Falso

05-21 Después de escuchar. Escucha la conversación una vez más, y después responde a las siguientes preguntas. ¿Tienes todas las respuestas a las preguntas que escribiste para la actividad **05-19**? Si no, ¿cuáles te faltan? ¿Tienes más preguntas acerca del viaje después de haber escuchado la conversación? Si sí, ¿cuáles son tus preguntas?

_____

_____

_____

_____

_____

_____

Comunicación II

Vocabulario

5. La tecnología y la informática: Indicating how technology is useful, both at home and in travel (Textbook p. 204)

05-22 ¿Qué ves? Mira el dibujo y selecciona los nombres de todas las cosas que ves.

la cámara web	el disco duro	el cursor
la impresora	la pantalla	el servidor
el teléfono celular	el ratón	el icono
el mensaje de texto	el teclado	la contraseña

🔊 **05-23 ¿Qué es?** Escucha cada descripción y después indica a qué término corresponde, escribiendo la palabra correcta en el espacio.

navegador	correo de voz	mirón
enlace	contraseña	multitarea

1. _____

2. _____

3. _____

4. _____

5. _____

6. _____

Repaso

El pretérito y el imperfecto (continuación): Conversing about events in the past (Textbook p. 205)

05-24 Un mensaje de correo electrónico. Alberto ha ido a Panamá en un viaje para su trabajo y le escribe a su compañero de trabajo, Daniel. Llena cada espacio con la forma correcta del verbo correcto en el pretérito o en el imperfecto.

Hola Daniel,

Aquí estoy en Panamá. Aunque nuestro avión (1) _____ (acabar / llegar) ayer a las tres y

media de la tarde, (2) _____ (estar / ser) las cinco y media cuando por fin yo

(3) _____ (salir / evitar) del aeropuerto. Al final (4) _____ (aprender /

haber) mucha gente esperando en la aduana. A la salida del aeropuerto (5) _____ (estar /

hacer) sol y un poco de calor —un tiempo muy agradable. Ayer (6) _____ (salir / entrar) a

cenar con los clientes y ellos (7) _____ (estar / ser) muy contentos con nuestras ideas.

Necesito tu ayuda con algo muy importante: anoche, después de cenar mientras yo

(8) _____ (trabajar / ir) en la presentación que tengo que hacer mañana, mi ordenador

(9) _____ (empezar / poder) a darme problemas. Por favor, envíame la versión de la

presentación que yo te (10) _____ (enviar / evitar) ayer antes de salir de la oficina.

¡Mil gracias!

Daniel

05-25 Turismo ecológico en el Yucatán. Tu amigo Pablo hizo un viaje a Yucatán, y ahora tú quieres hacer el mismo viaje con tu mejor amigo/a. Utiliza el itinerario que te dio Pablo de su viaje para escribir un mensaje a tu amigo explicándole por qué quieres hacer el viaje. En tu mensaje describe con tantos detalles como sean posibles lo que hizo Pablo durante su viaje. No es necesario limitarte a los detalles que aparecen en el itinerario de Pablo; puedes añadir otros detalles y usar tu creatividad. Debes tener cuidado de usar el pretérito y el imperfecto correctamente.

Itinerario de Pablo

DÍA 1 JUEVES:	Llegada a Mérida. Música y bailes folclóricos yucatecos en el Parque Nacional. Noche en Hotel Barceló
DÍA 2 VIERNES:	Visita por la mañana al sitio arqueológico de Dzibilchaltún y su excelente museo. Por la tarde, paseo por la ciudad de Mérida, incluyendo una visita al Museo Regional de Antropología. Noche en Hotel Barceló
DÍA 3 SÁBADO:	Salida a Celestún. Paseo en lancha para explorar el estuario y observar los flamencos rosas y otras aves acuáticas. Comida frente a la playa antes de emprender el viaje a Uxmal. Noche en Hotel Hacienda Uxmal
DÍA 4 DOMINGO:	Visita por la mañana al sitio arqueológico de Uxmal. Por la tarde visita a las ruinas de Kabah. Noche en Hotel Hacienda Uxmal
DÍA 5 LUNES:	Salida temprano hacia el aeropuerto de Mérida

_____

_____

_____

_____

_____

_____

_____

_____

_____

_____

_____

05-26 Heritage Language: *tu español.* Busca el significado de cada término en el Internet, y después elige la mejor definición para cada expresión.

1. usuario _____

2. la interfaz _____

3. nombre de usuario _____

4. el escritorio _____

5. la carpeta _____

6. la hoja de cálculo _____

7. la base de datos _____

a. información que facilita que la computadora llegue rápidamente a los datos que el usuario pide

b. caracteres alfanuméricos que identifican al usuario de una computadora, aplicación o un programa

c. la persona que está utilizando un programa o una aplicación informática

d. un programa que nos permite hacer operaciones aritméticas y funciones en un programa informático

e. agrupación de diferentes archivos; modo de organizar archivos en una computadora

f. la parte de un programa que facilita el intercambio de información entre el usuario y el programa

g. la pantalla principal de trabajo de una computadora

Gramática

6. El subjuntivo con antecedentes indefinidos o que no existen: Depicting something that is uncertain or unknown (Textbook p. 208)

05-27 ¿Subjuntivo o indicativo? Lee el principio de cada oración e indica si el resto de la oración debe estar en el **presente indicativo** o el **presente subjuntivo**.

1. No veo a nadie que…   presente indicativo   presente subjuntivo

2. Busco al camarero que…   presente indicativo   presente subjuntivo

3. No hay nada en el menú que…   presente indicativo   presente subjuntivo

4. Quiero comer el postre que…   presente indicativo   presente subjuntivo

5. Necesito comer algo que…   presente indicativo   presente subjuntivo

05-28 Deseos. Un grupo de amigos está de vacaciones y quieren hacer una gran variedad de cosas. Completa cada oración con la forma correcta del verbo correcto en el presente de indicativo o el presente de subjuntivo, según convenga.

1. Quiero conocer a la chica bonita que _____ (estar / tener) en nuestro hotel.

2. Necesito encontrar un cibercafé que _____ (hacer / estar) cerca del hotel.

3. Busco una tienda que _____ (tener / ser) lentes de sol y recuerdos para mi familia.

4. Busco al hombre que _____ (estar / tener) pelo moreno y rizado. Me dijo que podía

   ayudarme con la computadora, pero no lo veo.

5. Quiero comprar un regalo que _____ (enseñar / ser) apropiado para mi hermana menor.

6. ¡Necesito una persona que _____ (saber / ser) experta en computadoras ahora mismo!

05-29 Heritage Language: *tu español.* Cuando hablamos, muchas veces los temas de nuestras conversaciones requieren que prestemos atención no solo a la diferencia entre el subjuntivo y el indicativo, sino también a los tiempos verbales. No es siempre fácil mantener todas estas distinciones. Completa cada espacio de la conversación de Emilia y Sara, unas compañeras de trabajo que tienen un viaje de negocios a Buenos Aires, con la forma correcta del verbo correcto en **el presente de indicativo, el presente de subjuntivo, el presente perfecto de indicativo** o **el presente perfecto del subjuntivo.**

SARA: ¿ (1) _____ (estar / ser) tú alguna vez en Argentina?

EMILIA: No, nunca, solamente (2) _____ (entrar / salir) de los Estados Unidos una vez y fue

cuando tenía tres años. Y como tampoco conozco a nadie que (3) _____ (viajar /

evitar) a Buenos Aires, estoy buscando algún foro de discusión o algún blog donde

(4) _____ (escuchar / participar) gente que quizá nos (5) _____

(poder / poner) ayudar a planear nuestra visita.

SARA: No te preocupes, yo por lo menos (6) _____ (saber / conocer) a gente que vive allí

—ellos (7) _____ (ser / estar) unos amigos que estudiaron en mi universidad durante

un año. No creo que (8) _____ (vivir / mudarse) allí toda la vida, pero sí creo que

(9) _____ (estar / ser) allí desde hace por lo menos tres o cuatro años y que van a

poder ayudarnos mucho.

EMILIA: ¡Qué bien! Espero que la compañía nos (10) _____ (reservar / hacer) habitaciones

en un hotel que (11) _____ (ser / estar) realmente especial: sabes, uno que

(12) _____ (haber / tener) buenas vistas y habitaciones elegantes.

SARA: A mí también, pero desafortunadamente, dudo mucho que nuestro jefe lo (13) _____

(prohibir / permitir). Es tan tacaño; no creo que nunca en toda la historia de su vida profesional hasta

el momento (14) _____ (dejar / evitar) que ninguno de los empleados

(15) _____ (quedarse / mudarse) en un hotel de más de dos estrellas.

EMILIA: Es evidente que nos (16) _____ (hacer falta / faltar) un nuevo jefe, uno que

(17) _____ (saber / conocer) ser más generoso con su equipo.

SARA: ¡Y que nos (18) _____ (costar / pagar) más!

Vocabulario

7. Las acciones relacionadas con la tecnología (Textbook p. 211)

05-30 Crucigrama. Completa el crucigrama con las palabras correctas.

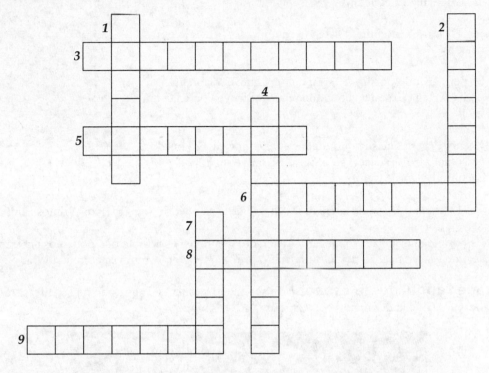

1. Hacer que un archivo no se pueda leer

2. Lo que se hace en el Internet cuando visitamos diferentes páginas web

3. Crear una versión digital de algo

4. Lo que se hace en un enlace para llegar a otra página web

5. Entrar en un sistema ilegalmente, muchas veces para causar problemas

6. Si no hace esto, no puede usar un aparato electrónico

7. Si quiero cambiar una parte de mi documento de sitio, solamente tengo que cortar y _____

8. Lo que se hace con fotos u otros documentos cuando queremos tener copias electrónicas de ellos

9. Es importante hacer esto frecuentemente si no quieres perder un trabajo

05-31 Problemas. Pobre Carlos tiene problemas con la computadora. Raimundo es un técnico que viene a ayudarlo. Completa su conversación con las palabras de vocabulario apropiadas.

CARLOS: No sé qué pasó. Estaba escribiendo cuando la computadora se (1. actualizó / congeló).

RAIMUNDO: ¿(2. Descargó / Reinició) usted la computadora cuando eso ocurrió?

CARLOS: Sí, pero cuando por fin (3. arrancó / enchufó), solamente podía ver una pantalla verde que ponía "¡Bienvenido a la pura vida!"

RAIMUNDO: Bueno. Parece que su computadora tiene un virus. Yo puedo (4. actualizar / deshacer) su programación de seguridad, encontrar el virus y eliminarlo.

CARLOS: ¿Y el trabajo que estaba haciendo? No recuerdo si (5. corté / guardé) los últimos cambios o no.

RAIMUNDO: Es posible que se haya (6. pegado / borrado) y también es posible que podamos encontrar una versión (7. arrancada / actualizada), pero primero tengo que mirar la computadora.

05-32 Heritage Language: *tu español.* Busca en el Internet el significado de las diferentes expresiones, y después elige la definición correcta para cada término.

1. acceder _____   a. Descargar

2. reenviar _____   b. Entrar en una página web o en un sistema informático

3. piratear _____   c. Mandar un mensaje recibido de una persona a otra persona diferente

4. bajar _____   d. Lo contrario de descargar; poner un archivo en línea

5. subir _____   e. Hacer una copia ilegal de la propiedad intelectual de otra persona

Perfiles

Viajando hacia el futuro (Textbook p. 214)

05-33 Perfiles. Después de leer la sección **Perfiles** de tu libro de texto, contesta las siguientes preguntas.

a. Franklin Díaz-Chang   b. Augusto Ulderico Cicaré   c. Alberto Contador

1. ¿Quién es de la Argentina? _____

2. ¿Quién es de Costa Rica? _____

3. ¿Quién es de España? _____

4. ¿Quién ha ganado tres grandes competencias de

   ciclismo? _____

5. ¿Quién estudió física aplicada? _____

6. ¿A quién le encantan los helicópteros? _____

7. ¿Quién es astronauta? _____

8. ¿Quién es inventor? _____

9. ¿Quién sabe mucho de viajar en bicicleta?

   _____

10. ¿Quién tiene un doctorado del Instituto

    Tecnológico de Massachusetts? _____

05-34 ¿Quién te interesa más? ¿Cuál de las personas de la sección **Perfiles** te interesa más? ¿Por qué te interesa? ¿A cuál admiras más? ¿Por qué lo admiras?

¡Conversemos! (Textbook p. 216)

05-35 Expresiones. Asocia cada expresión en español con la expresión en inglés que mejor corresponda.

1. ¿Le importa? _____
2. ¿Le importa si…? _____
3. ¿Le parece bien? _____
4. ¿Qué dice? _____
5. ¿Qué opina? _____
6. ¿Qué le parece? _____

a. Do you like the suggestion?
b. Do you mind?
c. Do you mind if…?
d. What do you think?
e. What do you think (about the idea)?
f. What do you say?

05-36 Reacciones. Estás hablando con unos turistas. Escucha lo que cada persona te dice, y después escoge la reacción apropiada.

1. a. ¡Qué bueno!
   b. ¡Qué pena!

2. a. ¡Qué emoción!
   b. ¡Qué barbaridad!

3. a. ¡No puede ser!
   b. ¡Qué pena!

4. a. ¡Fenomenal!
   b. ¡Qué barbaridad!

Escribe (Textbook p. 218)

05-37 Mi último viaje.

Paso 1. Escribe un párrafo sobre la última vez que hiciste un viaje. Incluye detalles sobre el lugar o los lugares que visitaste, cómo llegaste, dónde dormiste y qué hiciste durante tu estancia (*stay*). Usa el pretérito y el imperfecto, y el subjuntivo donde sea apropiado. Escribe por lo menos **diez** oraciones.

_____

_____

_____

_____

_____

_____

Paso 2. Después de escribir tu párrafo, compártelo con un/a compañero/a para que pueda revisarlo y darte comentarios sobre la claridad y la precisión con el fin de ayudarte a mejorarlo. Entonces, escribe un resumen de los comentarios más importantes que te ha dado tu compañero.

_____

_____

_____

Paso 3. Ahora escribe una segunda versión más extensa de tu párrafo, teniendo en cuenta los comentarios de tu compañero. Escribe por lo menos **quince** oraciones e intenta usar los pronombres relativos **que** y **quien** para crear oraciones más largas y para evitar la repetición.

_____

_____

_____

_____

_____

_____

_____

Vistazo cultural

Un viaje por mundos diferentes en Nicaragua, Costa Rica y Panamá
(Textbook p. 220)

05-38 Vistazo cultural. Lee la sección **Vistazo cultural** del libro de texto, y después asocia cada lugar con la descripción apropiada.

1. 1914 _____

2. Concepción y Maderas _____

3. La costa de Nicaragua _____

4. *Los diablos rojos* _____

5. Una gira en líneas de cable _____

6. La tecnología "verde" _____

7. Los tiburones de agua dulce _____

8. Un viaje de *jeep-boat-jeep* _____

a. El Canal de Panamá

b. El canopy de Costa Rica

c. El reciclaje en Costa Rica

d. La Ciudad de Panamá

e. La isla Ometepe

f. Las islas de Maíz

g. El lago Nicaragua

h. El volcán Arenal; la selva de Monteverde

05-39 Costa Rica, Nicaragua y Panamá. ¿Qué te interesa más de la información que leíste en el libro de texto sobre Costa Rica, Nicaragua y Panamá? ¿A cuál de los países tienes más ganas de viajar? ¿Por qué? Si viajas a este país, ¿vas a visitar los lugares y participar en las actividades mencionadas en el libro mientras estás allí? ¿Por qué sí o por qué no?

Más cultura

05-40 El Camino de Santiago.

Paso 1. Haz una búsqueda de imágenes de los siguientes términos y describe algunas de las imágenes más interesantes que encuentras.

1. Concha de Santiago

_____

_____

2. Credencial del peregrino

_____

_____

3. Catedral de Santiago de Compostela

_____

_____

_____

_____

4. Camino francés

_____

_____

_____

_____

5. Peregrino Santiago de Compostela

_____

_____

_____

Paso 2. Lee el siguiente texto sobre uno de los viajes más conocidos de todo el mundo hispano, y después contesta las preguntas.

- El Camino de Santiago es un viaje que han hecho millones de personas y que existe desde hace más de mil años. La gente empieza en diferentes partes de España y Europa y su destino es la catedral de la ciudad de Santiago de Compostela, la capital de Galicia, una provincia en el noroeste de España que está al norte de Portugal.

- El Camino de Santiago es una peregrinación (*pilgrimage*) religiosa que empezó durante la época medieval. La forma más tradicional y habitual de hacer el camino es andando, con un bastón. Los peregrinos llevan consigo una concha de vieira (*scallop*) que es el símbolo del Camino. Sobre su significado hay diferentes teorías: algunos dicen que los peregrinos la recibían al llegar a Santiago y que era una prueba (*proof*) de que habían llegado hasta allí. Otros, en cambio, dicen que está relacionado con la experiencia de renovación personal del peregrino.

- Hay diferentes rutas o formas de llegar que recorren España por diferentes regiones. Se tarda 31 días en recorrer el Camino francés, que es el camino más conocido. El Camino del norte transcurre junto al mar cantábrico. Por último la Vía de la Plata era la forma de llegar a Santiago desde el Sur de España.

- Hoy en día no todas las personas que hacen el Camino de Santiago tienen motivaciones religiosas. Por todo el recorrido se encuentran muchísimos monumentos y piezas de arte, por lo que tiene un gran interés histórico y cultural. Además alrededor del Camino ha surgido una industria turística muy grande, por lo que tiene una gran importancia económica para los pueblos y ciudades que atraviesa.

- Aunque no todos los peregrinos se acercan al Camino por sus creencias religiosas, sí es cierto que muchas personas hacen el Camino de Santiago para satisfacer un desafío personal o espiritual, ya que durante esos días es habitual encontrar numerosas oportunidades de crecimiento (*growth*) y auto-descubrimiento. Por ese aspecto de la peregrinación, muchos dicen que el verdadero destino de ese viaje es el camino en sí.

- Como en casi todos los aspectos de nuestras vidas, las nuevas tecnologías han tenido un gran impacto en el Camino de Santiago. El Internet está lleno de páginas web y de recursos que los peregrinos utilizan a la hora de planificar su viaje. Además hoy en día muchos peregrinos utilizan blogs para contar sus experiencias a los demás y también existen foros de discusión donde la gente puede buscar ayuda. En los últimos años incluso han surgido muchos grupos de personas que comparten su interés en el Camino de Santiago gracias a redes sociales como Facebook y Twitter.

6. ¿Aproximadamente cuándo empezó el Camino de Santiago, y aproximadamente cuántas personas han hecho ese viaje?

_____

_____

7. ¿Cómo hace la mayoría de la gente el Camino de Santiago?

_____

_____

8. ¿Qué significa la concha que llevan los peregrinos?

_____

_____

9. ¿Cuál es la ruta más famosa del Camino de Santiago? ¿Cuánto tiempo necesitas para hacer esa ruta?

_____

_____

10. ¿Por qué hace la gente el Camino de Santiago?

_____

_____

11. Cuando la gente dice que "el verdadero destino es el camino", ¿qué significa?

_____

_____

12. ¿Qué impacto han tenido las nuevas tecnologías en el Camino de Santiago?

_____

_____

05-41 Heritage Language: *tu mundo hispano.* Investiga el concepto de las peregrinaciones y romerías en diferentes partes del mundo hispano. Elige tres países distintos y busca cuáles son algunos lugares de peregrinación que tienen. Si necesitas ayuda, abajo hay algunas sugerencias que podrías explorar. Entonces, céntrate en uno de los lugares de cada país y examina esa peregrinación más de cerca. Después escribe un análisis comparado de las tres peregrinaciones: sus orígenes, cuándo se hacen, cuánto se tarda en hacerlas y por qué la gente las hace.

ARGENTINA: Nuestra Señora de Luján (Luján); la Virgen de la Asunción (Casabindo)

CUBA: la Virgen de la Caridad del Cobre (el Cobre)

ESPAÑA: la Javierada (Javier); la Virgen del Rocío (Almonte)

MÉXICO: Peregrinación Guadalupana al Monasterio de Guadalupe (Guadalupe) o a la Basílica de Santa María de Guadalupe (Ciudad de México)

_____

_____

_____

_____

_____

_____

_____

_____

_____

_____

_____

_____

_____

_____

_____

_____

_____

_____

Laberinto peligroso

Episodio 5

Lectura: *Cómplices, crónicas, mapas y ladrones* (Textbook p. 222)

05-42 Cómplices, crónicas, mapas y ladrones.
Lee el episodio con cuidado, y después elige la respuesta
correcta a cada pregunta.

1. Celia llegó a la cafetería…
   a. antes que Cisco.
   b. después que Cisco.
   c. en el mismo momento que Cisco.

2. A Celia le interesa…
   a. trabajar con Cisco.
   b. esconder su investigación de Cisco.
   c. ser competitiva.

3. A Cisco le interesa…
   a. trabajar con Celia.
   b. esconder su investigación de Celia.
   c. ser competitivo.

4. Celia dice que quiere…
   a. hacer un viaje a las selvas tropicales con Cisco.
   b. hacer un viaje a las selvas tropicales.
   c. hacer un viaje para conocer a los indígenas.

5. Cisco dice que quiere…
   a. hacer un viaje a las selvas tropicales con Celia.
   b. hacer un viaje a las selvas tropicales.
   c. ir al extranjero con una mujer como Celia.

6. Dentro de la biblioteca, …
   a. Celia y Cisco consultaron unos mapas.
   b. Celia y Cisco consultaron unas crónicas de la época colonial.
   c. Celia y Cisco digitalizaron unos documentos antiguos y frágiles.
   d. Celia vio a una persona conocida.

7. Varios días después de la visita de Celia y Cisco, …
   a. algunas de las cosas que habían consultado desaparecieron.
   b. Celia y Cisco robaron algunas de las cosas que habían consultado.
   c. Celia robó algunas de las cosas que había consultado con Cisco.
   d. Cisco robó algunas de las cosas que había consultado con Celia.

Video: *¿Somos sospechosos?* (Textbook p. 224)

05-43 ¿Somos sospechosos? Lee las siguientes afirmaciones, y entonces ve el video. Después elige las respuestas correctas para completar las oraciones correctamente.

1. La policía descubre que Celia…
   a. fue agente del FBI.
   b. robó mapas de la biblioteca.
   c. nació el 16 de marzo.
   d. a y b
   e. a y c

2. La policía piensa que Celia…
   a. es culpable.
   b. va a complicar su investigación.
   c. va a colaborar en la investigación.
   d. a y c

3. La policía entrevista a…
   a. Celia antes que a Cisco.
   b. Cisco antes que a Celia.
   c. Celia y Cisco simultáneamente.
   d. Cisco solamente.

4. Cuando Cisco descubre que Celia y él son sospechosos, está…
   a. enojado.
   b. nervioso.
   c. tranquilo.
   d. triste.

5. Celia y Cisco entraron en la biblioteca…
   a. a las nueve.
   b. a las diez.
   c. a las tres y veinte.
   d. a las tres y media.

6. Celia y Cisco se reunieron con el Dr. Huesos…
   a. a las 3:30.
   b. a las 3:15.
   c. a las 3:45.
   d. a las 2:45.

7. El sistema de seguridad de la biblioteca…
   a. es bastante sofisticado.
   b. estaba roto el día del robo.
   c. no es muy avanzado.
   d. no funciona.

05-44 Nuevas tecnologías y seguridad. Después de ver el episodio, contesta las siguientes preguntas.

1. ¿Qué impacto han tenido las nuevas tecnologías en la investigación de Celia y Cisco? ¿Qué herramientas tecnológicas han usado y por qué?

   _____

   _____

   _____

   _____

2. ¿Qué papel (*role*) tuvo la tecnología en lo que pasó con los mapas en la biblioteca?

   _____

   _____

   _____

3. ¿Crees que las nuevas tecnologías en general son importantes para la seguridad? ¿Por qué sí o por qué no? ¿Crees que con las nuevas tecnologías ahora tenemos más o menos seguridad? ¿Por qué?

   _____

   _____

   _____

   _____

   _____

   _____

Refranes

🔊 **05-45 Refranes sobre los viajes y los coches.** Escucha y lee los diferentes dichos y refranes que tienen que ver con el tema de los viajes y los coches. Después, elige por lo menos cuatro de los que más te gustan o interesan, y explica cuál crees que es el significado de cada uno.

1. "Más vale perder un minuto en la vida que la vida en un minuto".

2. "Viajes donde viajes, no te olvides del equipaje".

3. "Donde no hay estación, no para el tren".

4. "El que mucho corre pronto para".

5. "El que viaja vive dos veces".

6. "No hay atajo sin trabajo, ni paseo sin deseo".

7. "El huésped constante, nunca bien recibido".

Comunidades

05-46 Experiential Learning: Preparación de un viaje. Utiliza el Internet para planear un viaje a por lo menos dos ciudades hispanohablantes diferentes. Primero elige las fechas de tu viaje y también tus destinos. Después utiliza un servicio en el Internet de organización de viajes en español (como Expedia México, Expedia España, Travelocity América Latina, etc.) para planificar el viaje. Tienes que:

- elegir cómo vas a llegar a tus destinos,

- determinar cuánto va a costar el transporte,

- decidir cuántos días te vas a quedar en cada sitio y también

- dónde vas a dormir en cada sitio y cuánto va a costar el alojamiento.

Además de esos detalles de tu itinerario, también tienes que usar el Internet para buscar por lo menos dos restaurantes donde vas a comer en cada ciudad e indicar aproximadamente cuánto crees que van a costar esas comidas.

05-47 Service Learning: Visitas a tu universidad.

Paso 1. Crea una guía sobre la ciudad (y/o región) donde está tu universidad para viajeros hispanohablantes que estén visitando tu universidad. No se trata de un panfleto sobre la universidad y los programas de estudio que ofrece, sino de una guía informativa de interés más turístico. Incluye información sobre cómo se llega a la ciudad y a la universidad, los hoteles que hay cerca de la universidad, los mejores restaurantes, las atracciones turísticas, los lugares de interés cultural y/o histórico y las actividades más interesantes que la gente puede hacer allí durante un viaje.

Paso 2. En grupos, comparen y contrasten sus guías y, utilizando las mejores ideas de todos los miembros del grupo, hagan una nueva guía. Después, ofrezcan todas las guías hechas por su clase a la oficina de admisión de su universidad.

Activities for *Letras:* Literary Reader for *¡Anda! Curso intermedio*

05-48 La autora: Gertrudis Gómez de Avellaneda. Estudia la información biográfica sobre Gertrudis Gómez de Avellaneda, y después elige la mejor respuesta o respuestas a cada pregunta.

1. ¿Cuándo nació Gertrudis Gómez de Avellaneda?
   a. mil ochocientos catorce
   b. mil ochocientos cuatro
   c. mil novecientos cuatro
   d. mil novecientos catorce

2. ¿Cuándo murió?
   a. en el siglo XVIII
   b. en el siglo XIX
   c. en el siglo XX

3. ¿Dónde nació?
   a. Cuba
   b. España
   c. Francia
   d. Madrid

4. ¿De dónde era su familia?
   a. España
   b. las islas Canarias
   c. la Coruña
   d. Sevilla

5. ¿Durante su vida en qué lugares vivió?
   a. Cuba
   b. las islas Canarias
   c. la Coruña
   d. Sevilla
   e. Francia

6. ¿Qué tipo de obras literarias escribió?
   a. obras narrativas
   b. obras de teatro
   c. poesía

7. ¿Cuáles son algunos temas que explora en su obras literarias?
   a. los sentimientos
   b. el amor
   c. la justicia social
   d. la religión
   e. las experiencias personales
   f. la política

8. ¿Cuántos años tenía cuando escribió "Al partir"?
   a. doce
   b. veinte
   c. veintidós
   d. treinta
   e. treinta y dos

05-49 Términos literarios. Estudia las definiciones de los términos literarios, y después identifica la mejor descripción para cada término.

1. el soneto _____   a. verso de once sílabas

2. el verso octosílabo _____   b. composición poética que tiene, entre otras características, catorce versos y cuatro estrofas

3. el verso endecasílabo _____

4. el apóstrofe _____   c. inversión o cambio en el orden en el que normalmente aparecen las palabras en una frase

5. el símil _____   d. dentro de un poema, el uso de la segunda persona para hablar con personas, objetos o conceptos

6. el hipérbaton _____
                                e. verso de ocho sílabas

                                f. comparación explícita o directa de dos cosas, muchas veces usando palabras como "como" o "parecer".

05-50 El poema: características básicas. Lee las siguientes preguntas, y después mira el poema para determinar las respuestas.

1. ¿Cuántos versos tiene el poema?
   a. diez
   b. doce
   c. catorce
   d. dieciséis

2. ¿Cuántas estrofas tiene el poema?
   a. dos
   b. cuatro
   c. seis
   d. ocho

3. ¿Qué tipo de rima tiene el poema?
   a. rima asonante
   b. rima consonante

4. ¿Qué otro tipo de rima tiene el poema?
   a. rima abrazada
   b. rima encadenada

5. ¿Qué tipo de versos tiene este poema?
   a. versos llanos
   b. versos agudos
   c. versos esdrújulos

6. La referencia en el poema a Cuba como "edén" es un ejemplo de _____.
   a. un símil
   b. un apóstrofe
   c. una metáfora
   d. una sinalefa
   e. una hipérbole

7. Los versos del poema que dicen que "la noche cubre... el brillante cielo... como cubre el dolor de mi triste frente" representan un ejemplo de _____.
   a. un símil
   b. un apóstrofe
   c. una metáfora
   d. una hipérbole

8. "Tu brillante cielo" es un ejemplo de _____.
   a. un símil
   b. un apóstrofe
   c. una metáfora
   d. una sinalefa
   e. una hipérbole

05-51 Términos literarios: La sinalefa y el verso endecasílabo. Escucha y lee los siguientes versos y, para cada uno, si es necesario, elimina espacios e introduce guiones (-) para indicar dónde hay sinalefas y así demostrar que todos son versos endecasílabos. Si no es necesario o posible hacer ninguna sinalefa en el verso, no cambies nada.

MODELO   ¡Perla del mar! ¡Estrella de occidente!
             Per la del mar Es tre lla de oc ci den te
             Per la del mar Es tre lla de-oc ci den te
             ¡Hermosa Cuba! Tu brillante cielo
             Her mo sa Cu ba Tu bri llan te cie lo
             Her mo sa Cu ba Tu bri llan te cie lo (no es necesario introducir ningún guión)

1. la noche cubre con su opaco velo

   la no che cu bre con su o pa co ve lo

2. como cubre el dolor mi triste frente

   co mo cu bre el do lor mi tri ste fren te

3. ¡Voy a partir!… La chusma diligente,

   voy a par tir la chus ma di li gen te

4. para arrancarme del nativo suelo

   pa ra a rran car me del na ti vo sue lo

5. las velas iza, y pronta a su desvelo

   las ve las i za y pron ta a su des ve lo

6. la brisa acude de tu zona ardiente

   la bri sa a cu de de tu zo na ar dien te

05-52 Términos literarios: Hipérbaton. Escucha y lee las siguientes frases. Después reescríbelas siguiendo el orden en el que normalmente escribimos las palabras.

Vocabulario	
la vela	*sail*
la ola	*wave*

1. La voz poética triste está.

   _____.

2. Salir de Cuba la voz poética no quiere.

   _____.

3. El poema, para demostrar sentimientos intensos, muchas exclamaciones tiene.

   _____.

4. El brillante cielo la noche cubre.

   _____.

5. La gente diligente las velas sube.

   _____.

6. El barco las olas corta.

   _____.

7. De emoción lleno este poema está.

   _____.

05-53 Al partir: Comprensión. Estudia el poema de Gertrudis Gómez de Avellaneda, y después contesta las preguntas.

1. ¿En cuál de las estrofas indica la voz poética que no es de día, que no hace sol y que hay mucha oscuridad?
   a. la primera
   b. la segunda
   c. la tercera
   d. la cuarta

2. ¿En cuál de las estrofas indica la voz poética que siempre va a pensar en el nombre de su país de origen?
   a. la primera
   b. la segunda
   c. la tercera
   d. la cuarta

3. ¿En cuál de las estrofas indica la voz poética que el barco ha salido?
   a. la primera
   b. la segunda
   c. la tercera
   d. la cuarta

4. ¿En cuál de las estrofas comunica la voz poética muy claramente que sale de Cuba por fuerzas externas y que no es porque quiera salir?
   a. la primera
   b. la segunda
   c. la tercera
   d. la cuarta

5. ¿En cuál de las estrofas se compara Cuba con un paraíso?
   a. la primera
   b. la segunda
   c. la tercera
   d. la cuarta

6 ¡Sí, lo sé!

Capítulo Preliminar A y Capítulo 1 (Textbook p. 231)

06-01 ¿Quíenes son?

Paso 1. Tu amigo Carlos va a describir algunos de sus amigos. Escucha lo que dice y selecciona todas las palabras que dice. Debes señalar la palabra solamente si corresponde exactamente (en género y número) con lo que dice Carlos.

1. trabajadora   inteligente   divertidos   organizado
   generosas   orgullosa   egoísta   perezosos
   terco   tacañas   soltera   amables
   trabajadores   serio   sencillas

Paso 2. Escucha lo que dice otra vez, y usando tus conocimientos de vocabulario y gramática escoge el nombre de cada persona que describe.

Jon y Santos   Mónica y Sara   Patricio   Juana

2. _____.   4. _____.

3. _____.   5. _____.

06-02 ¿Qué has hecho?
Escribe preguntas para hacerles a tus compañeros de clase. Usa las formas correctas en el presente perfecto de los verbos correctos.

MODELO *¿Has reservado* una sala en la biblioteca donde estudiar?

escribirle	ir	~~reservar~~	hacer
empezar	practicar	leer	

1. ¿ _____ a repasar el vocabulario?

2. ¿ _____ las conjugaciones de los verbos?

3. ¿ _____ las secciones de cultura del libro de texto?

4. ¿ _____ un mensaje de correo electrónico a tu profesor con tus preguntas?

5. ¿ _____ a una sesión de repaso?

6. ¿ _____ las actividades prácticas de este capítulo?

06-03 ¿Qué te parece? Escribe las preguntas que te hace esta mujer, y usa las formas correctas de los verbos como **gustar**.

MODELO   gustar la clase de español

¿Te gusta la clase de español?

1. caer bien tus profesores

   ¿—————————————————————————?

2. fascinar la tarea que tienes que hacer en casa

   ¿—————————————————————————?

3. interesar el mundo hispanohablante

   ¿—————————————————————————?

4. quedar muchas horas de estudio

   ¿—————————————————————————?

5. caer mal tus compañeros de clase

   ¿—————————————————————————?

6. parecer fácil la clase de español

   ¿—————————————————————————?

06-04 Tus respuestas. Contesta las preguntas que escuchas según tus experiencias y opiniones. Ten cuidado de usar las formas correctas del presente perfecto y de los verbos como **gustar**.

MODELOS   ¿Has reservado un lugar en la biblioteca donde estudiar?

Sí, ya he reservado una sala en la biblioteca donde estudiar. OR

No, todavía no he reservado ninguna sala en la biblioteca donde estudiar.

¿Te gusta la clase de español?

Sí, me gusta la clase de español. OR

No, no me gusta la clase de español.

1. …	5. …	9. …
2. …	6. …	10. …
3. …	7. …	11. …
4. …	8. …	12. …

06-05 El día de Sara. Tu amiga Sara te cuenta cómo fue su día ayer. Completa su monólogo con las formas correctas en el pretérito de los verbos correctos.

Bueno, ayer yo (1) _____ (ser / ir) a mi trabajo en el Centro

Multicultural a las 8:00. Mi amiga Alicia y yo (2) _____

(evitar / trabajar) en la preparación de la Semana de la Diversidad. Primero yo

(3) _____ (llamar / hacer) reservas en el hotel para algunas de las

personas importantes que vienen a participar. Entonces Alicia y yo

(4) _____ (empezar / creer) a organizar el banquete para la

ceremonia más importante de la semana. Después de trabajar durante cuatro horas, nosotras

(5) _____ (tomar / crear) un descanso y (6) _____ (comer / leer) en una

cafetería cerca del Centro. Entonces yo (7) _____ (volver / devolver) al Centro para trabajar

otras dos horas. A continuación, (8) _____ (reunirse / divertirse) con unos compañeros de clase

en la biblioteca para estudiar y prepararnos para un examen. Por la tarde mis hermanas

(9) _____ (salir / venir) para visitarme y para tomar un café. Después ellas querían ir de

compras, pero yo les (10) _____ (decir / pensar) que no porque tengo que estudiar y centrarme

en la preparación de los exámenes finales.

06-06 Heritage Language: *tu español*. Por la forma que tenemos de enlazar las palabras cuando hablamos español, puede ser fácil confundir diferentes palabras y combinaciones de palabras a la hora de escribirlas. Escucha cada oración y usa el contexto para determinar cuál es la forma del verbo que se usa y escríbelo en el espacio.

MODELO	Ves:	arrancar
	Oyes:	Ha arrancado el coche y está listo para salir.
	Escribes:	*ha arrancado*
	OR	
	Oyes:	Está listo para salir y tiene el coche arrancado.
	Escribes:	*arrancado*

1. celebrar _____   6. cerrar _____

2. celebrar _____   7. hervir _____

3. alquilar _____   8. hervir _____

4. alquilar _____   9. amueblar _____

5. cerrar _____   10. amueblar _____

Capítulo 2 (Textbook p. 235)

📢 06-07 ¡Vamos a… !

Paso 1. Tu amigo Ricardo te habla sobre cómo va a relajarse durante el período de los exámenes finales. Escucha lo que dice, y después indica si las oraciones con **ciertas** o **falsas** o si **No se dice.**

1. Ricardo dice que es bueno estudiar todo el tiempo.	Cierto	Falso	No se dice.
2. Ricardo y Mariano van a patinar.	Cierto	Falso	No se dice.
3. Fernando va a jugar al boliche y hacer jogging.	Cierto	Falso	No se dice.
4. El sábado Ricardo y Mariano van a salir a cenar después de ir al gimnasio.	Cierto	Falso	No se dice.
5. Marta y Yolanda no van a levantar pesas el viernes.	Cierto	Falso	No se dice.

Paso 2. Ahora escucha otra vez e indica quién o quiénes va(n) a hacer cada actividad y qué día la va(n) a hacer.

6.

Ricardo	Marta	Mariano	Fernando	Yolanda
lunes	martes	miércoles	jueves	viernes

7.

Ricardo	Marta	Mariano	Fernando	Yolanda
lunes	martes	miércoles	jueves	viernes

8.

Ricardo	Marta	Mariano	Fernando	Yolanda
lunes	martes	miércoles	jueves	viernes

9.

Ricardo	Marta	Mariano	Fernando	Yolanda
lunes	martes	miércoles	jueves	viernes

	Ricardo	Marta	Mariano	Fernando	Yolanda
10.	lunes	martes	miércoles	jueves	viernes

	Ricardo	Marta	Mariano	Fernando	Yolanda
11.	lunes	martes	miércoles	jueves	viernes

	Ricardo	Marta	Mariano	Fernando	Yolanda
12.	lunes	martes	miércoles	jueves	viernes

06-08 ¿Lo has hecho alguna vez? Tu nuevo amigo quiere saber más sobre tus experiencias. Repasa el vocabulario del capítulo 2, y después escucha las preguntas. Entonces contéstalas con frases completas, siguiendo el modelo con mucho cuidado.

MODELO   Oyes: ¿Has cazado alguna vez?
              Escribes: *Sí, he cazado*. OR
                         No, no he cazado nunca.

1. _____.

3. _____.

2. _____.

4. _____.

5. _____.

7. _____.

6. _____.

06-09 ¿Qué quieres hacer con tus amigos? Usa los mandatos de nosotros para decirles a tus amigos lo que quieres hacer o lo que no quieres hacer con ellos este fin de semana. Para cada actividad, escribe un mandato afirmativo o uno negativo, según tus preferencias.

MODELO   *Boxeemos.*
OR *No boxeemos.*

1. _____

3. _____

2. _____

4. _____

06-10 Buenos consejos. Uno de tus amigos saca muy buenas notas y trabaja como tutor en un centro de tu universidad. Tiene muchas recomendaciones sobre lo que hay que hacer para sobrevivir (*survive*) los exámenes finales. Completa sus recomendaciones con las respuestas correctas, conjugando cada verbo en la forma correcta del subjuntivo.

> poder dormir bien por ocho horas todas las noches
>
> estudiar un poco cada día
>
> escribir un horario indicando todo lo que tienes que hacer
>
> hacer por lo menos un poco de ejercicio todos los días
>
> empezar a estudiar para los exámenes mañana

1. Quiero que tú _____; es importante para organizarte.

2. Es bueno que nosotros _____; siempre es bueno tener tiempo adecuado para prepararte.

3. Es necesario que la gente _____ porque preparar para los exámenes es como entrenar para un deporte; no se puede hacer con prisa.

4. Es preferible que los estudiantes _____ también; es importante para tu mente y para la concentración ser activo y mover el cuerpo.

5. Finalmente, ojalá que nosotros _____; si no, vamos a tener mucho sueño durante los exámenes.

06-11 Ayuda para una amiga. Una de tus amigas está estudiando mucho para los exámenes finales y necesita tu ayuda. Duerme poco, solo bebe café y come comida basura y pasa 18 horas al día en la biblioteca. Escríbele un mensaje de correo electrónico de por lo menos diez oraciones para explicarle qué debe hacer. Usa el subjuntivo con expresiones como: **querer que…, aconsejar que…, sugerir que…, preferir que…, ser importante que…, ser preferible que…, ser necesario que…, esperar que…, recomendar que…, y proponer que….**

_____

_____

_____

_____

_____

_____

_____

_____

06-12 Heritage Language: *tu español*. La gramática muchas veces nos ayuda a comunicar mensajes con menos palabras. Escucha lo que te cuenta Claudio sobre sus deseos y preferencias, y usa lo que sabes del subjuntivo para determinar si es un deseo que tiene para sí mismo, si esa preferencia se dirige hacia otra persona o si no se sabe.

1. Claudio   Otra(s) persona(s)   No se sabe.

2. Claudio   Otra(s) persona(s)   No se sabe.

3. Claudio   Otra(s) persona(s)   No se sabe.

4. Claudio   Otra(s) persona(s)   No se sabe.

5. Claudio   Otra(s) persona(s)   No se sabe.

6. Claudio   Otra(s) persona(s)   No se sabe.

Capítulo 3 (Textbook p. 237)

06-13 La nueva casa de Carmen y Pablo. Tu amiga Carmen ha dejado un mensaje en tu contestador (*answering machine*). Escucha lo que dice, y luego contesta las preguntas.

1. ¿Qué han hecho Carmen y Pablo?
   a. comprar un refrigerador
   b. terminar de hacer la habitación para invitados
   c. comprar una secadora
   d. poner azulejos en la cocina

2. ¿Qué han hecho los padres de Pablo?
   a. comprar un refrigerador
   b. comprar una cafetera
   c. comprar un fregadero
   d. comprar una lavadora y una secadora

3. ¿Qué compraron Carmen y Pablo para celebrar su aniversario?
   a. un refrigerador nuevo
   b. una cafetera nueva
   c. un fregadero nuevo
   d. una lavadora nueva
   e. una secadora nueva
   f. cosas muy románticas

4. ¿Qué han hecho los hermanos de Carmen y Pablo?
   a. comprarles ollas, cacerolas y una cafetera nueva
   b. ayudarles a terminar la habitación para invitados
   c. ir a su casa para visitarles y divertirse
   d. ayudarles a poner azulejos en la cocina

5. ¿Qué quiere Carmen que hagas?
   a. ayudarle a terminar la habitación para invitados
   b. ir a su casa de visita para estudiar
   c. tener tiempo libre después de tus exámenes
   d. ir a su casa de visita para divertirte

Nombre: _____ Fecha: _____

06-14 La universidad en España. Tu amiga Eugenia está en tu universidad este año de intercambio. Ella comparte unos recuerdos sobre sus experiencias con los exámenes en España. Llena los espacios con las formas correctas en el imperfecto de los verbos correctos.

En España todo (1) _____ (tener / ser) muy diferente

que en la universidad en los Estados Unidos. Yo siempre

(2) _____ (estar / esperar) más estresada, agobiada y

nerviosa. A diferencia de aquí, allí nosotras no

(3) _____ (tener / aprender) proyectos, tareas y

ensayos para hacer durante el curso; cada profesor solamente

(4) _____ (recibir / dar) un solo examen. Si tú (5) _____ (sacar / hacer) buena

nota en ese examen, perfecto; si no, pues, mala suerte y tú (6) _____ (tener / ser) que repetir. Por

eso, todas mis amigas y yo siempre (7) _____ (estar / tener) miedo de recibir malas notas. Allí las

universidades no (8) _____ (seguir / aprender) las mismas normas de privacidad que tenéis aquí; la

universidad (9) _____ (poder / poner) las notas en la pared de un pasillo público con los nombres

y las notas de todos los estudiantes. Por eso, todos (10) _____ (querer / ver) las notas de todos.

06-15 De la biblioteca a casa. Tu amiga Carolina te cuenta lo que le pasó ayer por la tarde. Completa su narración con las formas correctas en el pretérito de los verbos correctos.

¡Ay de mí! En la biblioteca yo (1) _____ (escuchar / leer) un

montón de libros y artículos. Entonces, como estaba muy cansada y había hecho

mucho, (2) _____ (decidir / poner) regresar a casa para tomar un

descanso. (3) _____ (cruzar / saber) la Calle Mayor y mientras

caminaba por la acera, un loco en su bicicleta casi (4) _____ (poder / chocar) conmigo.

Entonces (5) _____ (empezar / ir) a llover, y yo no tenía paraguas. Yo (6) _____

(correr / hacer jogging) hasta la parada de autobús pero el conductor (7) _____ (cerrar / abrir)

las puertas y (8) _____ (salir / poder) justo cuando yo (9) _____

(salir / llegar) a la parada. (10) _____ (tener / ir) que esperar 15 minutos en la lluvia hasta la

llegada del siguiente autobús. Cuando por fin estaba en casa, (11) _____ (ponerse / quitarse)

ropa seca y limpia, (12) _____ (levantarse / prepararse) un café y (13) _____

(acostarse / sentarse) en la sala para leer y estudiar un poco más.

Nombre: _____   Fecha: _____

06-16 La optimista. Una de tus amigas cree que eres una persona muy inteligente y que todos tus exámenes finales te van a salir muy bien. Completa cada una de sus oraciones con la forma correcta del verbo correcto en el subjuntivo o el indicativo, según el caso.

1. Estoy segura de que tú siempre _____ (recibir / dar) buenas notas en los exámenes.

2. Dudo que tú _____ (olvidarse / despertarse) de todas las cosas que aprendiste.

3. No creo que tú _____ (ir / tener) que preocuparte por nada.

4. Pienso que los exámenes _____ (ir / tener) a ser fáciles para ti.

5. Es probable que mañana tu profesor/a _____ (evitar / estar) en su oficina para contestar tus preguntas.

6. Me alegro mucho de que tú _____ (ser / estar) tan inteligente.

7. Es muy bueno que _____ (estudiar / dar) un poco todos los días durante el curso.

8. Quiero que tú _____ (dormir / preocuparse) muy bien esta noche porque todo te va a salir perfectamente.

06-17 Tus sentimientos. Usa el subjuntivo para describir tus sentimientos, deseos y dudas sobre tus clases y tus exámenes. Comparte por lo menos diez oraciones.

06-18 Heritage Language: *tu español*. Como la forma de escribir las palabras es casi idéntica, con la excepción del uso del acento ortográfico, es fácil confundir en la escritura algunas formas del pretérito con algunas formas del presente de subjuntivo. Escucha cada oración y, prestando atención tanto al contexto como también a la pronunciación, escribe la forma del verbo que se usa en cada oración.

1. pescar _____
2. pescar _____
3. practicar _____
4. practicar _____
5. sacar _____
6. sacar _____
7. navegar _____
8. navegar _____
9. descargar _____
10. descargar _____

Capítulo 4 (Textbook p. 241)

📢 06-19 El supermercado.

Paso 1. Tu amiga Patricia va al supermercado y te llama para ver si necesitas algo. Escucha lo que dice, y escoge todas las palabras que oyes de la lista de abajo.

1.
aguacate	plátano	col	zanahoria
cereza	piña	coliflor	palomitas de maíz
ciruela	ajo	habichuelas	batido
papaya	apio	hongos	bombón

Paso 2. Escucha el mensaje otra vez, y después elige la respuesta o las respuestas a cada pregunta.

2. ¿Por qué ha ido Patricia al supermercado?
   a. porque no está muy ocupada
   b. porque necesitaba un descanso
   c. porque tiene muchas cosas que hacer
   d. porque quiere saber si quieres que te compre algo

3. ¿Por qué te ha llamado?
   a. porque no está muy ocupada
   b. porque necesitaba un descanso
   c. porque tiene muchas cosas que hacer
   d. porque quiere saber si quieres que te compre algo

4. ¿Qué va a comprar Patricia para su propia casa?
   a. hongos
   b. apio
   c. ajo
   d. col
   e. palomitas de maíz

5. ¿Qué te ofrece a ti?
   a. fruta
   b. un batido
   c. verduras
   d. un microondas

6. ¿Qué dice Patricia que le encanta?
   a. las palomitas de maíz en general
   b. unas palomitas de maíz que venden en ese supermercado
   c. los batidos de chocolate en general
   d. unos batidos de chocolate que venden en ese supermercado

06-20 Una cena especial. Pedro y Elena van a hacer una cena especial y sus invitados van a llegar muy pronto. Llena los espacios con las formas correctas de los verbos correctos en el presente perfecto del subjuntivo.

PEDRO: Oye, me alegro mucho de que tú (1) _____ (evitar / preparar) todas las verduras esta

mañana. Nuestros amigos van a llegar en seguida.

ELENA: No te preocupes; es muy bueno que nosotros (2) _____ (recibir / invitar) a Guillermo

y a Belén porque siempre llegan tarde; dudo mucho que ellos (3) _____

(aprender / salir) de su casa todavía. No obstante, es bueno también que tú (4) _____

(hacer / recibir) el postre ya.

PEDRO: Es una lástima que nosotros todavía no (5) _____ (poner / poder) la mesa…

ELENA: …y que tampoco (6) _____ (comprar / plantar) flores.

PEDRO: Lo siento pero ya no hay tiempo para salir a comprar flores. Pero yo puedo poner la mesa ahora.

ELENA: Muy bien.

06-21 Reacciones. Tu amiga Sofía te dice algunas cosas que han pasado durante la semana pasada. Reacciona a sus oraciones usando el presente perfecto del subjuntivo, y sigue el modelo con cuidado.

MODELO   Yo <u>he ido a la fiesta</u> de cumpleaños de mi amiga, Laura.
           Es bueno que hayas ido a la fiesta.

Es una lástima (*shame*) que	~~Es bueno que~~	Me alegro de que
Es malo que	Es importante que	

1. Yo <u>he tenido que escribir tres ensayos</u> muy largos en solo dos días.

   _____

2. Mi novio y yo <u>hemos ido a la boda</u> de mi hermano mayor.

   _____

3. Toda mi familia y yo <u>hemos celebrado la primera comunión</u> de mi hermano menor.

   _____

4. Como he tenido que hacer muchas cosas con mi familia, <u>no he estudiado mucho</u>.

   _____

Nombre: _____ Fecha: _____

06-22 La quinceañera. Tu amiga Paula te muestra una foto de la quinceañera de su sobrina y te cuenta cómo fue el evento. Llena cada espacio con la forma correcta del verbo correcto en el pretérito o el imperfecto, según convenga.

Nosotros (1) _____ (divertirse / levantarse) muchísimo ese

día. (2) _____ (ser / hacer) muy buen tiempo, aunque

(3) _____ (estar / hacer) un poco nublado. (4) _____ (tener / ser) las doce y

media cuando nosotros (5) _____ (llegar / empezar) al hotel. Susana (6) _____

(tener / estar) muy elegante con el vestido blanco y azul que (7) _____ (llevar / secar). Para el

banquete ellos (8) _____ (poder / servir) mucha comida muy rica. Durante la comida, una

orquesta (9) _____ (tocar / poner) música clásica muy bonita. Después del postre

(10) _____ (llegar / ir) el DJ y (11) _____ (empezar / terminar) el baile.

Nosotros (12) _____ (bailar / comprar) toda la tarde.

06-23 ¿Qué había pasado? Ayer saliste a cenar con unos amigos. Mira la foto de lo que viste cuando llegaste a la fiesta de cumpleaños de Fernando, el hermano menor de tu amigo. Después, para cada frase indica si en el momento de tu llegada había pasado o no. Sigue el modelo con cuidado, usando frases completas en el pluscuamperfecto y las expresiones **ya** y **todavía no**.

MODELOS   Los otros invitados / llegar a la fiesta
Los otros invitados ya habían llegado a la fiesta.
La gente / terminar toda la torta
La gente todavía no había terminado toda la torta.

1. Algunas personas / sentarse a la mesa

_____

2. La madre de Fernando / cortar la torta

_____

3. La gente / empezar a comer la torta

_____

4. Los invitados / poner algunos regalos sobre la mesa

_____

5. Fernando / abrir los regalos

_____

06-24 El año pasado. Piensa en los exámenes del semestre pasado, y en tu último año en la escuela secundaria. Completa las oraciones usando el pluscuamperfecto, y sigue el modelo con cuidado.

MODELO   Después del último día de clases, yo *había empezado a organizar mis apuntes*.

1. Para el día antes del primer examen, yo

_____

2. Para el primer día de exámenes, mis amigos y yo

_____

3. Para el segundo día de exámenes, mi mejor amigo/a

_____

4. Para el último día de exámenes, yo

_____

5. Para el primer día de las vacaciones, mis amigos y yo

_____

06-25 Heritage Language: *tu español*. Aunque los cognados pueden ser de gran ayuda a la hora de comunicarnos en dos lenguas, los falsos cognados pueden crear confusiones. Para cada término, identifica si entre español e inglés es un cognado o un falso cognado.

1. remover   cognado   falso cognado

2. pan   cognado   falso cognado

3. supermercado   cognado   falso cognado

4. salado   cognado   falso cognado

5. temperatura   cognado   falso cognado

6. intoxicado   cognado   falso cognado

7. revolver   cognado   falso cognado

8. receta   cognado   falso cognado

Capítulo 5 (Textbook p. 244)

06-26 Ayuda tecnológica.

Paso 1. Tienes problemas con tu computadora, y la necesitas para terminar una composición. Llamas a uno de tus amigos que sabe mucho de la tecnología para pedirle ayuda. Escucha lo que dice y escoge todas las palabras de vocabulario mencionadas.

1. computadora   hacer la conexión   enlace

     borrar   actualizar   mirón

     enchufar   cifrar   escanear

     arrancar   descargar   disco duro

     aplicación   digitalizar   datos

     hacer clic   Internet   contraseña

     archivo   cursor

Paso 2. Escucha las indicaciones de tu amigo otra vez, y después indica si las siguientes oraciones son **ciertas** o **falsas**.

2. Tu amigo recomienda que intentes abrir un archivo.   Cierto   Falso

3. Tu amigo duda que tu computadora tenga un virus.   Cierto   Falso

4. Tu amigo recomienda que visites la página web de tu programa de seguridad.   Cierto   Falso

5. Tu amigo va a escanear tu disco duro para ver si hay un virus.   Cierto   Falso

06-27 Problemas con tu computadora.

Paso 1. Tu amigo Adrián va a tu casa para ayudarte con tu computadora y darte consejos. Escucha las primeras partes de sus frases, e indica si necesitas terminarlas con el presente indicativo o el presente subjuntivo.

1. presente indicativo   presente subjuntivo

2. presente indicativo   presente subjuntivo

3. presente indicativo   presente subjuntivo

4. presente indicativo   presente subjuntivo

5. presente indicativo   presente subjuntivo

Paso 2. Escucha las frases otra vez, y luego elige la frase correcta para terminar cada oración.

6. _____   a. enseña la clase para la que estabas escribiendo el ensayo y explícale lo que pasó.

7. _____   b. hizo esta computadora para ver si otras personas han tenido este problema.

8. _____   c. tenga información sobre el tipo de virus que está afectando tu computadora.

9. _____   d. funcione mejor y que no tenga ningún virus.

10. _____   e. no haya tenido un problema así nunca.

06-28 Consejos. Uno de tus amigos está muy agobiado, y tú y tus amigos están preocupados. Ayúdale, dándole buenos consejos. Selecciona las palabras apropiadas.

Pareces estar muy cansado y, (1) _____ (para / por / que / quien)

eso, nos tienes a Fernando y a mí muy preocupados. (2) _____

(Para / Por / Que / Quien) una persona (3) _____ (para / por /

que / quien) normalmente está muy animada, últimamente estás muy callado y

casi nunca sales con nosotros. Creemos (4) _____ (para / por /

que / quien) necesitas tomar un descanso muy pronto. Podemos ir todos juntos

(5) _____ (para / por / que / quien) un fin de semana a la playa u

otro lugar tranquilo (6) _____ (para / por / que / quien) relajarnos y divertirnos un poco.

Siempre has sido una persona a (7) _____ (para / por / que / quien) le encanta el mar y los

paseos; pues allí puedes andar (8) _____ (para / por / que / quienes) la playa o leer un libro

(9) _____ (para / por / que / quienes) no tenga nada que ver con (*to do with*) tus clases. También

puedes ir solo o con otros amigos; ya sabes que tienes a muchos amigos con (10) _____

(para / por / que / quienes) ir. Solo queremos (11) _____ (para / por / que / quienes) hagas algo

(12) _____ (para / por / que / quienes) relajarte y desconectar. (13) _____

(Para / Por / Que / Quienes) nosotros es realmente importante (14) _____ (para / por / que /

quienes) estés bien.

06-29 Una excursión. Has trabajado mucho durante el cuatrimestre y pronto vas a poder descansar. Tienes la oportunidad de hacer una excursión de un fin de semana a cualquier sitio, con cualquier persona, para hacer cualquier cosa. Explica adónde vas a ir y con quién, lo que vas a hacer, y también describe lo que buscas, necesitas o quieres de ese fin de semana. Usa mucha creatividad, el vocabulario del capítulo 5 y, cuando sea necesario, el subjuntivo.

06-30 Heritage Language: *tu español.* Para cada término, indica si se relaciona con el mundo de los automóviles, con los viajes en avión o con las nuevas tecnologías informáticas.

1. marcha
   a. los automóviles
   b. los viajes en avión
   c. las nuevas tecnologías informáticas

2. reenviar
   a. los automóviles
   b. los viajes en avión
   c. las nuevas tecnologías informáticas

3. monovolumen
   a. los automóviles
   b. los viajes en avión
   c. las nuevas tecnologías informáticas

4. facturar
   a. los automóviles
   b. los viajes en avión
   c. las nuevas tecnologías informáticas

5. puerta de salida
   a. los automóviles
   b. los viajes en avión
   c. las nuevas tecnologías informáticas

6. piratear
   a. los automóviles
   b. los viajes en avión
   c. las nuevas tecnologías informáticas

7. berlina
   a. los automóviles
   b. los viajes en avión
   c. las nuevas tecnologías informáticas

8. embarcar
   a. los automóviles
   b. los viajes en avión
   c. las nuevas tecnologías informáticas

9. embrague
   a. los automóviles
   b. los viajes en avión
   c. las nuevas tecnologías informáticas

10. bodega
    a. los automóviles
    b. los viajes en avión
    c. las nuevas tecnologías informáticas

Un poco de todo (Textbook p. 246)

06-31 Una persona importante. Elige una persona importante en tu vida y describe cómo es y qué tipo de vida lleva ahora en comparación con cómo era hace diez (o más) años. Incluye información sobre su personalidad, sus características físicas, su familia, donde vive, sus pasatiempos y sus estudios y/o su trabajo. En cada aspecto, comenta cómo es ahora en comparación con cómo era antes.

_____

_____

_____

_____

_____

_____

_____

_____

_____

_____

06-32 Heritage Language: *tu español*. Ahora que sabes por fin cómo andas con respecto a muchos aspectos de tu español en este momento, reflexiona sobre lo que has aprendido y sobre las cosas que todavía te resultan difíciles. Entonces escribe un ensayo de autoanálisis sobre cómo andas con el desarrollo de tus diversas habilidades con la lengua española. ¿Cuáles son tus puntos más fuertes? ¿Cuáles son las áreas que todavía quieres desarrollar más? ¿Qué vas a hacer para desarrollarlas y alcanzar tus objetivos?

_____

_____

_____

_____

_____

_____

_____

_____

_____

06-33 **¿De dónde es?** Asocia las siguientes personas o cosas con sus países de origen.

1.

   Santiago Calatrava _____

2.

   El canal de 1914 _____

3.

   El Festival de la Calle Ocho _____

4.

   Xochimilco _____

5.

   Concepción y Maderas _____

6.

   el volcán Arenal _____

7.

   pepián _____

8.

   pupusas _____

9.

   el Día de Garífuna _____

a. Costa Rica   d. Estados Unidos   g. México

b. El Salvador   e. Guatemala   h. Nicaragua

c. España   f. Honduras   i. Panamá

06-34 Entrevistas. Eres periodista en un programa de radio y tienes la oportunidad de entrevistar brevemente a tres personas a quienes has estudiado en la sección **Perfiles**.

Paso 1. ¿Cuáles son las tres personas que te parecen más interesantes? ¿Cómo son? ¿Dónde viven? ¿Qué han hecho para ser famosos? ¿Por qué te parecen interesantes?

1. _____

_____

_____

2. _____

_____

_____

3. _____

_____

_____

Paso 2. Ahora para cada persona, escribe tres preguntas diferentes.

4. _____

_____

_____

5. _____

_____

_____

6. _____

_____

_____

Paso 3. Ahora para tu programa de radio tienes que presentar a cada persona a tus oyentes (*listeners*) y hacerle tus preguntas. Para cada persona, haz una breve presentación, resumiendo brevemente quién es y algunas de las cosas más importantes que ha hecho para ser famoso, después explica por qué has decidido invitar esa persona a tu programa para una entrevista y finalmente dile cuáles son tus tres preguntas.

7. …

8. …

9. …

06-35 **Heritage Language:** *tu mundo hispano.* Explora las semejanzas y diferencias culturales y generacionales relacionadas con el tiempo libre.

- Entrevista a por lo menos dos personas de dos países hispanohablantes diferentes y pregúntales por diferentes aspectos de lo que hace la gente durante su tiempo libre en su país de origen.

  1. Pregúntales sobre una variedad de prácticas incluyendo: los pasatiempos más comunes, los deportes más populares y los destinos turísticos adónde viaja mucha gente de su país durante las vacaciones.

  2. Pregúntales también si existen diferencias entre las preferencias de la gente de su edad y las de la gente de otras generaciones (o bien más jóvenes o bien mayores).

- Después escribe un análisis comparado de las prácticas y costumbres de la gente de los dos países representados por la gente que has entrevistado y de la gente estadounidense según tus propias experiencias.

_____

_____

_____

_____

_____

_____

_____

_____

_____

_____

_____

06-36 Laberinto peligroso. Repasa lo que viste en los videos de *Laberinto peligroso*, y después indica si las frases son **ciertas** o **falsas**.

1. Javier, Celia y Cisco asisten a una conferencia.	Cierto	Falso
2. Celia no se siente bien durante la conferencia.	Cierto	Falso
3. Javier enseña una clase.	Cierto	Falso
4. Javier quiere salir con Celia.	Cierto	Falso
5. Cisco está investigando plantas medicinales.	Cierto	Falso
6. Celia recibe un mensaje misterioso.	Cierto	Falso
7. El Dr. Huesos puso un mensaje en la bolsa de Celia.	Cierto	Falso
8. Javier encuentra información sobre una planta "mágica".	Cierto	Falso
9. Hay un robo en la tienda donde tuvo lugar la conferencia.	Cierto	Falso
10. Javier y Cisco reciben el mismo mensaje misterioso en sus computadoras.	Cierto	Falso

06-37 Asociaciones. Para cada actividad, indica con qué personaje o personajes se asocia.

1. Ha trabajado en la FBI.

   Celia   Cisco   Javier   Dr. Huesos

2. Ha investigado plantas de las selvas tropicales.

   Celia   Cisco   Javier   Dr. Huesos

3. Ha trabajado en una universidad.

   Celia   Cisco   Javier   Dr. Huesos

4. Tuvo que explicarle a la policía por qué había estado en una biblioteca.

   Celia   Cisco   Javier   Dr. Huesos

06-38 ¿Cómo son los personajes? Usa el vocabulario del **Capítulo 1** para describir, en **dos o tres** oraciones, a los personajes de *Laberinto peligroso* que ves en las fotos. Debes describir la apariencia física y la personalidad de cada personaje.

Refranes

🔊 **06-39 Refranes sobre la educación.** Escucha y lee los refranes que tienen que ver con el conocimiento o la educación en general. Lee cada uno y luego explica el significado.

1. "Los hombres aprenden mientras enseñan".

   _____

   _____

2. "A buen entendedor, pocas palabras".

   _____

   _____

3. "Una palabra de un sabio vale por cien de un tonto".

   _____

   _____

4. "Cada uno sabe dónde le aprieta el zapato".

   _____

   _____

5. "El que no duda, no sabe cosa alguna".

   _____

   _____

6. "Más sabe el diablo por viejo que por diablo".

   _____

   _____

7. "Ninguno nace enseñado".

   _____

   _____

8. "Quien mucho duerme, poco aprende".

   _____

   _____

9. "Estudiante que no estudia, en nada bueno se ocupa".

   _____

   _____

10. "Estudiante memorista, loro a simple vista".

   _____

Comunidades

06-40 **Experiential Learning: Organizadores de fiestas.** Eres un organizador profesional de fiestas muy famoso y tu especialidad es organizar fiestas en diversos destinos por Latinoamérica y España. Te han invitado a un programa de televisión para entrevistarte y para que compartas los detalles de alguna de las fiestas más interesantes, importantes y/o extravagantes que has organizado. Explica, con tantos detalles como scan posibles, cómo fue una de las fiestas que has organizado en un país hispanohablante.

- ¿Cuál fue la ocasión (boda, aniversario, despedida de soltero/a)?

- ¿Para quién(es) fue la fiesta?

- ¿A quiénes invitaron?

- ¿A qué país y ciudad(es) fueron? ¿Por qué eligieron ese destino o esos destinos?

- ¿En qué hotel(es) se alojaron? ¿Cómo era el hotel o los hoteles?

- ¿Qué lugares de interés histórico o cultural visitaron durante el viaje?

- ¿Qué tipo de excursiones hicieron durante el viaje?

- ¿Dónde celebraron la fiesta principal (en un hotel, una discoteca, un salón de fiestas, etc.)?

- ¿Qué ropa llevaba la gente?

- ¿Qué comida sirvieron?

- ¿Fue un éxito o no? ¿Por qué sí o por qué no?

06-41 Service Learning: La diversidad y el multiculturalismo. Ponte en contacto con un centro en tu campus o en tu comunidad que se dedica a apoyar y promover la diversidad y el multiculturalismo en tu región. Pregúntales cómo puedes usar tus conocimientos de español y de las culturas hispanas para ayudarles con su misión y con sus actividades.

- Si tienen una página web o materiales promocionales, quizá puedas crear una versión en español.

- Si organizan una conferencia como una "Semana de la Diversidad y el Multiculturalismo", quizá puedas hablar con diferentes personas por tu campus y tu comunidad para crear alguna sesión bilingüe o en español.

- Si organizan un evento importante como un banquete en el que reconocen a diferentes personas con premios, quizá sea bueno que escribas algo para incluir en el programa del evento, como una versión en español de la breve biografía y descripción de lo que ha contribuido la persona.

B Introducciones y repasos

Capítulo Preliminar A and Repaso Grammar Boxes: Capítulos 1–5

1. Para empezar y Repaso (Textbook p. 256)

B-01 La historia de David y Marisol. David y Marisol, tus compañeros de clase, te cuentan sobre sus vidas antes de llegar a los Estados Unidos. Completa las oraciones con las formas correctas de los verbos en el pretérito o el imperfecto.

DAVID: Hace dos meses que yo (1) _____ (llegar / salir)

a los Estados Unidos. Nunca voy a olvidar el día de mi llegada:

(2) _____ (estar / ser) muy nervioso y también

muy emocionado. Cuando (3) _____ (estar / ser) niño, mis padres y yo siempre

(4) _____ (recibir / viajar) a diferentes lugares durante el verano, pero nunca había

estado en los Estados Unidos. Además, mi viaje hasta aquí (5) _____ (ser / salir) la

primera vez que he ido solo en avión.

MARISOL: Yo tampoco había estado nunca aquí y tampoco había viajado sola. Recuerdo el día en

que yo (6) _____ (alquilar / comprar) mi boleto de avión. Mi mamá

(7) _____ (estar / ser) todavía más nerviosa que yo; los Estados Unidos están

lejos de Colombia. Pero al final ella (8) _____ (acostarse / acostumbrarse) a la

idea. No obstante (*Nevertheless*), cuando ella me (9) _____ (llevar / aprender)

al aeropuerto, ambas ella y yo (10) _____ (ser / estar) muy tristes. Además

(11) _____ (hacer / estar) mal tiempo: (12) _____ (llover / hacer)

mucho y (13) _____ (estar / hacer) mucho frío. En fin, nuestra despedida no

(14) _____ (hacer / ser) fácil.

Capítulo 1

2. El aspecto físico y la personalidad (Textbook p. 256)

🔊 **B-02 ¿Cómo son?** Daniel describe a sus mejores amigos. Escucha lo que dice y luego indica si las características corresponden a Noé, a Luisa o a ninguno de los dos (**nadie**).

1. inteligente	Noé	Luisa	nadie
2. extrovertido/a	Noé	Luisa	nadie
3. callado/a	Noé	Luisa	nadie
4. perforación del cuerpo	Noé	Luisa	nadie
5. barba	Noé	Luisa	nadie
6. rubio/a	Noé	Luisa	nadie
7. moreno/a	Noé	Luisa	nadie
8. pelo rizado	Noé	Luisa	nadie
9. tatuaje	Noé	Luisa	nadie
10. cicatriz	Noé	Luisa	nadie
11. bien educado/a	Noé	Luisa	nadie
12. chistoso/a	Noé	Luisa	nadie

B-03 Una persona especial. Ahora, describe a una persona importante en tu vida. Menciona algunas características físicas y algunos aspectos de su personalidad. Escribe un párrafo de por lo menos diez oraciones.

_____

_____

_____

_____

_____

_____

_____

_____

_____

_____

3. Algunos verbos como *gustar* (Textbook p. 257)

B-04 **Mis gustos y los gustos de mis amigos.** Escribe oraciones con las palabras dadas y las formas correctas de los verbos como **gustar**. Sigue el modelo con cuidado.

MODELO   Yo / encantar / la música rap

A mí me encanta la música rap. OR

A mí no me encanta la música rap.

1. Yo / fascinar / la comida latinoamericana

   _____ la comida latinoamericana.

2. Mi mejor amiga / interesar / las culturas hispanas

   _____ las culturas hispanas.

3. Mi mejor amigo / encantar / los videojuegos

   _____ los videojuegos.

4. Mis amigos y yo / molestar / los profesores aburridos

   _____ los profesores aburridos.

5. Mis amigos / caer bien / yo

   _____ yo.

B-05 **Tus gustos.** ¿Cuáles son tus gustos y preferencias? Escribe un párrafo de un mínimo de diez oraciones, usando los verbos como **gustar**.

_____

_____

_____

_____

_____

_____

_____

_____

_____

4. Algunos estados (Textbook p. 257)

B-06 **Una telenovela.** A tu amiga Celia le fascina la telenovela *¡Así es la vida!* Completa su descripción sobre el programa con las palabras correctas. Ten cuidado de usar las formas correctas de los adjetivos (género y número) y de los verbos (conjugación correcta en el presente de indicativo).

| celoso | cómodo | confundido | flojo | orgulloso | portarse mal | tacaño |

Bueno, el personaje principal es una mujer que se llama Mónica. Ella siempre (1) _____, pero

todo el mundo la quiere. Su ex esposo, Enrique, siempre está (2) _____ porque Mónica tiene

varios pretendientes (*suitors*) y él no quiere que ella esté con ningún otro hombre. La hermana de Mónica,

Isabel, tiene problemas psicológicos; siempre está (3) _____ y el año pasado sufrió de amnesia.

La madre de Mónica e Isabel, doña Inmaculada, viene de una familia muy importante y, por eso, es una

mujer muy (4) _____. Su familia también es rica, pero ella no es generosa y no le gusta gastar

el dinero; es (5) _____. Su tercer esposo, don Eugenio, nunca trabaja; es un hombre muy

(6) _____. No obstante (*Nevertheless*), le gusta disfrutar de la vida (7) _____ que

tiene gracias al dinero de su esposa.

B-07 **Tu programa favorito.** Describe a los personajes de tu programa favorito de televisión, o de tu película o novela favorita. Intenta hacer una descripción lo más completa posible de cada personaje, usando el vocabulario del libro de texto.

5. El presente perfecto de indicativo (Textbook p. 258)

🔊 **B-08 Un trabajo.** Tu amigo Javier busca un trabajo y llama para hablarte sobre el proceso. Escucha lo que dice, e indica cuáles de las siguientes cosas ya ha hecho. Sigue los modelos con mucho cuidado.

MODELO   comprar papel especial para su currículum (*resumé*)
Todavía no ha comprado papel especial para su currículum.
mirar las páginas web de las compañías que le interesan
Ya ha mirado las páginas web de las compañías que le interesan.

1. hablar con profesionales que puedan ayudarle a encontrar empleo

   _____ con profesionales que puedan ayudarle a encontrar empleo.

2. leer anuncios de ofertas de empleo en el periódico

   _____ anuncios de ofertas de empleo en el periódico.

3. llamar a sus contactos

   _____ a sus contactos.

4. buscar ofertas de empleo por el Internet

   _____ ofertas de empleo por el Internet.

5. comprar ropa para llevar durante las entrevistas de trabajo

   _____ ropa para llevar durante las entrevistas de trabajo.

6. hablar con sus mentores para pedirles que lo ayuden

   _____ con sus mentores para pedirles que lo ayuden.

7. escribir un currículum

   _____ un currículum.

8. pedirle a otra persona que mire su currículum y que lo ayude a mejorarlo

   _____ a otra persona que mire su currículum y que lo ayude a mejorarlo.

9. hacer por lo menos una revisión de la primera versión del currículum

   _____ por lo menos una revisión de la primera versión del currículum.

10. ir a eventos relacionados con el empleo organizados por la universidad

   _____ a eventos relacionados con el empleo organizados por la universidad.

B-09 Alguna vez... Tus nuevos compañeros de clase quieren saber más de ti. Contesta sus preguntas sobre tus experiencias previas. Sigue el modelo con cuidado.

MODELO   ¿Has comido sushi alguna vez?
           Sí, he comido sushi. OR
           No, no he comido sushi nunca.

1. ¿Has ido a la ópera alguna vez?

   _____.

2. ¿Han viajado en avión tú y tu familia alguna vez?

   _____.

3. ¿Has bailado bajo la lluvia alguna vez?

   _____.

4. ¿Has nadado en el océano frío durante el invierno alguna vez?

   _____.

5. ¿Has escalado una montaña alguna vez?

   _____.

6. La familia (Textbook p. 259)

B-10 Mi familia.

Paso 1. Escucha la descripción que hace Lola de su familia y asocia cada adjetivo con la persona apropiada.

1. Liliana _____   a. agradable

2. Fernando _____   b. callado/a

3. Pablo _____   c. educado/a

4. Raúl _____   d. extrovertido/a

5. Perla _____   e. presumido/a

6. Lourdes _____   f. simpático/a

7. Flor _____   g. generoso/a

Paso 2. Escucha la descripción otra vez, y después elige la respuesta correcta a cada pregunta.

8. ¿Cómo se llama la mujer de Raúl?
   a. Liliana
   b. Perla
   c. Flor

9. ¿Cómo se llama la madre de Liliana?
   a. Lourdes
   b. Perla
   c. Flor

10. ¿Cómo se llama el marido de Lourdes?
    a. Fernando
    b. Flor
    c. Pablo

11. ¿Cómo se llama la madre de Raúl?
    a. Liliana
    b. Perla
    c. Flor

12. ¿Cómo se llama el yerno de Perla?
    a. Fernando
    b. Raúl
    c. Pablo

B-11 Heritage Language: *tu español.* Elige un país hispano e investiga en el Internet cuál es el o la actual presidente del país. Entonces busca información sobre la familia de esa persona. Organiza la información en una descripción de por lo menos quince oraciones sobre la primera familia del país que has elegido.

_____

_____

_____

_____

_____

_____

_____

_____

_____

_____

_____

_____

_____

_____

_____

Capítulo 2

7. Deportes (Textbook p. 260)

B-12 Los deportes. Selecciona todos los deportes que ves representados en el dibujo.

boxear

cazar

jugar al boliche

jugar al hockey

jugar al voleibol

levantar pesas

patinar en monopatín

practicar atletismo

practicar lucha libre

practicar ciclismo

B-13 Heritage Language: *tu español.* Elige por lo menos dos de los siguientes deportes y pasatiempos e investígalos en el Internet. Después explica en qué consisten, cuáles son sus orígenes y cómo se juegan o practican.

> - la pelota mixteca
> - la pelota vasca
> - el juego de la chueca
> - la kimbomba
> - arrastre de piedra

8. Los mandatos de *nosotros/as* (Textbook p. 261)

B-14 El fin de semana. Tus amigos quieren pasar tiempo todos juntos el sábado que viene, pero ustedes necesitan decidir lo que van a hacer. Para cada sugerencia, reacciona según tu preferencia y opinión, usando mandatos de nosotros afirmativos o negativos. Sigue el modelo con cuidado.

MODELO   Tu amigo: Vamos a bailar en una discoteca.

           Tú: *Bailemos en una discoteca.* OR

           Tú: *No bailemos en una discoteca.*

1. Tu amigo: Vamos a alquilar un video.

   Tú: _____.

2. Tu amigo: Vamos a comer en un restaurante colombiano.

   Tú: _____.

3. Tu amiga: Vamos a jugar al tenis.

   Tú: _____.

4. Tu amiga: Vamos a correr en el parque.

   Tú: _____.

5. Tu amigo: Vamos a ver la televisión.

   Tú: _____.

Nombre: _____   Fecha: _____

9. Pasatiempos y deportes y el subjuntivo (Textbook p. 262)

B-15 Los pasatiempos. Asocia cada imagen con el pasatiempo correcto.

1. _____

5. _____

9. _____

2. _____

6. _____

10. _____

3. _____

7. _____

4. _____

8. _____

a. bucear
b. coleccionar sellos
c. coser

d. jugar al ajedrez
e. jugar a las damas
f. jugar al póquer

g. jugar videojuegos
h. navegar en barco
i. pescar

j. montar a caballo

B-16 Unas actividades. Tus amigos quieren participar en algunas actividades en el campus, pero no saben en cuáles deben participar. Dales buenas recomendaciones basadas en sus intereses, usando el presente de subjuntivo.

MODELO   Marisol: Me gusta mucho hacer ropa y tejer.
          Tú: (recomendar)
          Recomiendo que vayas al club de coser.

ir a las reuniones del club de ajedrez	comentar en un blog
tirar un platillo volador en el parque	~~ir al club de coser~~
hablar con el presidente del club de arte	asistir a una reunión del club de libros y lectores

1. David y Koldo: Nos gustan mucho los deportes de la playa, pero no nos gusta la arena.

   Tú: (recomendar)

   _____

2. Esperanza: Me gusta mucho leer.

   Tú: (sugerir)

   _____

3. Gorka y Elena: Nos gustan mucho los juegos de estrategia.

   Tú: (querer)

   _____

4. Ainhoa: Me gusta pintar.

   Tú: (aconsejarte)

   _____

5. Miguel: Tengo unas opiniones muy fuertes sobre la política, y me gusta compartirlas.

   Tú: (sugerir)

   _____

10. El subjuntivo para expresar pedidos, mandatos y deseos
(Textbook p. 264)

B-17 Pobre Lucía. Tu amiga Lucía está en tu universidad como estudiante de intercambio (*exchange student*). Ha llegado recientemente y ahora está un poco triste porque su familia y sus amigos están muy lejos. Tú tienes que animarla (*encourage her*). Completa las oraciones con las formas correctas en el presente de subjuntivo de los verbos correctos.

Es una lástima que tú (1) _____ (estar / ser) triste. Creo que es

importante que tú (2) _____ (tener / llamar) a tus padres y a tu mejor amiga por teléfono esta

noche. Es importante que ustedes (3) _____ (aprender / estar) en contacto. Sugiero que tú y tu

familia y tus amigos (4) _____ (navegar / hablar) por Skype cuando sea posible. ¿Quieres que yo

te (5) _____ (ayudar / poner) a abrir una cuenta? Además, este fin de semana, recomiendo que

nosotros (6) _____ (poder / hacer) algo muy divertido para darte un poco de alegría. ¿Qué te

parece?

B-18 Consejos y recomendaciones. Uno de tus amigos está muy estresado porque pasa todo su tiempo estudiando.

Paso 1. Escribe apuntes sobre las cosas que debemos hacer y que no debemos hacer si queremos evitar el estrés y cuando necesitamos aliviarlo (*alleviate it*) porque no hemos podido evitarlo. Escribe por lo menos cuatro cosas para evitar el estrés y otras cuatro para eliminarlo.

_____

_____

_____

_____

Paso 2. Ahora ayúdale a tu amigo, dándole consejos para llevar una vida más equilibrada. Completa las oraciones de una manera original, usando el presente de subjuntivo.

1. Es importante que…

2. Quiero que…

3. Recomiendo que…

4. Sugiero que…

5. Es preferible que…

6. Es necesario que…

Capítulo 3

11. La construcción de casas y sus alrededores (Textbook p. 265)

B-19 Una casa para Marisol. Marisol, su hermana gemela y sus amigas quieren mudarse de la residencia estudiantil donde viven ahora y alquilar una casa. Escucha lo que dice Marisol, y después elige la respuesta o las respuestas apropiadas para completar cada oración.

1. La primera casa que Marisol menciona tiene
   a. jardín con cerca.
   b. garaje.
   c. jardín, garaje y acera.
   d. tres dormitorios.
   e. sótano y altillo.

2. Según Marisol, es bueno alquilar una casa con garaje porque
   a. necesitan espacio para guardar sus cosas.
   b. sus amigas tienen coche.
   c. su hermana tiene coche.
   d. ella tiene coche.

3. La segunda casa que Marisol describe
   a. es muy grande.
   b. tiene piscina.
   c. tiene muro.
   d. cuesta mucho dinero.

4. La tercera casa que Marisol describe
   a. está hecho de ladrillos.
   b. tiene muro.
   c. tiene más de dos dormitorios.
   d. cuesta mucho dinero.

5. Marisol quiere ver
   a. la primera casa.
   b. la segunda casa.
   c. la tercera casa.
   d. anuncios para más casas.

B-20 **Heritage Language:** *tu mundo hispano.* Elige dos países hispanos e investiga en el Internet cuál es la residencia oficial del Jefe de Estado de cada país y descubre cómo es esa vivienda. Intenta encontrar y hacer un tour virtual de cada residencia y durante el tour toma apuntes sobre todo lo que se ve. Después, organiza los resultados de tu investigación en una descripción comparada de las dos viviendas, de un mínimo de tres párrafos, intentando contestar todas las siguientes preguntas:

- ¿Dónde están?

- ¿Cuándo se construyeron?

- ¿Qué estilo(s) de arquitectura siguen?

- ¿De qué están hechas?

- ¿Aproximadamente cuántos cuartos tienen?

- ¿Cuáles son los cuartos más importantes? ¿Por qué te parecen importantes?

- ¿Cuáles son los cuartos más bonitos o llamativos? ¿Por qué te parecen bonitos o llamativos?

- ¿Qué tipo de muebles hay en los cuartos que te han parecido más interesantes o llamativos?

_____

_____

_____

_____

_____

_____

_____

_____

_____

_____

_____

12. Usos de los artículos definidos e indefinidos (Textbook p. 266)

B-21 Mi nueva casa. Tu amiga Nerea te manda un e-mail sobre la casa que ha decidido alquilar. Completa las oraciones con los artículos definidos y los artículos indefinidos apropiados. Si no se necesita un artículo, escribe una X en el espacio en blanco.

¡Hola! ¿Qué tal? (1) _____ viernes a (2) _____ tres tengo que reunirme

con (3) _____ Sr. Roberts, (4) _____ agente inmobiliario con quien

hemos trabajado, para firmar (5) _____ papeles que él preparó. Entonces, mis compañeras

y yo podemos mudarnos (6) _____ domingo por (7) _____ tarde.

(8) _____ electricista tiene que hacer algunas reparaciones antes de que nos mudemos. Él es

(9) _____ venezolano, así que podemos hablar con él en (10) _____ español.

Me han dicho que es (11) _____ electricista muy bueno. Pues, tengo (12) _____

mil cosas que hacer antes de la mudanza. Hablamos más tarde. ¡Hasta luego!

13. Dentro del hogar: la sala, la cocina y el dormitorio (Textbook p. 267)

B-22 La cocina. Mira la cocina de tu nueva casa y selecciona todas las cosas que ves.

la alacena	la batidora	la cafetera	la despensa
el fregadero	el horno	el mostrador	la olla
la sartén	la sopera	la toalla	

14. El subjuntivo para expresar sentimientos, emociones y dudas
(Textbook p. 270)

B-23 Una cena. Tu amigo David va a hacer una cena en su casa. Completa su mensaje de correo electrónico a su amiga Paula con las formas correctas en el presente de subjuntivo de los verbos correctos.

tener	comer	ir	poner	divertirse	poder

Hola Paula,

Me alegro mucho de que tú (1) _____ venir a la cena. Siento mucho que tus hermanos no

(2) _____ a poder estar con nosotros. Es una lástima que ellos (3) _____

que viajar esta semana con el equipo de fútbol. Dudo mucho que ellos (4) _____ tanto

como nosotros y no creo que (5) _____ comida tan rica como la que vamos a preparar

nosotros. Quizás nosotros (6) _____ un poco de la comida aparte para ellos, para que

puedan probarla después de regresar el domingo.

Saludos,

David

15. *Estar* + el participio pasado (Textbook p. 272)

B-24 Una gran fiesta. Iñaki y Sara están preparando una gran fiesta. Escucha la descripción de lo que han hecho y después contesta las preguntas de sus padres sobre lo que ya está hecho y lo que todavía no está hecho, usando **estar** y **el participio pasado,** y siguiendo el modelo con cuidado.

MODELO   ¿Tienen que hacer la lista de invitados?

Ya está hecha.

¿Tienen que comprar adornos para la fiesta?

Todavía no están comprados.

1. ¿Tienen que invitar a sus amigos y familiares?

_____

2. ¿Tienen que escribir respuestas a los correos electrónicos de algunos de los invitados?

_____

3. ¿Tienen que tomar decisiones sobre el menú?

_____

4. ¿Tienen que pedir el postre?

_____

5. ¿Tienen que elegir la música?

_____

Capítulo 4

16. Las celebraciones y los eventos de la vida (Textbook p. 273)

B-25 Crucigrama. Completa el crucigrama con el vocabulario correcto.

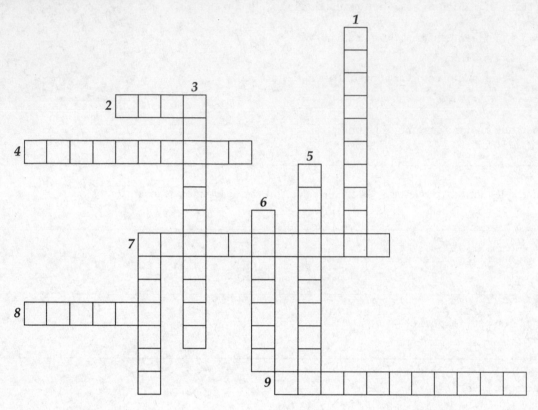

Vertical

1. La celebración del aniversario del nacimiento de una persona

3. La celebración durante la que una pareja casada recuerda el día en el que se casaron

5. Una mujer que va a tener un bebé está _____.

6. Una de las fiestas más importantes para los cristianos y que se celebra el 25 de diciembre

7. Cuando una mujer va a tener un bebé, ella va a _____.

Horizontal

2. Evento durante el cual un hombre y una mujer se casan

4. Cuando un hombre y una mujer deciden que van a casarse, se celebra su _____.

7. Para celebrar el Día de las Brujas, la gente tiene que _____.

8. Una de las fiestas más importantes para los cristianos y que se celebra durante la primavera

9. El día de los enamorados, un día de fiesta que se celebra en febrero es el día de _____.

B-26 Heritage Language: *tu español.* Investiga cuáles son las fiestas más importantes en diferentes lugares del mundo hispano. Entrevista a dos personas de familias de origen hispano para descubrir cuáles son las fiestas nacionales y/o regionales de su país de origen que son más importantes para sus familias. Averigua cuándo se celebra cada fiesta, por qué se celebra y por qué es tan importante para su familia. Después escribe una descripción comparada de lo que te han contado las dos personas.

		septiembre				
lunes	martes	miércoles	jueves	viernes	sábado	domingo
1	2	3	④	5	6	7
8	9	10	11	12	13	14
15	16	17	18	19	20	21
22	23	24	25	26	27	28
29	30					

_____

_____

_____

_____

_____

_____

_____

_____

17. El pasado perfecto (pluscuamperfecto) (Textbook p. 274)

B-27 Clientes importantes. Trabajas para una compañía de catering y ustedes tienen un evento muy importante. Has llegado tarde esta mañana y tu compañero de trabajo ha tenido que hacer todo sin tu ayuda. Mira la foto de lo que viste al llegar al evento y el listado de cosas que ustedes tenían que haber hecho. Para cada responsabilidad, indica si tu compañero lo había hecho para el momento de tu llegada. Sigue el modelo con mucho cuidado.

MODELO   sacar las bebidas
             Ya había sacado las bebidas.
             sacar la comida
             Todavía no había sacado la comida.

1. poner los manteles en las mesas

_____

2. preparar el termo con el café

3. poner los vasos en la mesa

_____.

4. empezar a servir las bebidas

_____.

5. servir la comida

_____.

B-28 Cuando tú llegaste a la universidad... Piensa en tus primeros días en la universidad. ¿Qué habías hecho tú y qué habían hecho tú y tus amigos y/o familia previamente para prepararte para tu primer año? Describe un mínimo de diez cosas que habías hecho y/o que ustedes habían hecho, usando las formas correctas del pluscuamperfecto.

18. La comida y la cocina y Más comida (Textbook p. 275)

B-29 Una comida especial. Asocia cada verbo con la descripción apropiada.

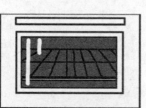

1. añadir _____

2. asar _____

3. batir _____

4. calentar _____

5. cubrir _____

6. derretir _____

7. freír _____

8. hervir _____

9. recalentar _____

a. poner un ingrediente o poner más de un ingrediente

b. revolver muy rápidamente una sustancia

c. cocinar algo dentro de agua muy caliente

d. poner algo encima; tapar

e. cocinar algo dentro de aceite muy caliente

f. subir la temperatura; hacer que una comida esté caliente

g. usar el calor para que una sustancia sólida se convierta en un líquido

h. volver a subir la temperatura; hacer que una comida vuelva a estar caliente

i. cocinar dentro del horno a una temperatura muy alta

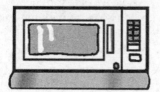

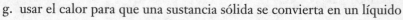

B-30 Heritage Language: *tu español.* Lee el artículo con cuidado, y después contesta las preguntas.

El nopal: símbolo nacional de México

El nopal, o *la tuna*, es un cácteo de tallos aplastados que es fácilmente reconocido y cuyo fruto se llama el "higo chumbo". Esta planta se originó en Mesoamérica y tiene una historia muy rica e interesante. El nopal desempeña un papel importante tanto en la historia nacional como en la gastronomía mexicana. Según indica la leyenda azteca, durante el siglo XIV, el dios Huitzilopochtli les exigió a los aztecas que localizaran su tierra natal. Allí, les dijo, presenciaba un águila real luchando contra una serpiente sobre un nopal ("nochtli" en su lengua nativa) en el centro de un lago. Al descubrir la región con este símbolo, tendrían la certeza de haber encontrado su tierra. Así, al encontrarla le pusieron el nombre "Tenochtitlán," que significa "lugar del nopal".

Por su importancia histórica, este símbolo figura prominentemente en la bandera mexicana. Todos los mexicanos reconocen el símbolo del águila, pero no todos saben la historia relacionada con la selección del símbolo y su incorporación en el escudo de México.

Como ingrediente principal en muchos platos mexicanos, el nopal es muy importante por ser una muy buena fuente de las vitaminas A y C. Hay tacos de nopal y hasta helados y licuados de nopal, que se pueden comprar en los mercados. Además, esta fruta se conoce también por su valor medicinal, puesto que se dice que puede ayudar en la regulación de los niveles de glucosa y colesterol en la sangre.

A nivel funcional, el nopal, gracias a sus pencas (hojas carnosas) espinadas, sirve como una barrera natural que impide las intrusiones no deseadas en los terrenos de las viviendas. Como el nopal puede alcanzar una altura de cuatro metros (un poco más de trece pies), es ideal para este tipo de cerca protectora natural.

En fin, el nopal tiene una importancia en la cultura mexicana desde un punto de vista histórico, gastronómico y también práctico.

1. ¿Qué es el nopal? ¿Para qué se usa?

   _____

   _____

2. ¿Qué significa "Tenochtitlán"? ¿Cómo es la leyenda sobre este lugar?

   _____

   _____

3. ¿Qué símbolo se ve en el escudo nacional de México?

   _____

   _____

4. ¿Qué beneficios medicinales tiene el nopal? ¿Qué otro tipo de protección proporciona?

   _____

   _____

5. ¿Has probado algún plato a base del nopal? ¿Te gustó? ¿A qué sabe?

   _____

   _____

19. El presente perfecto de subjuntivo (Textbook p. 276)

B-31 ¡Mucho trabajo! Tu amigo Danilo tiene mucho trabajo y se siente muy estresado. Anímalo (*encourage him*), usando el presente perfecto de subjuntivo y siguiendo el modelo con cuidado.

MODELO   Danilo: He estudiado por ocho horas para mi examen de historia.

Tú: (ser bueno que)

Es bueno que hayas estudiado tanto.

empezar el ensayo	asistir a todas las sesiones	~~estudiar tanto~~
consultado tantos libros y artículos	no poder descansar más	pedir ayuda

1. Danilo: He pasado cinco horas en la biblioteca investigando y buscando fuentes (*sources*).

   Tú: (ser importante que)

   _____.

2. Danilo: Tengo muchísimas páginas de apuntes para estudiar porque he ido a todas las clases de biología.

   Tú: (ser bueno que)

   _____.

3. Danilo: He escrito dos páginas, pero tengo que añadir otras diez.

   Tú: (lo más importante ser que)

   _____.

4. Danilo: He ido a la oficina de mi profesor para hablar con él.

   Tú: (ser importante que)

   _____.

5. Danilo: Mis compañeros de clase y yo solo dormimos cuatro horas anoche.

   Tú: (ser una lástima que)

Capítulo 5

20. Los viajes (Textbook p. 278)

B-32 Una isla desierta. Danilo está tan ocupado y estresado que le gusta imaginar que se muda a una isla desierta. Escoge todas las palabras y expresiones de la lista relacionadas con una isla desierta.

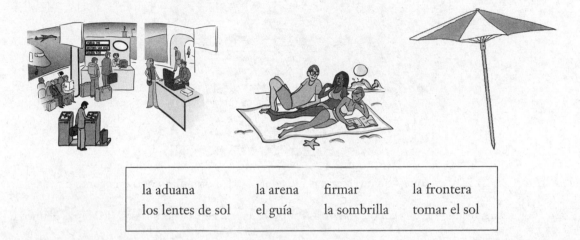

la aduana	la arena	firmar	la frontera
los lentes de sol	el guía	la sombrilla	tomar el sol

21. Viajando por coche (Textbook p. 279)

B-33 Un nuevo coche. Uno de tus amigos quiere comprar un coche y te habla sobre lo que busca. Completa las oraciones con las expresiones correctas.

un navegador personal	una limusina
el seguro del coche	la transmisión
un vehículo utilitario deportivo	

No busco un coche grande como (1) _____, ni un coche tan elegante como

(2) _____; solo necesito algo pequeño. Quiero un coche relativamente nuevo y que

esté en buenas condiciones. El coche que tenía antes era muy viejo y malo y tuve que gastarme mucho

dinero en reparaciones; ¡hasta tuve que cambiar (3) _____! También quiero tener

(4) _____ porque no me gusta perderme, y es difícil mirar un mapa y conducir a la vez.

Finalmente, no quiero pagar mucho por (5) _____, pero sé que es muy importante tenerlo en

caso de tener un accidente (y para seguir la ley, claro).

22. Los pronombres relativos *que* y *quien* (Textbook p. 280)

B-34 Un viaje fabuloso. Uno de tus amigos acaba de volver de un viaje y te cuenta cómo fue. Escoge los pronombres correctos para completar su descripción.

El viaje (1) _____ (que / quien) hicimos fue fabuloso. Lo organizó todo un agente de viajes a

(2) _____ (que / quien) conocí mientras trabajaba en un centro comercial. Primero volamos

a San Juan y allí nos alojamos en un hotel (3) _____ (que / quien) tenía cuatro estrellas.

Después tomamos un crucero (4) _____ (que / quien) paró en varias islas del Caribe. Fui con

otros amigos (5) _____ (que / quienes) hablan español también y a (6) _____

(que / quienes) les encantan las culturas hispanas. Fueron las mejores personas con (7) _____

(que / quienes) hacer el viaje. Nos divertimos muchísimo todos los días porque hicimos cosas

(8) _____ (que / quien) realmente nos fascinan.

23. Las vacaciones (Textbook p. 281)

B-35 Crucigrama. Completa el crucigrama con el vocabulario adecuado.

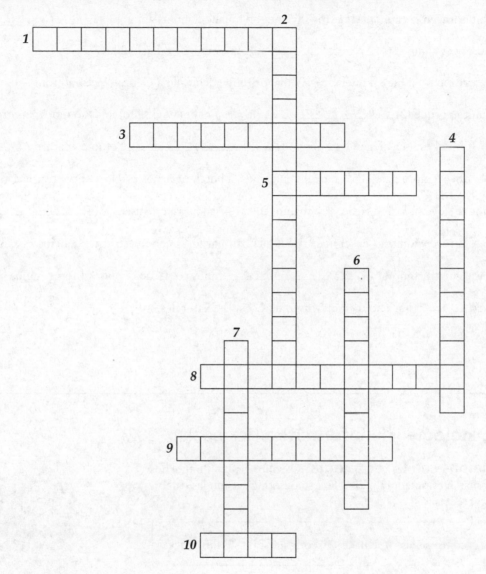

1. Persona cuyo trabajo consiste en contestar el teléfono y transferir las llamadas

2. Pagar para usar un coche durante un periodo de tiempo corto

3. Los datos exactos, incluyendo el número del edificio, la calle y la ciudad donde se encuentra un lugar

4. Es muy importante llevar estos si hace mucho sol; protegen los ojos

5. Cuando hay muchísimos coches en la misma calle o carretera a la vez y, por lo tanto, no pueden moverse con mucha fluidez ni facilidad

6. Es buena idea hacer uno de estos para tener un plan muy claro de tu viaje

7. Aparato que se usa en la playa para protegerse del sol y para no pasar mucho calor

8. Un hotel de cinco estrellas, por ejemplo

9. Un tipo de camino fuera del centro de la ciudad donde se puede conducir más rápidamente, como por lo menos 45 millas por hora

10. Una cosa que es muy importante para no perderse y para descubrir dónde están diferentes lugares y cómo puedes llegar a ellos

B-36 Una tarjeta postal. Tu amiga ha hecho un viaje a Washington, DC y te manda una tarjeta postal. Escoge las palabras correctas para completar su mensaje.

¡Hola! Aquí estoy en la capital. Me estoy divirtiendo mucho con mis amigos.

Hoy fuimos a ver algunos (1) _____ (monumentos nacionales /

oficina de turismo / paisaje). ¡Hay tantos! Mi favorito fue dedicado a George Washington —¡es tan alto!

Fue fascinante porque (2) _____ (la gira / el guía / el sello) nos dio mucha información

histórica. Mi hotel es muy elegante también. Hay (3) _____ (un camarero / un faro /

un portero) que siempre nos saluda cuando entramos al hotel. Ayer nos ayudó a encontrar la estación de

metro. Anoche llegamos muy tarde y estábamos muy cansados, así que usamos (4) _____

(la guardia / la recepcionista / el servicio); pedí una hamburguesa con queso y fue deliciosa. Mañana vamos

de compras. Quiero comprar (5) _____ (unos recuerdos / unos timbres / unos volantes)

en el Museo de Aire y Espacio o en el Museo de Ciencias Naturales.

Hasta pronto,

Antonia

24. La tecnología y la informática (Textbook p. 282)

B-37 Problemas con la tecnología. Carolina ha tenido muchos problemas con su computadora. Completa su descripción con las palabras de vocabulario correctas.

| archivos | contraseñas | enlace | congelarse | informática |

Estaba escribiendo un ensayo cuando de pronto mi computadora empezó a

(1) _____ una y otra vez. Pensé que tenía un virus. Mi amigo

José estudia (2) _____ y me ayudó. No había virus, pero alguien había intentado robar algunas

de mis (3) _____. José cree que pasó porque hice clic en un (4) _____ en un

mensaje raro de correo electrónico que había recibido. ¡Qué barbaridad! Afortunadamente, no perdí ninguno

de mis (5) _____.

25. El subjuntivo con antecedentes indefinidos o que no existen
(Textbook p. 282)

B-38 **Un tutor.** Chus tiene problemas con las matemáticas, y quiere encontrar un tutor para su clase de cálculo. Completa cada espacio en blanco con la forma correcta en el presente de subjuntivo o el presente de indicativo del verbo correcto.

Necesito un tutor que (1) _____ (ser / tener) simpático y que (2) _____ (evitar /

comprender) bien el cálculo. Como no tengo coche, prefiero un tutor que (3) _____ (poder /

poner) venir a mi casa. No tengo mucho dinero, entonces necesito un tutor que no (4) _____

(poder / querer) muchísimo dinero. Puedo llamar al tutor que mi amiga me (5) _____

(aprender / recomendar); él parece ser muy amable. También debo hablar con la mujer que mi profesor siempre

(6) _____ (mencionar / saber) en clase. Es muy buen profesor y respeto mucho su opinión;

seguramente esa mujer es una tutora fabulosa.

26. Las acciones relacionadas con la tecnología (Textbook p. 283)

B-39 **Un trabajo.** Uno de tus amigos tiene que escribir un ensayo y quiere combinar parte de uno de sus trabajos ya escritos con otro trabajo nuevo. ¿Qué tiene que hacer? Completa las instrucciones con mandatos informales de los verbos correctos.

| crear | guardar | pegar | hacer | copiar | arrancar | cortar |

Primero (1) _____ tu computadora. Después, (2) _____ clic en los iconos

de los dos trabajos para abrirlos. Entonces (3) _____ un nuevo archivo. A continuación,

en el trabajo original, (4) _____ o (5) _____ la sección que quieres

usar. Entonces, (6) _____ la sección seleccionada en el nuevo documento. Finalmente,

(7) _____ el archivo y si tienes miedo de perder tu trabajo, (8) _____ también

un archivo de reserva.

27. Laberinto peligroso (Textbook p. 285)

B-40 Antes de ver el vídeo. Mira las fotos de los personajes principales y escribe cinco a siete oraciones para describir a cada personaje y para explicar quién es. Si ya has visto los episodios anteriores, usa lo que aprendiste en ellos de las diferentes personas para crear tus descripciones. Si no has visto esos episodios en tu última clase de español, usa tu imaginación para crear tu descripción de cada persona.

1. Celia

_____

_____

_____

_____

_____

2. Javier

_____

_____

_____

_____

_____

3. Cisco

_____

_____

_____

_____

_____

4. El Dr. Huesos

_____

_____

_____

_____

_____

5. La bibliotecaria

_____

_____

_____

_____

_____

B-41 ¿Quiénes son? Lee las siguientes oraciones con cuidado, y después mira el Episodio 6 del vídeo. Entonces indica si las oraciones corresponden a Celia, Javier o Cisco o si no se dice.

1. Es una persona misteriosa.	Celia	Javier	Cisco	No se dice.
2. Es un mujeriego (*ladies' man*).	Celia	Javier	Cisco	No se dice.
3. Es una persona a quien le gusta enseñar.	Celia	Javier	Cisco	No se dice.
4. Le gustan muchísimo los deportes.	Celia	Javier	Cisco	No se dice.
5. Trabajaba para el FBI.	Celia	Javier	Cisco	No se dice.
6. Está enamorado de Celia.	Celia	Javier	Cisco	No se dice.
7. Se enfermó en algunos episodios.	Celia	Javier	Cisco	No se dice.
8. Robó algunos mapas de la biblioteca.	Celia	Javier	Cisco	No se dice.
9. Recibió una nota en el café.	Celia	Javier	Cisco	No se dice.
10. Es periodista.	Celia	Javier	Cisco	No se dice.

Comunidades

B-42 Experiential Learning: *¡A cocinar!* Busca en el Internet una receta en español para un plato representativo de una cultura hispana y prepárala. Si no tienes acceso a una cocina, no te preocupes porque hay muchas comidas para las que no necesitamos ni horno ni fuego: por ejemplo, es posible preparar muchos tipos de salsa mexicana para comer con tortillas de maíz solo con los ingredientes y un cuchillo, y también es posible hacer el gazpacho andaluz sin cocina. Después, crea una presentación sobre tu experiencia para compartirla con tus compañeros de clase. Usa las siguientes preguntas para guiarte:

• ¿Cómo y dónde exactamente encontraste la receta?

• ¿Crees que vas a probar otras recetas de la misma página web? ¿Por qué sí o por qué no? ¿Qué dificultades tuviste durante la experiencia?

• ¿Cómo salió la comida? ¿Estaba rica? ¿Por qué o por qué no?

• ¿Vas a intentar hacer la misma comida otra vez en el futuro? ¿Por qué sí o por qué no?

• Si preparas esta comida otra vez en el futuro, ¿vas a seguir la misma receta o la vas a cambiar? ¿Por qué?

B-43 **Service Learning:** *Los días festivos.* Investiga un día festivo que sea importante en un lugar hispano (como el día de la Hispanidad, el día de la Independencia, el día de la Batalla de Puebla, el día de la Virgen de Guadalupe, el día de los Reyes Magos, Carnaval, Viernes Santo, Pascua, el día de los Muertos, etc.) y descubre todo lo que puedas sobre los orígenes de la fiesta y cómo y por qué la genta la celebra. Después prepara una presentación interactiva sobre ese día para dar en una clase de español de una escuela primaria o secundaria de tu ciudad. Aprovecha la oportunidad para explicarles a los niños o jóvenes:

- en qué consiste la fiesta y cuál es su origen

- qué hace la gente para celebrar la fiesta

- qué ropa, comida y/u objetos culturales se asocian con la fiesta y por qué son importantes

- qué actividades se asocian con la fiesta y por qué son importantes

- cómo se relaciona esa fiesta y esas prácticas con fiestas y prácticas de otra(s) cultura(s)

- qué crees que revelan esas prácticas sobre las ideas y perspectivas culturales de la gente de ese lugar

- qué podemos aprender nosotros de esas prácticas culturales

- cómo se relacionan esas perspectivas con las perspectivas predominantes en los Estados Unidos y en las culturas de las familias de los niños o jóvenes de la escuela

© 2013 Pearson Education, Inc.

7 Bienvenidos a mi comunidad

Comunicación I

Vocabulario

1. Algunas tiendas y algunos lugares en la ciudad: Describing stores and other places in a city (Textbook p. 290)

07-01 Santiago de Chile.
Un estudiante internacional te describe su ciudad, Santiago de Chile. Escucha lo que dice, y luego completa las frases eligiendo la respuesta o las respuestas apropiadas.

1. Según Manuel, Santiago…
   a. es la capital de Chile.
   b. es cosmopolita.
   c. tiene muchos edificios históricos.
   d. es una ciudad muy pequeña.

2. El edificio más viejo de Santiago es…
   a. la Plaza de Armas.
   b. la Catedral Metropolitana.
   c. el Centro Costanera.
   d. la iglesia de San Francisco.

3. Manuel dice que…
   a. es difícil viajar por Santiago.
   b. no hay un sistema de transporte público.
   c. hay un buen sistema de transporte público.
   d. algunos edificios de Santiago demuestran influencias coloniales.

4. La Catedral Metropolitana…
   a. es el edificio más viejo de Santiago.
   b. se reconstruyó muchas veces.
   c. fue construida entre 1748 y 1800.
   d. está en la Plaza de Armas.

5. El Centro Costanera…
   a. es una ciudad con muchos lugares de interés histórico.
   b. es una ciudad moderna.
   c. va a ser un centro comercial.
   d. fue destruido a causa de desastres naturales.

07-02 Asociaciones. Asocia cada lugar con la categoría correcta.

1. la heladería
   a. comida
   b. religión
   c. salud
   d. tienda con artículos que no se comen

2. el consultorio
   a. comida
   b. religión
   c. salud
   d. tienda con artículos que no se comen

3. la mezquita
   a. comida
   b. religión
   c. salud
   d. tienda con artículos que no se comen

4. la ferretería
   a. comida
   b. religión
   c. salud
   d. tienda con artículos que no se comen

5. la catedral
   a. comida
   b. religión
   c. salud
   d. tienda con artículos que no se comen

6. la panadería
   a. comida
   b. religión
   c. salud
   d. tienda con artículos que no se comen

7. la zapatería
   a. comida
   b. religión
   c. salud
   d. tienda con artículos que no se comen

8. la carnicería
   a. comida
   b. religión
   c. salud
   d. tienda con artículos que no se comen

9. la juguetería
   a. comida
   b. religión
   c. salud
   d. tienda con artículos que no se comen

10. la pescadería
    a. comida
    b. religión
    c. salud
    d. tienda con artículos que no se comen

07-03 De compras. En cada grupo de términos, elige la expresión que no se asocia con el resto del grupo.

1. el dependiente   la oferta   la rebaja

2. el dinero en efectivo   el mostrador   la tarjeta de crédito

3. el escaparate   el mostrador   la oferta

4. la ganga   la dependiente   la liquidación

5. la liquidación   la rebaja   la tarjeta de crédito

07-04 La ciudad. Lee lo que quiere o lo que necesita cada persona e indica adónde tiene que ir.

1. Quiero hacer un sandwich, pero me falta el ingrediente principal. _____

a. la catedral

2. Quiero visitar un lugar de importancia religiosa para los cristianos. _____

b. el consultorio

3. Quiero comprar una camiseta. _____

c. la fábrica

4. Me siento enfermo y necesito ayuda. _____

d. la ferretería

5. Necesito limpiar mi traje favorito. _____

e. la heladería

6. Tengo que ir a trabajar; soy obrero en un establecimiento industrial centrado en la producción de coches. _____

f. la mezquita

g. la panadería

7. Necesito comprar cosas para poder arreglar unas cosas en casa. _____

h. la tienda de ropa

i. la tintorería

8. Quiero comer un postre especial. _____

j. la zapatería

9. Quiero visitar un lugar de importancia religiosa para los musulmanes. _____

10. Quiero comprar unas sandalias. _____

Repaso

Ser y *estar:* Choosing between *ser* and *estar* (Textbook p. 291)

07-05 ¿Cuándo se usa…? Para recordar y entender mejor cuándo se usa **ser** y cuándo se usa **estar**, lee la lista de situaciones e indica cuál de los dos verbos es el apropiado.

1. un cambio de condición   ser   estar

2. características físicas inherentes   ser   estar

3. decir la hora   ser   estar

4. localización de personas, lugares u objetos   ser   estar

5. nacionalidad u origen   ser   estar

6. el presente progresivo   ser   estar

07-06 El laboratorio de biología. Manuel y Mikel están hablando antes de su laboratorio de biología. Rellena cada espacio con la forma correcta de **ser** o **estar** en el presente.

MANUEL: No sé donde (1) _____ el microscopio que usamos el otro día.

MIKEL: Creo que (2) _____ allí en ese armario a la izquierda.

MANUEL: Sé que el Dr. Johnson (3) _____ nuestro profesor, pero ¿quién

(4) _____ el chico que siempre lo acompaña a clase y que nos

ayuda durante el laboratorio?

MIKEL: Se llama Javier y (5) _____ el ayudante del Dr. Johnson.

Él (6) _____ un estudiante graduado del departamento de biología.

Creo que (7) _____ de Colombia. Javier y el Dr. Johnson (8) _____

escribiendo un artículo sobre la fotosíntesis. Creo que ese (9) _____ el tema de la

tesis de Javier.

MANUEL: Mira, (10) _____ las diez y ellos ahora (11) _____ al lado de la

pizarra; me parece que (12) _____ empezando la clase.

MIKEL: El Dr. Johnson (13) _____ muy paciente, pero va a (14) _____

enojado con nosotros si seguimos hablando.

Nombre: _____   Fecha: _____

07-07 De compras por el centro. Completa la descripción de la tarde que pasó Bárbara con su hermana Celia en el centro de la ciudad. Usa la forma correcta en el imperfecto de **ser** o **estar**.

(1) _____ las seis de la tarde cuando llegamos al centro de la ciudad. Mientras nosotras

(2) _____ paseando, nos encontramos con unas chicas a las que yo no conocía;

(3) _____ unas amigas de mi hermana de la universidad. (4) _____ muy simpáticas.

Después de andar y hablar un poco, decidimos entrar en una tienda de ropa que (5) _____ de la

madre de Pilar, una de las amigas de mi hermana. Mientras (6) _____ en la tienda, me compré

un vestido muy bonito. Fue una auténtica ganga porque (7) _____ de rebaja y la madre de Pilar

me dio un descuento extra.

07-08 Heritage Language: *tu español*. En este capítulo, has estudiado algunos vocablos con el sufijo **-ería**, tales como **frutería, panadería, pescadería, pastelería** y **ferretería**. Típicamente, el sufijo **-ería** significa "un comercio donde se vende algo"; entonces, una frutería es donde se vende fruta, una panadería es donde se vende pan, una pescadería es donde se vende pescado y una pastelería es donde se venden pasteles. Sin embargo, este sufijo también puede referirse al arte de hacer o crear diferentes cosas, o al taller donde se crean diferentes productos. Investiga en el Internet las siguientes palabras y escribe sus significados, y si se refieren a tiendas, artes o las dos cosas.

1. mercería

   _____

2. brujería

   _____

3. joyería

   _____

4. orfebrería

   _____

5. ebanistería

   _____

6. herrería

   _____

7. ferrería

   _____

8. alfarería

   _____

Gramática

2. El subjuntivo en cláusulas adverbiales (expresando tiempo, manera, lugar e intención): Expressing uncertainty in time, place, manner, and purpose (Textbook p. 295)

07-09 Siempre, nunca, a veces. Estudia la explicación gramatical sobre el uso del subjuntivo en las cláusulas adverbiales. Entonces indica si después de cada expresión adverbial **siempre** se usa el subjuntivo, **nunca** se usa el subjuntivo o **a veces** se usa el subjuntivo.

1. ahora que   siempre   nunca   a veces

2. antes de que   siempre   nunca   a veces

3. aunque   siempre   nunca   a veces

4. con tal (de) que   siempre   nunca   a veces

5. cuando   siempre   nunca   a veces

6. en cuanto   siempre   nunca   a veces

7. hasta que   siempre   nunca   a veces

8. para que   siempre   nunca   a veces

9. tan pronto como   siempre   nunca   a veces

10. ya que   siempre   nunca   a veces

07-10 Un paseo por la ciudad. Naiara y Salvador están paseando por la ciudad donde viven. Completa su diálogo con la forma correcta del verbo correcto. Usa el presente de subjuntivo o el infinitivo, según convenga.

ser	llegar	comprar	cerrar
decidir	molestar	tener	poder

NAIARA: ¿Vamos hacia el centro antes de que las tiendas

(1) _____?

SALVADOR: Sí, tengo que comprar varias cosas. Con tal de que a ti

no te (2) _____ tener que esperarme en la librería.

NAIARA: Ningún problema. ¿Qué tienes que comprar?

SALVADOR: El cumpleaños de mi hermano es este fin de semana. Quiero comprarle el regalo tan pronto

como (3) _____ posible. Quiero regalarle un libro y hay una librería cerca de la

Plaza Mayor que me gusta mucho. Sin embargo, cada vez que entro en una librería paso mucho

tiempo mirando todo lo que tienen; es importante que lo sepas, en caso de que

tú (4) _____ mucha prisa.

NAIARA: No te preocupes; a mí también me encanta mirar libros. ¿Te importa si después vamos a una

pescadería para que yo (5) _____ comprar algo para cenar?

SALVADOR: Sí, me parece muy bien. Conozco una que normalmente tiene el pescado más fresco de toda la

ciudad. Para (6) _____ allí desde la librería solamente tenemos que andar unos

cinco minutos; está al lado de la carnicería. Una cosa es importante: antes de que tú

(7) _____ qué pescado comprar, debes preguntar cuáles son los que llegaron hoy.

El hombre que trabaja allí es muy bueno y te va a dar buenas recomendaciones.

NAIARA: Estupendo, parece que ya tenemos un plan. Primero vamos a la librería y después de

(8) _____ los libros, vamos directamente a la pescadería.

Nombre: _____ Fecha: _____

07-11 Un trabajo para Gloria. Gloria está pensando en buscar un trabajo, y ella te cuenta por qué. Llena cada espacio con la forma correcta del verbo correcto en el presente de subjuntivo o el presente de indicativo.

tener	sentirse	empezar	poder
ser	salir	terminar	irse

Mi marido, Polo, cree que estoy loca pero, antes de que mis hijos (1) _____ los estudios que están

haciendo ahora en la escuela secundaria, quiero empezar a trabajar otra vez. Polo cree que yo debo esperar hasta que

ellos (2) _____ su próxima etapa (*stage*), los estudios en la universidad, para que todos nosotros

(3) _____ estar más tranquilos. Sin embargo, yo creo que ahora es un buen momento, ya que los dos

muchachos (4) _____ más independientes; son mayores de 16 años, tienen sus amigos, sus deportes

y sus otras actividades. Si empiezo a trabajar un poco ahora que yo (5) _____ un poco de tiempo

libre, después de que ellos (6) _____ de casa para estudiar en la universidad, creo las cosas no van a

ser tan difíciles para mí. Sé que voy a estar triste cuando ellos (7) _____ y creo que un trabajo puede

ayudarme, para que no (8) _____ tan sola en ese momento de transición.

07-12 Heritage Language: *tu español*. Iñaki y Yolanda trabajan juntos en una tienda. Han cerrado pero todavía tienen más trabajo. Completa su diálogo con la forma correcta en el presente perfecto de subjuntivo o de indicativo del verbo correcto.

poner	terminar	cerrar	llegar	poder	traer	olvidarse

IÑAKI: No puedo salir de la tienda hasta que nosotros (1) _____ todos los productos en las estanterías.

YOLANDA: ¿Esto es todo o es posible que tú (2) _____ de otras cajas atrás en el almacén?

IÑAKI: A menos que (3) _____ más cajas por la tarde cuando estuve fuera, estos son todos los productos que tenemos que poner en las estanterías.

YOLANDA: Entonces perfecto, puesto que el cartero no (4) _____ nada por la tarde, esto es todo.

IÑAKI: En caso de que tú todavía no (5) _____ terminar de cerrar la caja registradora, yo puedo abrir todas las cajas y colocar todos los productos.

YOLANDA: No te preocupes, eso lo hice ya. Esto lo podemos hacer juntos.

           (*después de una hora*) Por fin, todo está en su sitio. Ahora que nosotros (6) _____ con todas estas cajas, ¿podemos salir?

IÑAKI: Con tal de que tú (7) _____ la puerta de atrás, sí podemos irnos por fin.

Notas culturales

La ropa como símbolo cultural (Textbook p. 298)

07-13 ¿Qué prenda es? Estudia la información en el libro de texto en la nota cultural, y después indica a qué prenda corresponde cada descripción.

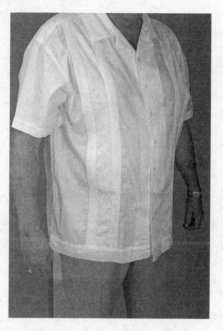 

1. Es de Bolivia.   una guayabera   una blusa o camisa de *aho po'i*   una pollera

2. Es del Caribe.   una guayabera   una blusa o camisa de *aho po'i*   una pollera

3. Es de Paraguay.   una guayabera   una blusa o camisa de *aho po'i*   una pollera

4. Tiene cuatro bolsillos.   una guayabera   una blusa o camisa de *aho po'i*   una pollera

5. Es para hombres y mujeres.   una guayabera   una blusa o camisa de *aho po'i*   una pollera

6. Es una falda.   una guayabera   una blusa o camisa de *aho po'i*   una pollera

7. Es bordado a mano.   una guayabera   una blusa o camisa de *aho po'i*   una pollera

07-14 ¿Cuál te gusta más? Haz una búsqueda de imágenes en el Internet de "guayabera", "*aho po'i*" y "pollera". Describe cuándo crees que la gente lleva estas prendas: ¿En primavera, verano, otoño o invierno? ¿todos los días o para eventos especiales? ¿para situaciones formales o informales? Explica por qué piensas que la gente lleva estas prendas en esos momentos.

Escucha (Textbook p. 301)

07-15 **Un mensaje de teléfono.** Tu amigo te deja un mensaje en
tu móvil, y te envía una foto con el mensaje. Antes de escuchar el mensaje,
mira la foto. ¿Cuál va a ser el tema del mensaje de tu amigo? ¿Dónde está?
¿Qué hora es? Escribe **cinco a siete** oraciones para describir la foto y lo que
piensas que va a decir tu amigo en el mensaje.

_____

_____

_____

_____

07-16 **El mensaje.** Escucha el mensaje de tu amigo, y luego selecciona la respuesta o
respuestas más apropiada(s) para completar cada frase.

1. Te llama desde _____.
   a. la biblioteca
   b. un café
   c. la clase de biología
   d. la clase de historia

2. Está _____.
   a. con dos amigas
   b. con su compañero de cuarto
   c. con su novia y una amiga
   d. solo

3. Quiere que _____.
   a. vayas al lugar donde está él
   b. tomes un café antes de la clase
   c. conozcas a Jennifer y a Maite
   d. no vayas a clase

4. Quiere que lo llames _____.
   a. si no puedes venir
   b. si tienes clase
   c. si necesitas ayuda para encontrar la cafetería
   d. si no vas a la clase de biología

5. Su número de teléfono es _____.
   a. 555-4567
   b. 555-5476
   c. 565-4565
   d. 565-4567

Comunicación II

Vocabulario

3. Algunos artículos en las tiendas: Naming items sold in stores
(Textbook p. 303)

07-17 Un crucigrama. Completa el crucigrama con el vocabulario correcto.

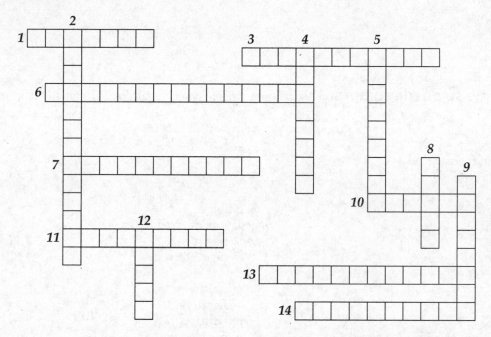

1. Se usa para afeitarse; la máquina de _____.

2. Se usa para pintar las uñas.

3. Se usa para colorear los labios.

4. Se mandan para los cumpleaños, la Navidad y otras celebraciones.

5. Se usa para guardar el dinero.

6. Se usa para cubrir los regalos antes de dárselos a otra persona.

7. Es un producto de higiene personal que se usa para evitar o cubrir olores.

8. Hacen que muchos aparatos y juguetes electrónicos funcionen.

9. Se pone a las lámparas para que haya luz.

10. Es un adorno personal, normalmente de oro o de plata que se lleva en el dedo.

11. Cuando los zapatos no te quedan bien porque son demasiado pequeños, están

_____.

12. Es una parte del zapato que puede hacer que parezcamos más altos de lo que somos.

13. Muchas bolsas, billeteras, zapatos e incluso algunos abrigos están _____

_____ _____.

14. Si hace calor, mucha gente prefiere llevar camisa

de _____ _____.

07-18 El viaje de Nestor. Tu amigo Nestor va a hacer un viaje el fin de semana que viene. Necesita tu ayuda para hacer su maleta. Escoge todas las cosas que debe llevar.

la bombilla
el cepillo de dientes
el champú
el desodorante
el papel de envolver
el papel higiénico
la pasta de dientes
las pilas
la ropa interior
las tarjetas

07-19 ¿Dónde se puede comprar? Asocia cada artículo con el lugar donde lo puedes comprar.

1. la pulsera
   a. ferretería
   b. tienda de ropa
   c. supermercado

2. el champú
   a. pastelería
   b. farmacia
   c. carnicería

3. el collar
   a. frutería
   b. ferretería
   c. tienda de ropa

4. la bombilla
   a. ferretería
   b. pescadería
   c. pastelería

5. la pasta de dientes
   a. ferretería
   b. tienda de ropa
   c. farmacia

6. el chicle
   a. supermercado
   b. pescadería
   c. tienda de ropa

7. el esmalte de uñas
   a. ferretería
   b. farmacia
   c. pastelería

Repaso

El presente progresivo: Stating what is happening at the moment
(Textbook p. 304)

07-20 ¿Qué están haciendo? Describe lo que están haciendo las personas usando la expresión correcta y la forma correcta del presente progresivo.

hacer yoga   cocinar   dormir   estudiar   ver la televisión   tomar café   comer

1. Fernando y sus amigos _____.

2. Alaia _____.

3. Laura _____.

4. Leo y Sofía _____.

5. Marco y Elena _____.

6. Francisco _____.

7. Jon y Paula _____.

07-21 En el aeropuerto. Vas a hacer un viaje y estás en el aeropuerto. Hay muchas personas y están haciendo muchas cosas. Un amigo te llama y te pregunta cómo va tu viaje. Mira el dibujo y explícale lo que están haciendo por lo menos seis personas diferentes que están cerca de ti.

07-22 Heritage Language: *tu español.* En español existen diferentes palabras que podemos usar para referirnos a los artículos mencionados en este capítulo. Lee las oraciones, y después indica a qué palabra del vocabulario activo de este capítulo corresponde la palabra subrayada.

1. Ella está metiendo el dinero en <u>la cartera</u>. _____   a. apretados

2. Está comprando <u>un pintauñas</u> de color rojo. _____   b. billetera

3. Está probando unos pantalones que le quedan muy <u>estrechos</u>. _____   c. papel de envolver

4. El niño le está pidiendo a su madre que le compre <u>goma de mascar</u>. _____   d. pintalabios

5. Está eligiendo <u>un antiperspirante</u> en la farmacia. _____   e. chicle

6. Está buscando <u>su cuchilla de afeitar</u> en el baño. _____   f. esmalte de uñas

7. Está sacando <u>el papel de regalo</u> para envolver el libro. _____   g. navaja de afeitar

8. Está escogiendo <u>una barra de labios</u> de un color sutil. _____   h. desodorante

Gramática

4. Los tiempos progresivos: el imperfecto con *andar, continuar, seguir, ir* y *venir*: Referring to ongoing actions (Textbook p. 307)

07-23 ¿Qué estaban haciendo? Describe lo que estaban haciendo las personas en cada foto usando la expresión correcta de la lista en el imperfecto progresivo.

hablar con Pablo	pasear	hablar con sus abuelos
bailar	esperar para entrar en la clase	celebrar mi cumpleaños
coser	trabajar con su compañero de clase	enseñar una clase
ver una película	tomar algo	ver un partido

1.

Miguel y Andrea _____.

2.

Guillermina _____.

3.

Fernando e Ignacio _____.

4.

María _____.

5.

Pili y Nicolás _____.

6.

Mis compañeros de clase y yo

_____.

7.

El profesor Zugasti _____.

8.

Pasqui y María _____.

9.

Carme y Jordi _____.

10.

Mis amigos y yo _____.

11.

Camino _____.

12.

Malen y sus hermanos _____.

07-24 Asociaciones. Asocia la definición que corresponde con cada verbo + el participio presente en español.

1. Estoy haciendo algo de una manera no muy ordenada.
   a. Ando haciéndolo.
   b. Continúo haciéndolo.
   c. Vengo haciéndolo.

2. Todavía estoy haciendo algo que ya estaba haciendo.
   a. Ando haciéndolo.
   b. Voy haciéndolo.
   c. Sigo haciéndolo.

3. He estado haciendo algo todos los años, desde hace tiempo.
   a. Ando haciéndolo.
   b. Voy haciéndolo.
   c. Vengo haciéndolo.

4. Estoy haciendo algo y estoy teniendo buen progreso hacia mis objetivos.
   a. Continúo haciéndolo.
   b. Voy haciéndolo.
   c. Vengo haciéndolo.

07-25 Trabajar en una tienda. Julio trabaja en la tienda de su familia. Completa la descripción que él da de su trabajo usando la expresión correcta.

sigo yendo	anda buscando	iba organizando	sigo estando
continuaban dejando	andaban revolviendo	vengo trabajando	seguían tocando

Desde hace ya diez años yo (1) _____ en la tienda que tiene mi familia. Me gusta trabajar allí y

hablar con la gente que (2) _____ ayuda para encontrar regalos. Creo que

(3) _____ a trabajar todos los días porque en general me encanta el contacto con otras personas.

Desafortunadamente, no todas esas personas son muy bien educadas. Por ejemplo, ayer entraron unos clientes

que (4) _____ casi todo lo que teníamos en la tienda mientras yo (5) _____

unos libros y otros productos que habían llegado esa mañana. Como los vi un poco perdidos y no quería tener

toda la tienda desordenada, fui a preguntarles si necesitaban ayuda. Les enseñé algunas cosas interesantes, pero

no les parecían interesar porque todo el tiempo ellos (6) _____ todos los productos y

(7) _____ todas nuestras cosas en desorden. No es la primera vez que encuentro a gente así, y sé

que no va a ser la última vez. Pero la verdad es que (8) _____ muy confundido; realmente no

entiendo por qué la gente hace esas cosas.

07-26 Heritage Language: *tu español*. En español, al igual que en inglés, se puede usar el participio de presente con una gran variedad de verbos como adverbio, para describir cómo una persona hacía algo. Por ejemplo "Escribe una descripción <u>usando</u> el presente progresivo" (*Write a description <u>using</u> the present progressive*). No obstante, es importante recordar que, a diferencia del inglés, en español no se puede usar el gerundio como sustantivo, sino que para convertir un verbo en sustantivo, normalmente se usa el infinitivo. Por ejemplo, en español se dice que "Escribir es divertido" porque en ese caso "escribir" funciona como sustantivo y como el sujeto de la oración. En cambio, en inglés, se usa el gerundio para esa expresión (*Writing is fun*). Describe lo que piensas de algunas actividades usando el infinitivo del verbo como sujeto de cada oración. Escribe por lo menos diez oraciones.

_____

_____

_____

_____

_____

_____

_____

Perfiles

Unos diseñadores y creadores (Textbook p. 310)

07-27 Hombres y mujeres de negocios. Estudia la información en la sección **Perfiles** del libro de texto, y después asocia cada expresión o referencia con **Sami Hayek, Paloma Picasso** o **Narciso Rodríguez.**

a. Sami Hayek

b. Paloma Picasso

c. Narciso Rodríguez

1. las joyas _____

2. una colonia _____

3. muebles modernos _____

4. Calvin Klein _____

5. Coatzacoalcos, México _____

6. Tiffany y Compañía _____

07-28 Un trabajo en prácticas. Tienes la oportunidad de hacer unas prácticas (*internship*) con Sami Hayek, Paloma Picasso o Narciso Rodríguez. ¿Con cuál de ellos te interesa trabajar más? ¿Por qué? Escribe un párrafo de **diez a quince** oraciones para explicar por qué te interesa la persona y el sector en el que trabaja. Describe también con detalle por qué eres buen candidato para trabajar con él o ella. Finalmente, explica en qué departamento de su empresa quieres trabajar, en qué tipo de proyectos quieres colaborar y exactamente qué tipo de responsabilidades quieres tener.

_____

_____

_____

_____

_____

_____

_____

_____

¡Conversemos! (Textbook p. 312)

07-29 Las llamadas telefónicas. Para cada expresión típica de las conversaciones telefónicas, indica cuál es la respuesta o cuáles son las respuestas más lógicas.

1. Diga.
   a. Hola, ¿está Fermín?
   b. Oiga.
   c. Bueno.
   d. Hola, soy Fermín.

2. ¿De parte de quién?
   a. No, Fermín no está.
   b. Sí, Fermín está.
   c. Soy Fermín.
   d. No, no se encuentra.

3. ¿Puedo tomar algún recado?
   a. Sí, gracias. Soy Alba. Por favor, dile que lo he llamado y pídele que me llame cuando pueda.
   b. No, gracias. Lo llamo más tarde.
   c. ¡No me digas!
   d. Gracias por haberme llamado.

4. Te habla Fermín, tu amigo de la universidad.
   a. ¿Puedo tomar algún recado?
   b. ¿De parte de quién?
   c. ¡No me digas! ¡Cuánto tiempo sin hablar contigo! ¿Cómo estás?
   d. Estoy de acuerdo.

5. Estoy ocupada. ¿Puedo llamarte más tarde?
   a. Por supuesto.
   b. Gracias por haberme llamado.
   c. No se encuentra.
   d. ¡No me digas!

07-30 Una conversación telefónica. Escucha la conversación entre Julián y Natalia, y luego indica si las oraciones son **ciertas** o **falsas** o si **No se dice.**

1. Julián volvió de Paraguay esta mañana.   Cierto   Falso   No se dice.

2. A Julián le encanta hablar por teléfono.   Cierto   Falso   No se dice.

3. Natalia no puede reunirse con Julián el sábado. Cierto   Falso   No se dice.

4. Julián compró unas prendas bordadas a mano.   Cierto   Falso   No se dice.

5. Natalia y Julián van a tomar un café el domingo. Cierto   Falso   No se dice.

07-31 Expresiones de las conversaciones telefónicas. Escucha la conversación entre Julián y Natalia, y para cada expresión indica por lo menos una expresión alternativa que la persona puede usar en ese contexto.

1. Aló. _____

2. ¿Está Natalia en casa? _____

3. Soy yo. _____

4. Te habla Julián. _____

5. Oye… _____

07-32 Un diálogo. Tienes la oportunidad de entrevistar a Paloma Picasso, Narciso Rodríguez o Sami Hayek, de la sección **Perfiles** de tu libro de texto. Eliges a una de las personas para entrevistarla pero, cuando llamas a su oficina, su secretaria te explica que no se encuentra allí en ese momento. Escribe tu diálogo con la secretaria de esa persona. Cada persona debe decir un mínimo de cinco oraciones.

_____

_____

_____

_____

_____

_____

_____

_____

_____

_____

_____

Nombre: _____   Fecha: _____

Escribe (Textbook p. 314)

07-33 El diccionario. Usa las estrategias que aprendiste en este capítulo para buscar cómo se dicen las palabras o expresiones entre paréntesis en español. Para algunas palabras, hay más de una opción pero solamente tienes que escribir una de ellas. En el caso de los verbos, ten cuidado porque es posible que tengas que conjugarlos.

| a pesar de | en realidad | darse cuenta de | no obstante | alcanzar |
| sin embargo | realmente | realizar | actualmente | |

1. (*Currently*) no hay edificios en esa zona de la ciudad. _____

2. (*Actually*), hay mucha gente que no apoya el proyecto. _____

3. Es evidente que nuestros representantes del gobierno local (*do not realize*) que hay más de una manera de ver

   este asunto. _____

4. (*Nonetheless*) nosotros sí entendemos otras perspectivas. _____

5. (*Despite*) nuestras diferencias, respetamos las ideas de todas las personas. _____

6. Todos necesitamos (*reach*) nuestros objetivos. _____

7. Todos queremos (*realize*) nuestros sueños. _____

07-34 Una carta al ayuntamiento. Un grupo de personas quiere construir un centro comercial grande en tu ciudad.

Paso 1. ¿Cuáles son las ventajas de ese tipo de proyecto? ¿Cuáles son las desventajas? ¿Apoyas el proyecto? ¿Por qué sí o por qué no? Decide cuál es tu postura (*position*) y por qué.

_____

_____

_____

_____

_____

_____

Paso 2. Con respecto a este proyecto, el ayuntamiento de tu ciudad tiene la postura opuesta a la tuya. Escribe una carta a tus representantes en el ayuntamiento para explicarles tu postura, y por qué piensas que deben volver a tomar el asunto bajo consideración.

_____

_____

_____

_____

_____

_____

_____

_____

_____

_____

_____

_____

_____

Vistazo cultural

Algunos lugares y productos en las ciudades de Chile y Paraguay
(Textbook p. 316)

07-35 Chile y Paraguay. Estudia la sección **Vistazo cultural** en el libro de texto, y después asocia cada descripción con el término apropiado.

1. una comida _____

2. un instrumento _____

3. reconocido por UNESCO _____

4. un lugar religioso islámico _____

5. un almacén grande _____

6. un juguete _____

7. unas cataratas impresionantes cuyo nombre significa "agua grande" _____

a. el arpa paraguaya

b. Iguazú

c. las empanadas

d. Falabella

e. la Mezquita de Coquimbo

f. las ruinas de las reducciones jesuitas

g. el volantín

07-36 ¿Qué te interesa más? De los lugares mencionados en la sección **Vistazo cultural**, ¿cuáles son los tres lugares que te interesan más? ¿Cuál es el lugar que te interesa menos? Para cada lugar, explica por qué te interesa o por qué no te interesa mucho.

Más cultura

07-37 Las ciudades por el mundo hispano. Lee la siguiente
información sobre las ciudades por el mundo hispano, y después contesta
las preguntas.

- Casi todas las grandes ciudades por el mundo hispano tienen un centro
  histórico, también llamado el casco antiguo, el casco viejo o el casco
  histórico. Esta zona de la ciudad es el centro urbano donde se concentraban
  todas las actividades políticas, económicas, sociales y culturales de la ciudad
  antes de su expansión durante la época contemporánea. Normalmente es
  la zona de la ciudad que tiene los edificios más antiguos o, por lo menos, la
  mayor concentración de edificios antiguos.

- En muchas ciudades, el casco antiguo es una zona de gran vitalidad con
  museos, catedrales, iglesias y otros edificios de interés histórico y cultural. En España, dependiendo
  del lugar y la historia que ha vivido la ciudad, también es posible que haya mezquitas y/o sinagogas en
  el casco antiguo, como por ejemplo, es los casos de Córdoba y Toledo. También normalmente tienen
  muchos bares y restaurantes y toda clase de tiendas, desde las que venden productos básicos para la vida
  diaria hasta las que se especializan en toda clase de artesanía local, artículos de regalo y recuerdos para
  turistas.

- En muchos casos, por las calles estrechas que tienen, en esta zona de la ciudad abundan calles reservadas
  exclusivamente para los peatones o calles donde por lo menos se limita el acceso permitido a los coches.
  Muchas veces solo se permite que circulen los coches por algunas calles y frecuentemente solo pueden
  hacerlo los residentes de esos barrios.

- En muchas ciudades, sobre todo en el caso de las ciudades españolas, el casco viejo es una parte muy
  importante de la ciudad y es una zona que se mantiene con mucho cuidado; cuando los edificios
  históricos demuestran problemas, los gobiernos locales o regionales responden rápidamente para
  reformarlos y restaurarlos. Algunas ciudades en América Latina que tienen centros históricos
  especialmente notables incluyen: El viejo San Juan en Puerto Rico, Antigua en Guatemala, La Habana
  Vieja en Cuba, el Casco Antiguo de Panamá y el Centro Histórico de la Ciudad de México.

- En América Latina también existen numerosos e importantes lugares y ciudades "precolombinos" o
  "prehispánicos", es decir, lugares fundados por diversas poblaciones indígenas antes de la llegada de
  Cristóbal Colón y los españoles. Muchos de estos lugares tienen impresionantes construcciones como
  pirámides, templos, palacios y otros edificios de las sociedades indígenas que vivían en esas zonas
  mucho antes de que empezaron los proyectos de colonización por parte de los europeos. Algunas de las
  ciudades prehispánicas más famosas son Cuzco en Perú y en México: Teotihuacán, Tajín, Chichén-Itzá
  y Uxmal.

- Existen también numerosos sitios arqueológicos de estas culturas indígenas que tienen gran valor
  histórico y cultural. Algunos de estos sitios incluyen: Quiriguá en Guatemala, Copán en Honduras,
  Tiahuanaco en Bolivia, Joya de Cerén en El Salvador y San Agustín en Colombia.

1. ¿En qué consiste el casco antiguo o el centro histórico de una ciudad? ¿Qué tipo de edificios, atracciones y tiendas hay allí?

_____

_____

_____

2. ¿Cuáles son algunas ciudades en América Latina que tienen cascos antiguos notables y en qué países están?

_____

_____

_____

3. Haz una búsqueda de imágenes con los nombres de por lo menos tres ciudades latinoamericanas con cascos antiguos notables, y después describe cómo son los edificios que ves en las fotos.

_____

_____

_____

4. ¿Qué significa "precolombino"? ¿Qué significa "prehispánico"?

_____

_____

_____

5. ¿Cuáles son algunas ciudades prehispánicas de América Latina y dónde están?

_____

_____

_____

6. Haz una búsqueda de imágenes en el Internet con los nombres de por lo menos cuatro lugares prehispánicos. Después escribe una comparación y un contraste de cómo son los edificios, construcciones y/o ruinas de los diferentes lugares que has elegido.

_____

_____

_____

_____

_____

07-38 **Heritage Language:** *tu mundo hispano.* Elige una ciudad del mundo hispano e investiga su historia y cómo ha evolucionado desde sus orígenes hasta hoy. Busca las respuestas a las siguientes preguntas, y después organiza los resultados de tu investigación en un ensayo.

- ¿Cuándo fue fundada?

- ¿Quién(es) la fundaron?

- ¿Cuáles han sido los cambios más importantes que ha experimentado la ciudad a lo largo de los siglos?

- ¿Cuáles son las diferentes culturas que han influido en su evolución? ¿Cómo ha influido cada cultura en el desarrollo de la ciudad?

- ¿Qué huellas de cada cultura todavía se ven en la ciudad hoy en día? ¿Cuáles son los monumentos, edificios históricos y/o ruinas más importantes que tiene hoy en día?

- En tu opinión, ¿qué cambios o impactos han sido los más positivos? ¿cuáles han sido los más negativos? ¿Por qué?

_____

_____

_____

_____

Nombre: _____   Fecha: _____

_____

_____

_____

_____

_____

_____

_____

_____

_____

_____

_____

_____

Laberinto peligroso

Episodio 7

Lectura: *¿Casualidades o conexiones?* (Textbook p. 318)

07-39 Comprensión. Lee el episodio, y después indica si las siguientes afirmaciones son **ciertas** o **falsas**.

1. Después de que salieron de la comisaría, Celia y Cisco se sentían bien.	Cierto	Falso
2. Celia y Cisco dudan que el detective crea que son inocentes.	Cierto	Falso
3. Como les han amenazado, Celia tiene miedo y quiere dejar la investigación.	Cierto	Falso
4. Celia y Cisco creen que sus investigaciones están relacionadas de alguna manera con el robo en la biblioteca.	Cierto	Falso
5. Cuando empezaron otra vez a trabajar, Cisco analizó los mapas.	Cierto	Falso
6. En este episodio descubrimos que otros mapas desaparecieron en otros países.	Cierto	Falso

07-40 Practicar las estrategias. Lee el siguiente fragmento de la lectura del **Capítulo 7,** y luego analízalo usando las preguntas de la sección **Estrategia:** *Identifying elements of texts: tone and voice.* ¿Qué importancia tienen el tono y la voz en esta parte de la lectura y en este episodio en general? ¿Por qué?

Cuando llegaron a la casa de Cisco, era ya tarde y estaban agotados. Celia y Cisco habían estado varias horas en la comisaría hablando con el detective encargado del caso.

Después de declarar ante la policía, estaban realmente preocupados.

—Tú y yo sabemos que somos inocentes, pero no creo que le hayamos convencido al detective; creo que durante toda mi declaración estaba dudando de mi palabra. Está claro que somos los sospechosos principales en ese caso. ¡Es fundamental que le hagamos creer en nuestra inocencia! Tenemos que demostrarle que no hemos robado nada, que somos periodistas legítimos y que estamos realizando una investigación legítima —dijo Celia, un poco agobiada.

—Estoy completamente de acuerdo contigo, Celia. Por eso, es más importante ahora que nunca que sigamos investigando para que podamos resolver los dos casos, y para que la policía pueda saber con total seguridad que no somos los culpables. —respondió Cisco con firmeza.

_____

_____

_____

_____

_____

_____

_____

_____

_____

_____

_____

Video: ¡*Trazando rutas y conexiones!* (Textbook p. 320)

07-41 Antes de ver. Mira las siguientes fotos del episodio, y haz una hipótesis sobre lo que crees que va a pasar durante este episodio. Incluye todos los detalles que sean posibles. ¿Dónde están los personajes? ¿Qué están haciendo? ¿De qué están hablando? ¿Qué van a descubrir?

07-42 Después de ver. Lee las siguientes oraciones, entonces mira el vídeo y después de ver el episodio indica si son **ciertas** o **falsas**.

1. Celia acaba de ir de compras.	Cierto	Falso
2. Javier está cocinando cuando Celia llega.	Cierto	Falso
3. Cisco está enojado con Javier.	Cierto	Falso
4. La policía de España tiene un papel en el caso.	Cierto	Falso
5. Celia revela que sabe más de lo que había dicho antes.	Cierto	Falso
6. Las plantas medicinales se venden a unos drogadictos.	Cierto	Falso
7. La policía sabe que el laboratorio de Cisco se cerró.	Cierto	Falso
8. La policía quiere que Cisco venga inmediatamente.	Cierto	Falso
9. Javier le acusa a Cisco de haber robado los mapas.	Cierto	Falso
10. Javier y Celia se quedan en el apartamento de Cisco.	Cierto	Falso

07-43 Las compras de Celia. Mira la foto del episodio, y luego contesta las siguientes preguntas.

1. ¿Qué crees que compró Celia?

_____

_____

_____

2. ¿Por qué crees que Celia compró tantas cosas nuevas?

_____

_____

_____

_____

3. ¿Cómo reaccionan Javier y Cisco cuando Celia da una explicación de sus compras? ¿Por qué piensas que reaccionan así?

_____

_____

_____

_____

Refranes

07-44 Refranes sobre las tiendas. Escucha y lee los refranes, y después indica a qué explicación corresponde cada uno.

1. Quien tiene tienda, que la atienda; si no, que la venda. _____

2. Zapatero, haz tus zapatos y déjate de otros tratos. _____

3. Más alimenta el pan casero que el que vende el panadero. _____

4. No hay peor venta (hotel) que la que está vacía. _____

a. Son mejores las cosas que hacemos en casa que las que compramos en las tiendas.

b. Si no hay clientes en un lugar o tienda, es probable que no sea muy bueno.

c. Cada persona debe prestar atención a sus propios asuntos y no intentar interferir en los asuntos de otros.

d. Si quieres tener algo que es una gran responsabilidad, debes tener un compromiso fuerte con ello.

Comunidades

07-45 Experiential Learning: Una ciudad hispana. Vas a
hacer un trabajo en prácticas en una ciudad del mundo hispano durante tres
meses. Elige la ciudad donde vas a ir y después prepárate para tu estancia
(*stay*) investigando en el Internet la ciudad y sus atracciones, y las tiendas
y los servicios básicos que tiene. ¿Cuáles son las principales atracciones
turísticas que vas a querer visitar? ¿Cuáles son los principales centros
comerciales? ¿Qué tipo de tiendas tienen y qué servicios ofrecen? ¿Cuántos
consultorios y centros de salud hay en la ciudad?

07-46 Service Learning: Una guía de comercios y servicios para nuevos residentes.
Crea una guía comercial para nuevos residentes hispanohablantes en tu ciudad. ¿Cuáles son las mejores tiendas?
¿Dónde hay iglesias, mezquitas, sinagogas y otros centros religiosos? ¿Dónde hay consultorios médicos y
farmacias? ¿Dónde hay bibliotecas, teatros y museos? Organiza la guía de las diferentes tiendas según diferentes
categorías, como por ejemplo: comida y artículos de necesidad básica, ropa y complementos, artículos de regalo,
artesanía y productos locales, recuerdos para turistas, etc. Pon la información sobre los diferentes servicios
también según diferentes categorías, como por ejemplo: religión, salud, educación, cultura, etc. Después
comparte tu guía con algunos compañeros de clase, y trabaja como grupo para usar las mejores ideas de cada
persona para crear una guía más completa y todavía mejor hecha. Después ofrezcan las guías creadas por los
diferentes grupos al gobierno local y/o a la cámara de comercio de la ciudad.

Activities for *Letras:* Literary Reader for *¡Anda! Curso intermedio*

07-47 Letras: Kirmen Uribe. Estudia la información sobre Kirmen Uribe, y después completa el crucigrama.

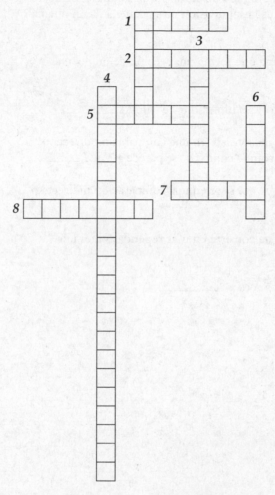

Horizontal

1. Además de poemas y novelas, Uribe ha escrito libros para _____ y jóvenes.

2. Uribe estudió su carrera universitaria en la ciudad de _____.

5. Después de terminar su carrera universitaria, Uribe fue estudiante internacional en_____.

7. Muchas de las obras de Uribe exploran diferentes aspectos de la cultura _____.

8. La lengua en la que escribe Uribe es el _____.

Vertical

1. La obra *Bilbao-New York-Bilbao* es la primera _____ de Uribe.

3. Uribe nació en la ciudad de _____.

4. Uribe nació en el año _____.

6. El libro *Mientras tanto dame la mano* es una colección de _____.

07-48 Letras: Términos literarios. Estudia los términos literarios, y después indica a qué definición cada término corresponde.

1. repetición de un sonido (*sound*) al final de los versos de una composición poética _____

2. palabra o grupo de palabras que siguen un ritmo y que son parte de un poema; después de la palabra, es la subdivisión más pequeña de un poema _____

3. un grupo de versos de un poema que forma una sección de un poema _____

4. algunos ejemplos son la metáfora, la hipérbole y el símil _____

5. un tipo de lenguaje figurado que consiste en una comparación directa o explícita que emplea palabras como "como" o "se parece a" _____

6. un tipo de lenguaje figurado que consiste en una comparación indirecta o implícita _____

7. un tipo de lenguaje figurado que consiste en usar repetidas veces una conjunción _____

8. un verso que no rima con otros versos _____

a. estrofa

b. metáfora

c. símil

d. verso

e. rima

f. polisíndeton

g. lenguaje figurado

h. verso libre

07-49 Comprensión. Estudia el poema, y después elige la respuesta o las respuestas correctas a las preguntas.

1. Según las personas mayores, ¿cuántos ríos hay debajo de la ciudad?
   a. aproximadamente seis
   b. menos de diez
   c. más de doce

2. ¿Cómo es la parte de la ciudad que describe el poema?
   a. una zona donde no vive mucha gente y donde hay muchas tiendas
   b. una zona donde viven obreros
   c. una zona con casas muy lujosas

3. ¿Cómo podemos saber que hay un río debajo de esa parte de la ciudad?
   a. porque hay árboles allí
   b. porque podemos ver el agua
   c. porque hay un puente

4. Según la voz poética, ¿cómo es el río que todos tenemos dentro de nosotros?
   a. está escondido
   b. pronto va a salir de sus bordes
   c. está secándose

5. ¿Cómo está la anciana que se menciona en la cuarta estrofa del poema?
   a. está muy contenta
   b. no está bien
   c. está tirando ropa a la calle

6. ¿Qué ocurre con el árbol al final del poema?
   a. el viento lo saca de la tierra
   b. el viento lo mueve mucho
   c. el vestido de la anciana se cae encima de él

07-50 Análisis. Examina de cerca la segunda estrofa del poema. ¿Qué quiere comunicarnos el poeta y cómo nos lo comunica? ¿Cuál es el tono de esta estrofa? ¿Qué figuras retóricas usa el autor en estos versos? ¿Qué impacto tiene esta estrofa en ti? ¿Cómo se relaciona con el resto del poema?

_____

_____

_____

_____

_____

_____

_____

_____

_____

_____

8 La vida profesional

Comunicación I

Vocabulario

1. Algunas profesiones: Comparing and contrasting professions
(Textbook p. 326)

08-01 Las profesiones. Escucha las descripciones sobre el trabajo de las diferentes personas, y después asocia cada persona con la profesión correcta.

1. _____   a. peluquera

2. _____   b. amo de casa

3. _____   c. mecánico

4. _____   d. dentista

5. _____   e. granjero

6. _____   f. ingeniera

7. _____   g. contador

8. _____   h. psicóloga

9. _____   i. reportera

10. _____   j. veterinaria

08-02 Salidas profesionales. Escucha lo que estudió cada persona y después indica cuál es la profesión más lógica de cada persona.

1.
   - a. el político
   - b. el dentista
   - c. el veterinario

2.
   - a. la cartera
   - b. la peluquera
   - c. la mujer de negocios

3.
   - a. el psicólogo
   - b. el jefe de la fábrica de una compañía multinacional
   - c. el asistente de vuelo

4.
   - a. el mecánico
   - b. el banquero
   - c. el maestro

5.
   - a. la comerciante
   - b. la bombera
   - c. la reportera

6.
   - a. la abogada
   - b. la veterinaria
   - c. la contadora

7.
   - a. el ingeniero industrial
   - b. el escritor
   - c. el piloto

Repaso

Los adjetivos como sustantivos: Using adjectives as nouns to represent people, places, and things (Textbook p. 327)

08-03 **Los comentarios de Rafaela.** Rafaela responde a lo que dice Jason para animarlo un poco. Completa las oraciones con un adjetivo como sustantivo, según las palabras entre paréntesis. La primera sirve como modelo.

lo mejor	los televisivos	el mayor	lo bueno	las mejores	lo difícil	~~lo interesante~~

Lo interesante del caso de este escritor de gran éxito internacional es que no empezó su carrera en el ámbito de la

literatura; antes de escribir su primera novela ya había trabajado durante más de veinte años como reportero.

Primero trabajó durante más de diez años haciendo reportajes escritos para un periódico, y después pasó a hacer

(1) _____ para el canal Televisión Española (TVE).

Muchas de las novelas de Pérez Reverte tienen influencias de los libros de aventuras; para muchos de sus

lectores, (2) _____ de sus libros es el suspenso y la intriga. En los últimos veinticinco años Pérez

Reverte ha publicado más de veinte novelas, algunas centradas en una variedad de temas y otras como parte de la

serie *Las aventuras del capitán Alatriste*. Aunque realmente en el caso de este escritor (3) _____ es

encontrar novelas que no sean divertidas e interesantes de leer, en mi opinión, (4) _____ son *El*

club Dumas, *La piel del tambor* y toda la serie Alatriste. Es posible que (5) _____ que le ha pasado

durante toda la carrera literaria a este autor no sea el haber vendido millones de novelas a un público lector muy

fiel (*faithful*) ni tampoco el haber ganado importantes premios, sino su ingreso en la Real Academia de la Lengua

Española, un honor bastante importante, quizá (6) _____ que un escritor pueda recibir en

España.

08-04 Heritage Language: *tu español*. Asocia cada profesión con la descripción adecuada. Si es necesario, busca el significado de los términos en un diccionario.

1. el empresario / la empresario _____

2. el ejecutivo / la ejecutiva _____

3. el juez / la jueza _____

4. el traductor / la traductora _____

5. el / la intérprete _____

6. el programador / la programadora _____

a. una persona que explica en una lengua conocida por su interlocutor lo que se ha dicho en otra lengua

b. una persona que desarrolla programas de computación

c. una persona que escribe una versión en una lengua de un texto que fue escrito originalmente en otra lengua

d. una persona que empieza o dirige su propia compañía

e. persona que tiene un papel importante dentro de la dirección de una compañía

f. persona que decide sobre la culpabilidad en los casos jurídicos

Gramática

2. El futuro: Indicating actions in the future
(Textbook p. 330)

08-05 Una semana con muchas cosas que hacer. Claudia está muy ocupada esta semana con trabajo importante. Escucha lo que te cuenta sobre su semana, prestando atención especial a los tiempos verbales que usa. Después, para cada persona y actividad mencionadas, indica si es algo que ya pasó, si es algo que no ha pasado y que no va a pasar o si es algo que todavía no ha pasado pero que va a pasar.

1. Claudia y su compañera / visitar el centro comercial

   ya pasó   no ha pasado y no va a pasar   todavía no ha pasado, pero va a pasar

2. Claudia y su compañera / visitar las tiendas

   ya pasó   no ha pasado y no va a pasar   todavía no ha pasado, pero va a pasar

3. las tiendas / cerrar

   ya pasó   no ha pasado y no va a pasar   todavía no ha pasado, pero va a pasar

4. Claudia y su compañera / comprar unas cosas para la oficina

   ya pasó   no ha pasado y no va a pasar   todavía no ha pasado, pero va a pasar

5. Claudia / regresar al centro comercial

   ya pasó   no ha pasado y no va a pasar   todavía no ha pasado, pero va a pasar

6. Claudia / reunirse con otra gente de su compañía

   ya pasó   no ha pasado y no va a pasar   todavía no ha pasado, pero va a pasar

7. Claudia / terminar un proyecto

   ya pasó   no ha pasado y no va a pasar   todavía no ha pasado, pero va a pasar

8. Claudia / hablar sobre el proyecto en público

   ya pasó   no ha pasado y no va a pasar   todavía no ha pasado, pero va a pasar

9. el cliente de Claudia / hablar sobre el proyecto en público

   ya pasó   no ha pasado y no va a pasar   todavía no ha pasado, pero va a pasar

10. Claudia / volver a su casa esta noche

    ya pasó   no ha pasado y no va a pasar   todavía no ha pasado, pero va a pasar

Nombre: _____ Fecha: _____

08-06 Los planes de Rafaela. Rafaela todavía no ha empezado la universidad y a pesar de ser muy joven, tiene todo su futuro profesional y personal muy claro. Completa la descripción de sus planes con la forma correcta en el futuro del verbo correcto.

sacar	poder	casarse	ser	llamarse	crear
hablar	saber	ir	dar	tener	estudiar

Primero (1) _____ mucho en mis clases de física y matemáticas para que después pueda ir a la

mejor universidad del país para hacer la carrera de ingeniería. En la universidad (2) _____ muy

buenas notas en todas mis clases, especialmente las de ciencias, tecnología e ingeniería. Durante un cuatrimestre

de la carrera, (3) _____ a otro país para estudiar en una universidad extranjera, conocer otra

cultura y aprender otro idioma. Después de estudiar allí durante esos meses, entonces una compañía importante

en el sector de las energías renovables de ese país me (4) _____ un trabajo en prácticas

(*internship*). Así, para cuando termine mis estudios en la universidad, yo (5) _____ mucho sobre

las tecnologías actuales y también de las del futuro. De esa manera, yo (6) _____ ser una

ingeniera muy importante en este país y en el mundo porque (7) _____ nuevas y mejores

energías renovables.

A nivel personal, mi novio y yo (8) _____ después de graduarnos de la universidad. Nosotros

(9) _____ dos hijos y ellos (10) _____ muy guapos, muy buenos y

extremadamente inteligentes. Ellos (11) _____ "Iñaki" (el primero) y "Salvador" (el segundo).

Como sus padres, ellos dos (12) _____ inglés y español perfectamente.

08-07 Heritage Language: *tu español.* Como las dos formas se escriben exactamente igual con la diferencia del acento escrito en el caso del futuro, es muy fácil confundir la forma del imperfecto de subjuntivo con el futuro de los verbos regulares que terminan en **-ar**. Escucha cada oración y presta atención al contexto y también a la pronunciación para determinar cuál de las palabras dice la persona.

1. estudiará   estudiara   estudiarás   estudiaras

2. estudiará   estudiara   estudiarás   estudiaras

3. estudiará   estudiara   estudiarás   estudiaras

4. hablará   hablara   hablarás   hablaras

5. hablará   hablara   hablarás   hablaras

6. hablará   hablara   hablarás   hablaras

7. trabajará   trabajara   trabajarás   trabajaras

8. trabajará   trabajara   trabajarás   trabajaras

Vocabulario

3. Más profesiones: Exploring additional professions (Textbook p. 335)

08-08 **El crucigrama.** Completa el crucigrama con el vocabulario correcto. ¡OJO! Debes usar el artículo definido con los sustantivos.

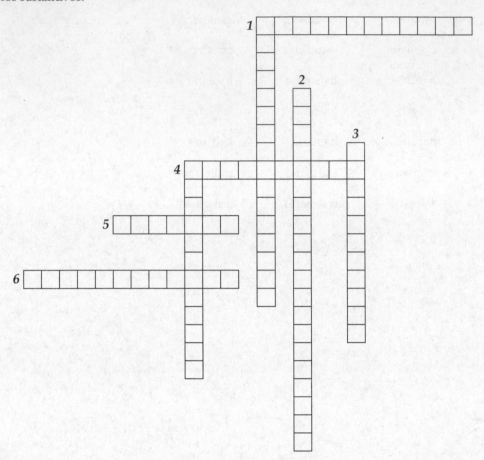

Horizontal

1. Si eres creativo/a y haces anuncios para vender productos en la televisión, es probable que hayas estudiado _____.

4. A muchos policías y abogados les fascina _____ criminal.

5. Los banqueros trabajan con _____.

6. Las personas que actualmente construyen aviones y puentes en el pasado tuvieron que estudiar _____.

Vertical

1. Si quieres ser propietario/a de un hotel, es buena idea estudiar _____ de hoteles.

2. Muchas personas que trabajan en la diplomacia han estudiado _____.

3. Para ser maestro, debes estudiar _____.

4. Si trabajas en un hospital y eres un profesional de la salud, es posible que hayas estudiado _____.

08-09 **Tus estudios y tus planes.** ¿Qué estudias ahora? ¿Por qué decidiste estudiar esa(s) carrera(s)? ¿Te gustan las clases de tu especialidad? ¿Por qué sí o por qué no? ¿Qué profesiones te interesan? ¿Por qué? ¿A cuál de estas profesiones aspiras para tu futuro? ¿Por qué? ¿Qué piensan tus amigos y tu familia de tus preferencias y aspiraciones? ¿Te parecen importantes sus opiniones? ¿Crees que en el futuro es posible que cambies de opinión? ¿Por qué o por qué no? Escribe un párrafo de por lo menos **quince** oraciones sobre tus preferencias y tus planes.

_____

_____

_____

_____

_____

_____

_____

_____

_____

_____

_____

_____

_____

08-10 Heritage Language: *tu español*. Mira cada departamento de una compañía multinacional, y después indica cuál de las personas es la más lógica para trabajar en esa área.

1. apoyo técnico _____   a. el psicólogo

2. contabilidad _____   b. la ingeniera

3. ventas _____   c. el informático

4. producción _____   d. el contador

5. recursos humanos _____   e. la mujer de negocios que estudió el mercadeo

6. planificación estratégica _____   f. la gerente

Gramática

El condicional: Discussing what would happen or what would be under certain conditions (Textbook p. 338)

08-11 ¡No hay tiempo! Tu amigo Eduardo ha aceptado un trabajo en otro país y ahora él y su esposa, Rosana, están preparándose para mudarse. No tienen tiempo para hacer todo lo que les gustaría hacer y él describe lo que harían con más tiempo. Completa las oraciones con la forma correcta en el condicional del verbo correcto.

cortarse	venir	estar	hacer	ir	llamar	visitar

Con un poco más de tiempo…

1. yo _____ por teléfono a mi abuela.

2. Rosana _____ el pelo en su peluquería favorita.

3. Rosana y yo _____ a la casa de mis padres para pasar un fin de semana con ellos.

4. Rosana y yo _____ a la familia de Rosana.

5. Rosana _____ yoga con sus amigas.

6. Todos nuestros amigos y parientes _____ a nuestra casa para una fiesta.

7. Rosana y yo _____ más tranquilos.

08-12 Preferencias profesionales. ¿Cuáles son tus preferencias respecto al trabajo? Contesta cada pregunta de forma afirmativa o negativa, según tu perspectiva y tus preferencias personales, usando la expresión apropiada y la forma correcta del condicional. Sigue el modelo con cuidado.

MODELO   ¿Te gustaría trabajar en tu universidad?

Me fascinaría tener un empleo en el campus.

OR

No me fascinaría tener un empleo en el campus.

importar tener que mudarse por el trabajo	interesar ser empleado en una compañía muy grande
parecer bien ofrecerle el trabajo	molestar trabajar para una persona así
gustar colaborar con un compañero así	~~fascinar tener un empleo en el campus~~

1. _____ ¿Te encantaría trabajar con una persona muy trabajadora que siempre hace los proyectos muy bien?

_____.

2. _____ ¿Te parecería bien tener un jefe que te llama constantemente para ver si estás haciendo las cosas bien?

_____.

3. _____ ¿Querrías ser uno de más de cien mil empleados?

_____.

4. _____ ¿Aceptarías una oferta de trabajo en otro país?

_____.

5. _____ ¿Aceptarías como empleado en tu compañía a una persona que no ha dado buenas respuestas a tus preguntas durante una entrevista?

_____.

08-13 Heritage Language: *tu español*. El condicional puede producir confusiones para las personas que hablan español e inglés porque uno de los usos principales del condicional consiste en expresar el equivalente a la construcción de *would* del inglés. Sin embargo, en inglés hay más de un uso de la palabra *would*. En algunos casos se usa para hablar de lo que haríamos en una circunstancia dada o hipotética: *If I did not have so much work to do, I would go to the beach with my family every weekend.* Por otro lado, muchas personas usan esta expresión para referirse a actividades que en el pasado hacían con cierta regularidad: *Back then my family and I would go to the beach every weekend.* Escucha cada oración en inglés, y después indica si esos usos de *would* corresponden al condicional o al imperfecto en español.

1. condicional   imperfecto

2. condicional   imperfecto

3. condicional   imperfecto

4. condicional   imperfecto

5. condicional   imperfecto

Notas culturales

La etiqueta del negocio hispano (Textbook p. 341)

08-14 La etiqueta del negocio hispano. Estudia la sección
Notas culturales, y después indica si las siguientes oraciones son **ciertas** o
falsas o si **No se dice** en la lectura.

1. Las reglas de etiqueta de negocio son iguales en todos los
   países latinos.   Cierto   Falso   No se dice.

2. Es mejor vestirse bien para una reunión o entrevista.   Cierto   Falso   No se dice.

3. Es aceptable usar la forma de *tú* con las personas en una entrevista.   Cierto   Falso   No se dice.

4. Es mejor usar títulos formales durante la entrevista o reunión.   Cierto   Falso   No se dice.

5. No es bueno hacer preguntas personales al principio de la reunión.   Cierto   Falso   No se dice.

6. Las reglas de etiqueta de negocio estadounidenses son muy diferentes
   que las del mundo latino, según el artículo.   Cierto   Falso   No se dice.

08-15 Una entrevista. Tienes una entrevista con los representantes de una compañía argentina donde quieres
hacer una pasantía (*internship*). Selecciona las frases que indican lo que debes hacer antes de y durante la entrevista.

llevar vaqueros

llevar un traje con corbata

referir a su profesor como "el Dr. Ibáñez", no como "Enrique"

masticar chicle

llevar zapatos de tenis

empezar con muchas preguntas sobre el programa

preguntar sobre el bienestar de la familia de su entrevistador

llegar tarde

usar las formas de usted y ustedes

Escucha (Textbook p. 343)

08-16 Los consejos de Bárbara. Tienes una entrevista para un trabajo y tu amiga Bárbara te deja un mensaje con información para ayudarte. Escucha el mensaje, y después elige la respuesta o respuestas correctas a cada pregunta.

1. ¿Cuál es el tema central del mensaje?
   a. preguntas generales para ti
   b. información sobre el entrevistador
   c. cómo dar una presentación
   d. la importancia de los colores en una entrevista

2. ¿Qué tipo de consejos e ideas comparte contigo?
   a. temas de conversación que debes explorar
   b. temas de conversación para evitar
   c. ropa para llevar
   d. preguntas para hacerle al entrevistador

3. ¿Cómo es la persona que conocerás?
   a. simpático
   b. antipático
   c. joven
   d. tradicional

4. ¿Cuándo lo conocerás?
   a. esta tarde
   b. esta noche
   c. mañana

5. ¿Cuál es el tono del mensaje?
   a. optimista
   b. pesimista

08-17 Una vez más. Estás con tu amiga Emilia y has recibido un mensaje de otra amiga, Bárbara. Emilia quiere saber qué te dijo Bárbara. Escucha el mensaje y luego parafrasea el mensaje para compartir con Emilia la información más importante.

Comunicación II

Vocabulario

3. Una entrevista: Considering different aspects of the business world
(Textbook p. 345)

08-18 Una entrevista de trabajo. Lee el siguiente diálogo de una entrevista
de trabajo, y escoge la palabra correcta para completar cada frase incompleta.

JOAQUÍN: Muy buenos días, Sr. Iturrioz. Espero que su familia esté bien.

EL GERENTE: Sí, muy bien, gracias. Espero que usted haya tenido un cuatrimestre
muy exitoso.

JOAQUÍN: Sí, gracias.

EL GERENTE: Bueno, como sabe usted, tenemos que (1) (contratar / entrevistar / renunciar) a todos los (2)
(aspirantes / horarios / beneficios) antes de tomar una decisión. Tengo aquí todas las (3) (cartas
de presentación / cartas de recomendación / metas) que usted entregó con la solicitud. Tres son
de sus profesores, y hay una de su jefe.

JOAQUÍN: Sí. Hace cuatro años que trabajo para él, aunque este año solo he trabajado durante las
vacaciones a causa de mi (4) (bono / horario / negocio) de clases.

EL GERENTE: Claro que sí. Bueno, lo que dicen estas personas de usted es impresionante. Y también en su
(5) (currículum / formación / sueldo) usted indica que ha tenido mucha experiencia y que tiene
muchas de las (6) (destrezas / empresas / metas) que se necesitan para colaborar bien en un
proyecto profesional.

JOAQUÍN: Sí, señor. He tratado de aprovechar bien el tiempo, y creo que he tenido una formación muy
buena en mi universidad.

EL GERENTE: Se nota. Si usted trabaja el año próximo para mi (7) (bono / empresa / sueldo), tendrá que
trabajar una jornada completa por cuatro meses. También, por ser un trabajo en prácticas
(*internship*) y por razones legales, no podrá recibir un (8) (puesto / sueldo / trabajo); todo es para
ganar experiencia. ¿Está usted satisfecho con esto?

JOAQUÍN: Claro que sí, señor. Me gustaría mucho tener la experiencia de trabajar para usted.

08-19 Los trabajos en prácticas. Estudia las palabras de vocabulario, y escoge todas las que sean
relevantes a un trabajo en prácticas no pagado.

el bono	la meta	la solicitud	contratar	entrevistar
la destreza	el sueldo	ascender	entrenar	ganar experiencia

Repaso

Los adjetivos demostrativos: Pointing out people, places, or things
(Textbook p. 346)

08-20 ¿Qué debo llevar? Ramón tiene una entrevista de trabajo mañana y quiere que su amiga le ayude a elegir la ropa que llevará. Completa el diálogo con el adjetivo demostrativo correcto. La primera sirve como modelo.

RAMÓN: Yo quiero llevar *este* traje aquí. Es mi favorito.

MARIELA: Pero (1) _____ traje que quieres llevar no es muy alegre;

es gris y aburrido.

RAMÓN: No tengo trajes con otros colores —solo gris y negro. Pero tengo (2) _____

corbatas aquí con diferentes colores. ¿Qué te parecen?

MARIELA: (3) _____ corbata que tienes en la mano derecha es mejor. Tiene color, pero todavía

es un poco conservadora. ¿Y los zapatos?

RAMÓN: Pienso llevar (4) _____ zapatos aquí a mi lado que son de color café.

MARIELA: No, no, no. ¿Zapatos de color café con un traje gris? ¡Por favor! Debes llevar

(5) _____ zapatos negros que veo allá en el fondo del armario.

RAMÓN: Entonces, ¿debo llevar (6) _____ camisa que tengo en las manos, o

(7) _____ camisa que está en la cama?

MARIELA: Creo que (8) _____ camisa que está allá en el armario parece mejor.

RAMÓN: Sí, pero está un poco sucia; tengo que lavarla. Y ¿(9) _____ calcetines aquí?

¿Qué te parecen?

MARIELA: Sí, son perfectos.

08-21 ¿Este, ese o aquel? Completa la conversación entre Mariela y Ramón con el pronombre demostrativo correcto. El primero sirve como modelo.

RAMÓN: Yo quiero llevar este traje aquí. Es mi favorito.

MARIELA: Pero *ese* no es muy alegre; es gris y aburrido.

RAMÓN: No tengo un traje azul marino. Pero tengo estas corbatas aquí que son azul marino.

           ¿Qué te parecen?

MARIELA: (1) _____ corbata que tienes en la mano derecha es mejor. Tiene color, pero todavía

           es un poco conservadora. ¿Y los zapatos?

RAMÓN: Pienso llevar (2) _____ aquí a mi lado que son de color café.

MARIELA: No, no, no. ¿Zapatos de color café con un traje gris? ¡Por favor! Debes llevar

           (3) _____ que veo allá en el fondo del armario.

RAMÓN: Entonces, ¿debo llevar esta camisa que tengo en las manos, o (4) _____ que está en

           la cama?

MARIELA: Creo que (5) _____ que está allá en el armario parece mejor.

RAMÓN: Sí, pero está un poco sucia; tengo que lavarla. Y ¿estos calcetines aquí? ¿Qué te parecen?

MARIELA: Sí, creo que debes llevar (6) _____.

08-22 Heritage Language: *tu español*. En español, sobre todo en el ámbito profesional, existen diferentes palabras para expresar ideas muy parecidas. Algunas expresiones se usan con mayor frecuencia en algunos lugares y otras en otros lugares. Para cada expresión alternativa, indica para cuál de las palabras del vocabulario activo es sinónimo.

1. remuneración _____   a. beneficios

2. prestaciones _____   b. aspirante

3. extra _____   c. sueldo

4. formar _____   d. entrenar

5. postulante _____   e. bono

Gramática

6. El futuro perfecto: Denoting what will have happened (Textbook p. 348)

08-23 Las metas. Gabriela es una estudiante graduada que tiene muchas metas para su futuro. Completa su descripción con la forma correcta en el futuro perfecto del verbo correcto.

Para el año que viene, yo (1) _____ (defender / evitar) la tesis de

maestría. En dos años, una universidad muy grande me (2) _____

(aprender / aceptar) para un programa de doctorado. Creo que para ese

momento, mis padres (3) _____ (levantarse / acostumbrarse) a mi idea de vivir por lo menos

unos años más en los Estados Unidos. Mi novio (4) _____ (mudarse / mover) a la ciudad donde

yo esté haciendo el doctorado. Nosotros (5) _____ (poder / decidir) cuándo será el mejor

momento para casarnos. En cinco años, yo (6) _____ (acabar / invertir) el doctorado y también

yo (7) _____ (renunciar / conseguir) el trabajo de mis sueños.

08-24 Tus metas. Piensa en tus metas personales, académicas y profesionales. Escribe qué habrán hecho tú y las personas importantes de tu vida para cada momento.

1. Para el año que viene:

   _____

   _____

   _____

2. Para dentro de cinco años:

   _____

   _____

   _____

3. Para dentro de diez años:

   _____

   _____

   _____

08-25 Heritage Language: *tu español*. A veces es fácil confundir algunas formas del futuro del verbo **haber** con algunas formas del verbo **abrir.** Escucha cada oración y usa el contexto, el significado y la pronunciación para determinar cuál de las palabras la persona dice.

1. habrán   abran

2. habrán   abran

3. habrás   abras

4. habrás   abras

5. habrá   abra

Vocabulario

7. El mundo de los negocios: Conveying business concepts
(Textbook p. 351)

08-26 La sopa de letras. Busca el vocabulario en la sopa de letras.

```
A G E N C I A H B O R R O S V I N A V
N E G O A M E R A L O C T A O E A G E
C A N B R E C D N S T A V O C R N E N
A C C A L R A E C A R B C A E N C T L
R U I N A U D O A G E O C O S A D E A
R E A C C I C A R E A L E R A G E V H
O R V A R O T R R N C S R D O R O E V
L D O L U N T A O L S A H O R O R B O
S O C R E J U N T U M E R C A D E A C
A H O R R O T L A B O L S I L U R C E
G O R O T A C U E R D E N C A R R A R
E R O L U C R E M E R C A D E O L S O
N C A R O T A V O C E R T A G E N C L
J U N T A G E N C R R C D E O R R O S
```

acuerdo	bancarrota	lucro
agencia	bolsa	venta
ahorro	junta	vocero

08-27 Asociaciones. Asocia cada palabra en español con la definición correcta.

1. actual _____

2. ahorrar _____

3. apropiarse _____

4. despedir _____

5. fabricar _____

6. financiero _____

7. hacer publicidad _____

8. hacer una huelga _____

9. invertir _____

10. jubilarse _____

a. crear materiales para vender sus productos o servicios

b. del presente, de ahora, de hoy día

c. que tiene que ver con el dinero

d. decirle a una persona que ya no puede seguir en su puesto de trabajo

e. darle dinero a otra persona o entidad con la esperanza de que acabes con más dinero después de un tiempo

f. crear o producir a través de un proceso industrial

g. dejar de trabajar voluntariamente, normalmente después de haber llegado a aproximadamente 65 años de edad

h. guardar el dinero o no gastarlo para tenerlo para el futuro

i. cuando un grupo de trabajadores deciden no trabajar como forma de protesta

J. hacer que algo que antes no era tuyo ahora sea tuyo

08-28 Heritage Language: *tu español*. En el mundo laboral y de los negocios hay muchas palabras en español que se parecen a palabras en inglés. Sin embargo, no todos los términos son cognados. Para cada palabra, elige el significado correcto.

1. jubilarse
   a. dejar de trabajar
   b. salir de la compañía de las personas con las que estás; salir a otro lugar u otro cuarto

2. retirarse
   a. dejar de trabajar
   b. salir de la compañía de las personas con las que estás; salir a otro lugar u otro cuarto

3. realmente
   a. en el tiempo presente
   b. verdaderamente

4. actualmente
   a. en el tiempo presente
   b. verdaderamente

5. salvar
   a. dejar dinero aparte para el futuro
   b. librar de un peligro

6. ahorrar
   a. dejar dinero aparte para el futuro
   b. librar de un peligro

7. fábrica
   a. centro de producción
   b. tejido

8. tela
   a. centro de producción
   b. tejido

Gramática

8. El condicional perfecto: Referring to what would have happened (Textbook p. 354)

08-29 Un desastre.

Paso 1. Robert tuvo una entrevista un poco desastrosa. Escucha lo que dice, y luego contesta las preguntas.

1. ¿Quién le presentó al Sr. Ortiz?
   a. su consejero
   b. el director del programa
   c. se presentó a sí mismo
   d. Nadie; el Sr. Ortiz canceló la entrevista.

2. ¿De qué hablaron al principio?
   a. los detalles del trabajo
   b. la empresa del Sr. Ortiz
   c. las familias
   d. los zapatos del Sr. Ortiz

3. ¿Qué idioma usaron durante la entrevista?
   a. inglés
   b. español
   c. italiano
   d. *a* y *b*

4. ¿Qué le pasó a Robert durante la entrevista?
   a. Estaba nervioso.
   b. Se le olvidó hablar de una manera formal.
   c. Se le cayó un vaso de agua.
   d. *a, b* y *c*

5. ¿Cuál fue el resultado de la entrevista?
   a. No se sabe todavía.
   b. El Sr. Ortiz le ofreció un trabajo.
   c. El Sr. Ortiz no le ofreció el trabajo.
   d. El Sr. Ortiz se enojó con él.

Paso 2. Lo que habría hecho. Robert habla sobre la entrevista con una amiga que a veces es demasiado sincera. Ella le explica lo que debería haber hecho para prepararse mejor para la entrevista. Completa las oraciones con la forma correcta en el condicional perfecto del verbo correcto.

Primero, yo, en tu lugar, (6) _____ (olvidar / estudiar) más la forma de *usted*. Normalmente

hablas español con los amigos, y es difícil recordar las otras conjugaciones cuando no las usas tan

frecuentemente. También (7) _____ (tranquilizarse / enojarse) mucho más antes de ir a la

entrevista; los nervios no sirven para nada. Además, yo no (8) _____ (renunciar / beber) el vaso

de agua. También (9) _____ (poder / llevar) unos pantalones menos apretados. En el lugar del

Sr. Ortiz, yo no (10) _____ (ser / estar) tan simpático contigo, pero afortunadamente para ti

parece ser un hombre muy comprensivo.

08-30 Reacciones a situaciones. Piensa en alguna situación difícil o complicada que ha vivido algún amigo o pariente tuyo y durante la que no reaccionaron de la misma manera en la que tú crees que tú habrías reaccionado. Explica qué le pasó, cómo reaccionó y cuáles fueron las consecuencias. Después usa el condicional perfecto para describir cómo habrías reaccionado tú y por qué.

_____

_____

_____

_____

_____

_____

_____

_____

_____

_____

08-31 Heritage Language: *tu español*. Al igual que con las formas del futuro del verbo **haber**, también puede ser fácil confundir algunas formas del condicional del verbo **haber** con algunas formas del verbo **abrir**. Escucha cada oración y usa el contexto y el significado para determinar cuál de las palabras la persona dice.

1. habrías   abrías

2. habrías   abrías

3. habría   abría

4. habría   abría

5. habríamos   abríamos

Perfiles

El trabajo y los negocios (Textbook p. 356)

08-32 Perfiles. Estudia la sección **Perfiles** del libro de texto, y después indica cuál(es) de las personas mencionadas mejor corresponde(n) al dato *(fact)* o la descripción presentada.

1. las telecomunicaciones	László Bíró	Carlos Slim Helú	Ana Patricia Botín
2. el bolígrafo	László Bíró	Carlos Slim Helú	Ana Patricia Botín
3. la banca	László Bíró	Carlos Slim Helú	Ana Patricia Botín
4. Santander	László Bíró	Carlos Slim Helú	Ana Patricia Botín
5. la ingeniería	László Bíró	Carlos Slim Helú	Ana Patricia Botín
6. la lista de Forbes	László Bíró	Carlos Slim Helú	Ana Patricia Botín
7. de España	László Bíró	Carlos Slim Helú	Ana Patricia Botín
8. de México	László Bíró	Carlos Slim Helú	Ana Patricia Botín
9. de Argentina	László Bíró	Carlos Slim Helú	Ana Patricia Botín
10. un/a billonario/a	László Bíró	Carlos Slim Helú	Ana Patricia Botín

08-33 ¿Con quién te gustaría trabajar? ¿Te gustaría trabajar con alguna de las personas mencionadas en la sección **Perfiles**? Si sí, ¿con cuál o cuáles de ellos? ¿Por qué? Si no, ¿por qué no?

¡Conversemos! (Textbook p. 358)

08-34 Las reacciones apropiadas.

Paso 1. Buenas noticias. Uno de tus amigos ha obtenido un trabajo y te llama por teléfono para compartir su buena noticia. Selecciona todas las expresiones apropiadas para la ocasión.

1. ¡Ánimo!   Lo siento.   ¡Qué maravilloso!

   Esto pasará pronto.   Mi más sentido pésame.   ¡Qué pena!

   ¡Felicidades!   No te preocupes.   ¡Sensacional!

   ¡Fenomenal!   ¡Qué extraordinario!

Paso 2. Otras situaciones. Tus amigos comparten todo tipo de noticias contigo. Para cada noticia, escribe la reacción más apropiada. Usa cada reacción solamente una vez.

Lo siento	Mis más sinceras condolencias	Te felicito	Tranquilo

2. Mi abuela acaba de morir.

   _____.

3. He ganado una beca para el año próximo.

   _____.

4. Mi compañero de trabajo rompió mi ordenador y estoy furioso.

   _____.

5. Se me cayó un vaso de jugo en los pantalones del gerente durante mi entrevista de trabajo.

   _____.

08-35 Problema en el trabajo. Uno de tus amigos te ha llamado y te ha dejado un mensaje. Está muy preocupado porque mañana tiene que reunirse con su jefe. Está convencido de que le va a despedir. Le llamas pero no contesta el teléfono. Déjale un mensaje. En tu mensaje debes reaccionar a su noticia e intenta calmar sus preocupaciones.

Escribe (Textbook p. 360)

08-36 Una carta. Uno de tus amigos necesita escribir una carta comercial en español, pero no entiende bien los términos. Indica si los siguientes saludos y despedidas son para una **Carta comercial** o una **Carta personal.**

1. Abrazos,   Carta comercial   Carta personal

2. Estimado señor García: Carta comercial   Carta personal

3. A quien corresponda: Carta comercial   Carta personal

4. Atentamente,   Carta comercial   Carta personal

5. Con cariño,   Carta comercial   Carta personal

6. Cordialmente,   Carta comercial   Carta personal

7. Les saluda atentamente,   Carta comercial   Carta personal

8. Muy atentamente,   Carta comercial   Carta personal

9. Muy señora mía: Carta comercial   Carta personal

10. Querida Pilar: Carta comercial   Carta personal

08-37 **Una carta en el ámbito profesional.**

Paso 1. Antes de escribir. Has tenido una entrevista de trabajo y ahora quieres darle las gracias al gerente de la compañía por haberte dado la oportunidad para hablar sobre tu interés en la compañía y la oferta de trabajo. Haz una lista de cinco cosas que debes mencionar en la carta. También escoge un saludo y una despedida.

_____

_____

_____

_____

_____

Paso 2. Una carta de agradecimiento. Ahora, escribe tu carta de agradecimiento. Debes usar los tiempos del pasado para hablar sobre la experiencia de conocerlo a él y su compañía, debes usar el condicional para referirte al tipo de empleado que serías y sobre lo que te gustaría hacer en su compañía y debes usar el futuro para describir lo que crees que pasará con su compañía en el futuro. Escribe por lo menos **diez** oraciones. Tienes que incluir un saludo y una despedida apropiados para el contexto profesional.

_____

_____

_____

_____

_____

_____

_____

_____

_____

_____

Vistazo cultural

Algunos negocios y profesiones en Argentina y Uruguay (Textbook p. 362)

08-38 **Uruguay y Argentina.**

Paso 1. Estudia la información en la sección **Vistazo cultural** en el libro de texto, y después asocia la información cultural con los detalles correctos.

1. Aeromás _____   a. Carlos Gardel

2. Alfajores Havanna _____   b. Es como un vaso.

3. el gaucho _____   c. Recibió un Emmy.

4. la industria de vinos _____   d. un negocio de transporte

5. el mate _____   e. un vaquero

6. Pedro Sevcec _____   f. unas galletas

7. el tango _____   g. la viticultura

Paso 2. Para cada dato, indica si se asocia con Argentina, Uruguay o los dos países.

8. Aeromás	Argentina	Uruguay	los dos países
9. Alfajores Havanna	Argentina	Uruguay	los dos países
10. el gaucho	Argentina	Uruguay	los dos países
11. la industria de vinos	Argentina	Uruguay	los dos países
12. el mate	Argentina	Uruguay	los dos países
13. Pedro Sevcec	Argentina	Uruguay	los dos países
14. el tango	Argentina	Uruguay	los dos países

08-39 ¿Cuál prefieres? Después de estudiar la información sobre Argentina y Uruguay, ¿cuál de los dos países te parece más interesante? ¿A cuál de ellos te gustaría visitar más? ¿Por qué? Usa la información del texto para justificar tu opinión.

Más cultura

08-40 La jornada partida. Lee la siguiente información sobre los horarios de trabajo en el mundo hispano, y después contesta las preguntas.

- Cuando uno piensa en la típica jornada laboral norteamericana la expresión que normalmente viene a la cabeza es trabajar de "9 a 5". En los países hispanos eso se conoce como jornada continua y, aunque pueda resultarnos chocante, no es el tipo de jornada más habitual para quienes trabajan en comercios, instituciones estatales (como correos, escuelas públicas, oficinas de información y turismo, etc.). Todas estas personas normalmente tienen jornada partida, es decir, trabajan 4 o 5 horas por la mañana y 3 o 4 horas por la tarde. A mitad del día, hay un descanso para que los empleados puedan aprovechar para ir a sus casas a comer con la familia y descansar. Este es el caso de las tiendas en muchos lugares por el mundo hispano cuyo horario habitual es de en torno a las nueve o las diez de la mañana hasta la una y media o las dos de la tarde, y después desde las cinco de la tarde hasta las ocho.

- En algunos lugares, sobre todo por las grandes ciudades, la situación parece estar cambiando poco a poco. Muchos empleados trabajan cada vez más lejos de sus domicilios, lo que hace prácticamente imposible regresar a sus casas al mediodía. En lugar de ello se encuentran con tres horas "muertas" en mitad del día. Además esto hace que les resulte más difícil conciliar el trabajo con la vida familiar (ya que salen de sus casas a primera hora de la mañana y no regresan hasta la noche).

- Los defensores de la jornada continua no solo afirman que esta ayuda a mejorar la vida familiar: también defienden que incrementa la productividad de los empleados. Aunque los empleados trabajan las mismas horas en total, afirman que cuando se trabaja con una jornada partida el rendimiento de los trabajadores es menor en las últimas horas de la mañana y las primeras horas de la tarde.

- Algunos afirman que los beneficios de la jornada continua afectarían no solo a las empresas y los trabajadores, sino también a la ciudad y el medio ambiente. Los trabajadores no harían cuatro veces el viaje desde su casa hasta el trabajo cada día, sino solamente dos. Esto ayudaría la situación del tráfico y la circulación en las ciudades y reduciría la contaminación acústica (*noise*) y también la del aire.

- Por su parte, quienes defienden la jornada partida, dicen que un descanso al medio día ayuda a realizar mejores digestiones después de la comida y permite que los trabajadores continúen la sana costumbre de la siesta. Afirman que relajarse después de comer reduce el estrés y hacen que el ritmo de vida sea más sano.

1. ¿En qué consiste la jornada continua? ¿En qué consiste la jornada partida?

_____

_____

_____

_____

2. ¿Cuáles son las ventajas de los dos tipos de jornada?

_____

_____

_____

_____

3. ¿Cuáles son las desventajas de los dos tipos de jornada?

_____

_____

_____

_____

4. Con la opción de elegir, ¿cuál de los dos tipos de jornada crees que preferirías tú? ¿Por qué?

_____

_____

_____

_____

_____

_____

_____

Nombre: _____ Fecha: _____

08-41 Heritage Language: *tu mundo hispano*. Investiga cuáles son las características de las solicitudes de empleo y de los procesos de selección en un país hispano.

Paso 1. Entrevista a un amigo, pariente o a otro estudiante que tenga experiencia y conocimientos sobre los procesos de selección en su país de origen. Usa las siguientes preguntas para guiarte durante la entrevista:

1. ¿Qué tipo de información se incluye en el currículum? ¿Se incluye información personal? Si sí, ¿qué tipo de detalles? ¿Por qué?

2. ¿Cuáles son los diferentes pasos en un proceso típico de selección? ¿Se hacen entrevistas por teléfono o en persona? ¿Por qué? ¿Qué tipo de preguntas suelen (*tend to*) hacer los entrevistadores? ¿Pueden hacer preguntas personales? Si sí, ¿qué tipo de preguntas personales hacen? ¿Por qué?

_____

_____

_____

_____

_____

_____

_____

_____

_____

_____

Paso 2. Ahora escribe un análisis comparado de las solicitudes de empleo y los procesos de selección en los Estados Unidos y en el país de la persona a la que has entrevistado. ¿A qué crees que se deben las diferencias? ¿A través de cuál de los dos sistemas preferirías buscar empleo? ¿Por qué? ¿A través de cuál preferirías contratar a gente para trabajar en tu propia empresa? ¿Por qué?

_____

_____

_____

_____

_____

_____

_____

Laberinto peligroso

Episodio 8

Lectura: *Complicaciones en el caso* (Textbook p. 364)

08-42 Estrategia. En esta sección del libro de texto, aprendiste que en ciertas situaciones uno lee lentamente y en otras es apropiado leer más rápidamente. Mira la lista de situaciones e indica si leerías **lentamente** o **rápidamente** en cada situación, según lo que aprendiste en el libro de texto.

1. una novela romántica   lentamente   rápidamente

2. el libro de texto de tu clase de biología   lentamente   rápidamente

3. una receta para un plato nuevo   lentamente   rápidamente

4. unas instrucciones importantes   lentamente   rápidamente

5. el blog de tu mejor amigo/a   lentamente   rápidamente

Video: *¿Estoy arrestado?* (Textbook p. 366)

08-43 Después de mirar. Lee las siguientes afirmaciones, y después mira el episodio. Entonces, indica si las oraciones son **ciertas** o **falsas** o si **No se dice** en el video.

1. Cisco estaba fuera de la ciudad cuando el laboratorio se cerró.	Cierto	Falso	No se dice.
2. Javier cree que Cisco es culpable.	Cierto	Falso	No se dice.
3. El detective pregunta sobre una persona llamada "Rodolfo".	Cierto	Falso	No se dice.
4. La madre de Cisco y el padre de Celia tienen la misma profesión.	Cierto	Falso	No se dice.
5. La sobrina de Cisco es empresaria.	Cierto	Falso	No se dice.
6. La base de los criminales está lejos de la ciudad de Celia y Cisco.	Cierto	Falso	No se dice.
7. La mujer en el teléfono amenaza a Celia.	Cierto	Falso	No se dice.
8. Es posible que Cisco esté en peligro.	Cierto	Falso	No se dice.
9. La policía está siguiendo a Cisco.	Cierto	Falso	No se dice.
10. Celia y Javier van con Cisco a la biblioteca.	Cierto	Falso	No se dice.

08-44 ¿Qué harías tú? En una situación parecida a la que está viviendo Cisco, ¿cómo estarías y qué harías? ¿Cómo te sentirías durante la llamada telefónica? ¿Cómo reaccionarías? ¿Irías a la biblioteca? ¿Llamarías a la policía, a Celia o a Javier? Escribe un párrafo sobre cómo te sentirías y cómo reaccionarías. Usa el condicional cuando sea necesario.

_____

_____

_____

_____

_____

_____

Refranes

08-45 Refranes sobre el trabajo y las profesiones. Lee los refranes que siguen, y explica qué significan y cómo se relacionan con los temas que has explorado en este capítulo.

1. "Aprendiz de mucho, maestro de nada".

_____

_____

2. "La práctica hace al maestro".

_____

_____

3. "Agua le pido a Dios; a los políticos nada".

_____

_____

4. "Buen abogado, mal vecino".

_____

_____

5. "El diablo, antes de ser diablo, fue abogado".

_____

_____

6. "De enero a enero, gana el banquero".

_____

_____

7. "Del jefe y del burro viejo, mejor cuanto más lejos".

_____

_____

8. "A la pereza sigue la pobreza".

_____

_____

Comunidades

08-46 Experiential Learning: Ofertas de trabajo. Usa un buscador de empleo en el Internet para explorar las diferentes ofertas de trabajo que hay para estudiantes de tu especialidad en un país hispano. ¿Cuántas oportunidades hay para una persona como tú? ¿Qué tipo de oportunidades hay? ¿Cómo comparan esas oportunidades con las que podrías tener en la ciudad donde vives ahora? Elige la oferta más interesante según tus preferencias y objetivos profesionales, y prepara una carta de presentación para solicitar ese empleo.

08-47 Service Learning: Una solicitud de empleo. Ponte en contacto con la oficina de desempleo de tu ciudad, con la oficina de salidas profesionales (*career services*) de tu universidad o con la oficina para estudiantes internacionales. Ofrece tu ayuda a gente de países hispanohablantes que necesitan ayuda con el inglés, especialmente con la búsqueda de empleo en inglés. Debes ayudarles con la preparación de solicitudes de empleo y para entrevistas de trabajo. Será importante que les ayudes a aprender cómo decir expresiones y vocabulario del español en inglés y a dominar (*master*) mejor las palabras y la gramática en inglés que necesitarán para hacer una buena solicitud y tener éxito en una entrevista. También será fundamental que les ayudes a entender cómo es un típico proceso de selección en los Estados Unidos y cómo los procedimientos (*procedures*) típicos comparan con los del mundo hispano.

Activities for *Letras:* Literary Reader for *¡Anda! Curso intermedio*

08-48 Sergio Vodanovic. Después de leer la información biográfica sobre Sergio Vodanovic, selecciona la mejor respuesta o las mejores respuestas para contestar cada pregunta.

1. ¿Dónde nació Sergio Vodanovic?
   a. Argentina
   b. Chile
   c. Croacia
   d. Estados Unidos

2. ¿Qué profesión o profesiones practicó?
   a. abogado
   b. periodista
   c. profesor
   d. ingeniero

3. ¿Qué escribía en los años cincuenta y sesenta?
   a. dramas
   b. cuentos
   c. novelas
   d. poemas

4. ¿Cuántas teleseries escribió en total?
   a. una
   b. cuatro
   c. cinco
   d. siete

5. ¿En qué se concentra en sus teleseries?
   a. la creación de personajes complejos
   b. comentarios sobre la situación actual de Chile
   c. tramas (*plots*) frívolas
   d. tramas de ciencia ficción

08-49 Términos literarios. Estudia los términos literarios, y después elige la mejor definición para cada palabra.

1. ironía _____

2. sátira _____

3. mutis _____

4. telón _____

5. escenario _____

6. acotación _____

7. monólogo _____

8. diálogo _____

a. la parte del teatro donde se monta la escena, donde están los actores y donde tiene lugar la obra

b. el texto en una obra de teatro que describe el escenario, los gestos de los actores, etc.

c. tipo de obra literaria que intenta criticar algo o a alguien

d. en una obra de teatro cuando un personaje habla solo

e. una figura retórica que consiste en comunicar lo opuesto de lo que dices

f. en una obra de teatro cuando dos o más personajes mantienen una conversación

g. tela grande en el escenario de un teatro que se abre cuando empieza la obra y que se cierra cuando termina

h. término usado en las obras de teatro para indicar que uno o varios personajes deben salir de la escena

08-50 Después de leer. Después de leer *El delantal blanco*, indica si las siguientes oraciones son **ciertas** o **falsas**.

1. La señora dice que lo más importante para una persona es tener clase.   Cierto   Falso

2. La señora quiere el delantal de la empleada porque se rompió su traje.   Cierto   Falso

3. La empleada tiene un traje de baño.   Cierto   Falso

4. La empleada no quiere casarse.   Cierto   Falso

5. La empleada empieza a actuar como la señora.   Cierto   Falso

6. La señora no empieza a actuar como la empleada.   Cierto   Falso

7. La empleada les dice a las otras personas que la señora está loca.   Cierto   Falso

8. El esposo de la señora llega, le ayuda a su mujer y se enoja con la criada.   Cierto   Falso

9. Unos jóvenes llegan para ayudar a la señora.   Cierto   Falso

10. El caballero dice que el comunismo es el problema de la sociedad.   Cierto   Falso

9 La expresión artística

Comunicación I

Vocabulario

1. El arte visual: Exploring the visual arts (Textbook p. 372)

 **09-01 Asociaciones.** Escucha cada descripción, y después asóciala con la palabra correcta en español.

1. _____   a. el paisaje

2. _____   b. el mural

3. _____   c. el óleo

4. _____   d. el lienzo

5. _____   e. el/la pintor/a

6. _____   f. el retrato

7. _____   g. el autorretrato

8. _____   h. la naturaleza muerta

9. _____   i. el taller

10. _____   j. la acuarela

🔊 **09-02 Descripciones del arte.** Escucha las descripciones, y después indica a cuál de las obras de arte corresponde.

A

B

D

C

E

1. _____   a. Foto A

2. _____   b. Foto B

3. _____   c. Foto C

4. _____   d. Foto D

5. _____   e. Foto E

Nombre: _____   Fecha: _____

09-03 Tus pinturas favoritas. ¿Qué tipo de pinturas te gustan a ti? ¿Cuáles son tus artistas favoritos? Elige dos pinturas famosas que te gustan mucho y escribe una descripción comparada de las dos obras de arte. ¿Cuándo creó cada artista cada obra? ¿Cómo es el estilo de cada pintura? ¿Qué tipo de materiales usó cada artista? ¿Qué colores tiene? ¿Qué crees que cada artista quiere comunicarnos con cada pintura?

_____

_____

_____

_____

_____

_____

_____

Repaso

Las comparaciones de igualdad y desigualdad: Offering comparisons of equality and inequality (Textbook p. 373)

09-04 Opiniones sobre el arte. Amalia tiene opiniones muy fuertes sobre el arte. Escucha sus comentarios sobre los siguientes artistas y sus obras de arte. Después completa las oraciones que expresan sus ideas, usando las expresiones **mejor que** y **peor que**.

Marcelo   **Fernando**   **Martín y Susana**

1. Marcelo representa el cuerpo humano _____ Fernando.

2. Fernando representa la cara de las personas _____ Marcelo.

3. Fernando representa los ojos de las personas _____ Marcelo.

4. Fernando hace los paisajes _____ Martín y Susana.

5. Susana pinta representaciones de los árboles _____ Martín.

6. Martín hace pinturas de las montañas _____ Susana.

7. Susana hace pinturas de las playas _____ Martín.

09-05 Las críticas del arte. En el mundo del arte, las críticas son muy importantes. En las críticas, no es infrecuente comparar las obras de un artista con las de otro artista. Usa las palabras para crear comparaciones, siguiendo el modelo con cuidado. Recuerda que debes usar el presente de indicativo en la primera parte de cada frase y el presente de subjuntivo en la segunda parte.

MODELO   Dudar que / esta pintura de Picasso / ser + innovador / esa pintura de Dalí
Dudo que esta pintura de Picasso sea más innovadora que esa pintura de Dalí.

1. No creer que / esta escultura / ser + llamativo / esa pintura

_____.

2. No pensar que / esta naturaleza muerta / ser - bonito / aquel paisaje

_____.

3. Dudar que / las acuarelas / ser = llamativo / esos murales

_____.

4. No creer que / este pintor / ser = talentoso / ese escultor

_____.

5. No ser cierto que / las pinturas de ese artista / ser + bueno / las mías

_____.

6. No pensar que / este mural / ser + grande / ese mural

_____.

09-06 Heritage Language: *tu español*. Lee el siguiente texto sobre la terminología y el arte, y después elige la respuesta correcta a cada pregunta.

La metonimia es una figura retórica por la que utilizamos un nombre para referirnos a algo con lo que está relacionado. Algunos tipos de metonimia son utilizar una parte de un objeto para referirse a todo el objeto, una causa para referirse al efecto, o un lugar para referirse a algo que se produce en dicho lugar, etc. Además de ser muy común el uso de este tipo de lenguaje figurado en la literatura, cuando se habla de la pintura también es muy frecuente emplear metonimias. Por ejemplo, muchas veces se habla de lienzo, no para referirse a la tela en la que se ha realizado la pintura, sino para hablar de la pintura misma. En este caso nos encontramos con una relación de metonimia que se denomina de materia por el objeto. También es muy habitual que se utilice el nombre de un autor para referirse a su obra. Por ejemplo, alguien podría decir que en el Museo Reina Sofía hay muchos picassos. Otro tipo más de metonimia es nombrar al instrumento para referirse al artista. Así alguien podría decir que Dalí ha sido uno de los más grandes pinceles de la historia.

1. Según el texto, ¿cuántos tipos de metonimia existen?
   a. 3
   b. 4
   c. más de 5
   d. 2

2. La metonimia es una figura que solamente se usa en la poesía y otras obras literarias.
   a. cierto
   b. falso

3. "He comprado un Dalí" es un caso de metonimia
   a. de parte por el todo
   b. de autor por su obra
   c. de instrumento por el artista
   d. de continente por el contenido

4. "Comprar el lienzo" es un caso de metonimia de
   a. usar la materia por el objeto
   b. usar el nombre del autor por su obra
   c. usar el instrumento por el artista
   d. usar el lugar para referirse a lo que se produce en dicho lugar

5. "Durante el transporte el óleo resultó dañado" es un caso de metonimia
   a. de usar el lugar para referirse a lo que se produce en dicho lugar
   b. de autor por su obra
   c. de instrumento por el artista
   d. de materia por el objeto

Gramática

2. Repaso del subjuntivo: El subjuntivo en cláusulas sustantivas, adjetivales y adverbiales: Recommending and suggesting, expressing volition, doubt, and emotions, and describing uncertainty or the unknown (Textbook p. 375)

09-07 Una exposición de arte. Escucha el anuncio informativo sobre una exposición de arte que una galería ha organizado, y después elige la respuesta a cada pregunta.

1. ¿Cómo va a ser la exposición?
   a. un evento con las mismas cosas aburridas
   b. un evento con mucho valor cultural
   c. un evento exclusivamente para intelectuales importantes

2. ¿Cuándo es la gala que van a celebrar para empezar la nueva exposición?
   a. todo este mes y todo el mes que viene
   b. lo antes posible
   c. el sábado

3. ¿Cómo es el arte de la exposición?
   a. Todas las obras de los diez artistas son muy innovadoras.
   b. Habrá obras de diferentes estilos.
   c. Todos los artistas usan las mismas técnicas.

4. ¿Durante cuánto tiempo van a tener la exposición en la galería?
   a. aproximadamente 9 semanas
   b. aproximadamente 4 semanas
   c. aproximadamente 2 semanas

5. Según el anuncio, ¿quiénes estarán en la gala?
   a. los críticos
   b. los artistas
   c. tú y tus amigos

6. ¿Por qué es buena idea ir a la galería muy pronto?
   a. porque solamente puedes ir a la gala si tienes una entrada
   b. porque la exposición va a terminar muy pronto
   c. porque la galería va a cerrar

09-08 La integridad artística. Raquel es artista y va a hacer una exposición muy importante. Está un poco nerviosa. Completa el diálogo con su amigo usando la forma correcta en el presente de indicativo o el presente de subjuntivo del verbo correcto.

ser	pensar	tener	decidir	gustar	ir	escribir	estar	parecer	decir

RAQUEL: Estoy muy nerviosa porque no quiero que los críticos (1) _____ cosas negativas

sobre mis pinturas. ¿Será posible que no les (2) _____ ninguna de mis obras?

LEO: No te preocupes. Sabes que tú (3) _____ mucho talento. No creo que ningún crítico

(4) _____ a decir nada malo sobre tus pinturas.

RAQUEL: Pero es cierto que algunas de mis obras (5) _____ muy innovadoras. Es posible que

a todos los críticos no les (6) _____ bien mis innovaciones.

LEO: Mira, te conozco. Imagínate que cualquier persona te diga que no le gusta tu estilo; dudo mucho

que, por eso, tú (7) _____ cambiar tu forma de pintar. ¿No es así?

RAQUEL: Tienes razón. Aunque me gustaría recibir críticas fabulosas, al final lo importante no es que otras

personas (8) _____ comentarios bonitos o feos sobre mis obras. El auténtico valor

de mi arte es algo que ellos no pueden afectar con sus palabras.

LEO: Me alegro mucho de que ahora otra vez (9) _____ pensando claramente y en lo que

realmente es importante. Espero que tú no (10) _____ más en los críticos; tienes

que concentrarte en tus pinturas y en estar tranquila.

09-09 Un artículo sobre una exposición. Un crítico visitó una exposición de arte recientemente y publicó un artículo con su opinión de las obras de la artista. Completa la introducción de su artículo con la forma correcta en el presente de indicativo o el presente de subjuntivo del verbo correcto.

tener	crear	pintar	estar	saber	organizar

Los críticos siempre vamos a las exposiciones de jóvenes artistas y queremos descubrir a un nuevo artista que

(1) _____ un estilo totalmente nuevo e innovador; pero claro, todos sabemos que las galerías de

arte (2) _____ muchas exposiciones para muchos artistas y todos estos pintores no pueden ser

revolucionarios. Este fin de semana fui a una exposición que me sorprendió muchísimo. No hay ningún artista

hoy día por esta zona que (3) _____ obras tan innovadoras como Raquel. No conozco a ningún otro pintor que (4) _____ mezclar los colores claros con los oscuros con tanto talento. Tampoco

existen pintores que (5) _____ obras tan originales con figuras cotidianas al lado de formas

abstractas. Todos ustedes tienen que conocer estas auténticas obras maestras que (6) _____

llenas de vida y emoción.

09-10 Una exposición. Juana y Romeo van a ir a una exposición de arte de varios pintores, entre ellos, una de sus amigas. Completa la descripción de sus planes con la forma correcta del verbo correcto en el presente de indicativo o el presente de subjuntivo.

dar	preferir	llegar	saber	ver	tener

Tan pronto como Juana (1) _____ a mi apartamento, podemos salir. Tenemos que esperarla,

puesto que ella (2) _____ cómo llegar a la galería. Iremos en su coche, a menos que ella

(3) _____ que yo conduzca mi coche. Juana me ha dicho que quiere que nosotros

(4) _____ las pinturas de nuestra amiga Raquel antes de ver las otras y estoy de acuerdo con ella

porque pienso que es importante que nosotros le (5) _____ nuestro apoyo. Me siento mucho

más cómodo yendo a exposiciones y hablando del arte ahora que (6) _____ una amiga

que es artista.

09-11 Heritage Language: *tu español*. A veces es fácil confundir algunas formas del subjuntivo con otras formas verbales porque la única diferencia entre ellas es la presencia o ausencia del acento escrito. Escucha cada oración, y después escribe correctamente la forma del verbo que se ha usado.

1. acabar _____

2. acabar _____

3. encargar _____

4. encargar _____

5. reflejar _____

6. reflejar _____

Vocabulario

3. La artesanía: Examining handicrafts and their artisans (Textbook p. 381)

09-12 La artesanía. Asocia cada imagen con el término correcto.

1.  _____

2.  _____

3.  _____

4.  _____

5.  _____

6.  _____

7.  _____

8. _____

a. la alfarería

b. el barro

c. la cerámica

d. la cestería

e. la escultura

f. la talla

g. el tapiz

h. el tejido

09-13 La familia de Celia. Celia habla de los talentos que tienen algunos miembros de su familia. Escucha lo que dice, y luego escoge la respuesta correcta o las respuestas correctas a cada pregunta.

1. En la familia de Celia, ¿quién es alfarera?
   a. su madre
   b. su abuela paterna
   c. su abuela materna
   d. su prima

2. En la familia de Celia, ¿quién es tejedora?
   a. su madre
   b. su abuela paterna
   c. su abuela materna
   d. la hermana de su madre

3. ¿Qué tipo de artesanía hace su madre?
   a. la alfarería
   b. la cerámica
   c. la escultura
   d. la talla

4. ¿Dónde se puede ver un ejemplo del arte de su abuela materna?
   a. en el dormitorio de Celia
   b. en la sala de Celia
   c. en el escritorio de Celia
   d. en el taller

5. ¿Qué hizo el padre de Julia?
   a. una talla
   b. un tapiz
   c. un tejido
   d. ninguna de estas cosas

09-14 Heritage Language: *tu español*. Descubre más sobre la artesanía por el mundo hispano, entrevistando a tres amigos, parientes o estudiantes de herencia hispana. Pregúntales cuáles son, en su opinión, los productos artesanales más importantes del país de origen de su familia. Después pregúntales cómo son esos productos y cómo se elaboran. Entonces, busca imágenes y más información en el Internet sobre dichos productos. Finalmente, escribe un resumen de los resultados de tus entrevistas e investigación.

_____

_____

_____

_____

_____

_____

Notas culturales

El Museo del Oro en Bogotá, Colombia
(Textbook p. 383)

09-15 El Museo del Oro. Estudia la sección **Notas culturales** en el libro de texto, y después indica si las oraciones son **ciertas** o **falsas** o si **No se dice** en la lectura.

1. El museo está en Bogotá, Colombia.   Cierto   Falso   No se dice.

2. El museo no ha cambiado desde que se abrió en el año 1968.   Cierto   Falso   No se dice.

3. El contexto histórico de los objetos no se considera en el museo.   Cierto   Falso   No se dice.

4. Hay un anillo de Moctezuma en el museo.   Cierto   Falso   No se dice.

5. El museo tiene objetos precolombinos que son primitivos.   Cierto   Falso   No se dice.

09-16 Una visita al museo. Busca la página de Internet del Museo de Oro, y explora la información sobre el museo que hay allí. ¿Qué salas tiene el museo? ¿Cuáles son las salas que te parecen más interesantes? ¿Por qué? ¿Cuáles son las que te interesan menos? ¿Por qué? ¿Cuáles son algunas de las exposiciones temporales que han hecho recientemente? ¿A cuáles te habría gustado visitar? ¿Por qué?

Escucha (Textbook p. 384)

09-17 Un problema entre amigos. Escucha la conversación entre Carolina y su amigo Isidro sobre una feria de artesanía a la que quiere ella que él vaya. Luego, escoge la respuesta correcta para completar cada oración.

1. Isidro no puede ir a la feria de artesanía mañana porque…
   a. tiene que estudiar.
   b. tiene que trabajar.
   c. tiene que empezar a escribir un ensayo.
   d. *a* y *c*

2. Isidro no puede ir a la feria durante el fin de semana porque…
   a. tiene que estudiar.
   b. tiene que trabajar.
   c. tiene que empezar a escribir un ensayo.
   d. *b* y *c*

3. Carolina quiere que él vaya a la feria para…
   a. mejorar su conocimiento de arte.
   b. conocer a su madre.
   c. conocer a unos de sus amigos que son artesanos.
   d. ver una obra de artesanía específica.

4. Isidro _____ a la feria.
   a. va pasado mañana
   b. va la semana que viene
   c. va el último día de la exhibición
   d. dice que no puede ir

5. Ahora, Isidro va…
   a. a clase.
   b. a la feria de artesanía.
   c. a pasar tiempo con Jazmín.
   d. a casa.

09-18 Las inferencias.

Paso 1. Carolina quiere que su amigo Isidro vaya con ella a una feria de artesanía, pero él dice que está demasiado ocupado. Al final de la conversación, Isidro dice abruptamente que tiene irse para estar con su novia Jazmín. Escucha el diálogo y mientras oyes lo que dicen, reflexiona sobre lo que crees que pasa con Isidro y lo que puede estar pensando. ¿Por qué piensas que no quiere ir a la feria? Escribe por lo menos tres posibles razones.

_____

_____

_____

_____

_____

_____

Paso 2. Isidro le deja un mensaje a Carolina en el buzón de voz de su teléfono celular para explicarle por qué no puede ir a la feria con ella. Escucha el mensaje y luego completa el mensaje de correo electrónico que Carolina le escribe respondiendo a su mensaje de voz. Usa el subjuntivo y escribe por lo menos **siete** oraciones.

Hola Isidro:

Escuché el mensaje que dejaste en el buzón de voz de mi teléfono celular.…

_____

_____

_____

_____

_____

_____

_____

_____

_____

Comunicación II

Vocabulario

4. La música y el teatro: Observing the world of music and theatre (Textbook p. 386)

09-19 Mi reproductor de MP3. Esteban habla sobre sus gustos y preferencias respecto a la música. Escucha lo que dice, y luego asocia cada grupo o artista con el estilo de música correcto.

la música popular	el rock	el jazz	la música alternativa	la ópera	el flamenco

1. Plácido Domingo _____   4. Paquito D'Rivera _____

2. Los Fabulosos Cadillacs _____   5. El Sueño de Morfeo _____

3. Fito y los Fitipaldis _____   6. Paco de Lucía _____

09-20 Tu reproductor de MP3. Describe tu reproductor de MP3 y los diferentes tipos de música que están representados allí. Menciona los nombres de artistas específicos y los géneros e instrumentos con los que se asocian. Indica también cuáles son tus artistas y canciones favoritos.

09-21 La música. Mira cada dibujo y, usando las palabras de la lista, escribe cuál es el instrumento o el estilo de música representado.

el clarinete	el flamenco	el saxofón	el violín	el teclado	el trío	el trombón

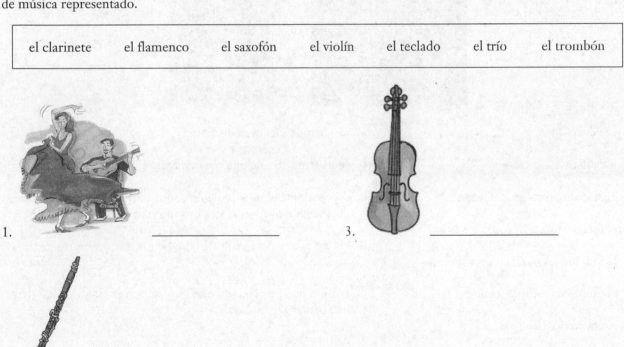

1. _____   3. _____

2. _____   4. _____

5. _____

7. _____

6. _____

09-22 El teatro. Asocia cada palabra con la descripción adecuada.

1. el decorado _____

2. el ballet _____

3. el/la dramaturgo/a _____

4. el escenario _____

5. la función _____

6. el miedo de salir a escena _____

7. el vestuario _____

a. el autor de una obra de teatro

b. representación de una obra de teatro

c. todos los elementos (muebles, adornos, etc.) que ponemos en el escenario al representar una obra de teatro

d. el lugar dentro de un teatro donde los actores representan la obra

e. cuando una persona se pone muy nervioso cada vez que tiene que hablar en público

f. danza clásica que se representa en un escenario

g. la ropa que llevan los actores

Nombre: _____   Fecha: _____

Repaso

El superlativo: Classifying people and things in the extreme
(Textbook p. 388)

09-23 Un drama único. Tania fue al teatro y tuvo una experiencia fabulosa. Completa sus oraciones con la expresión superlativa correcta de la lista.

la función más interesante	el más elaborado	la más original
los mayores	las mejores	la representación más auténtica

Fui a ver "El Rey León" con mi familia y tengo que decir que fue (1) _____ que he visto

durante esta temporada. El vestuario fue (2) _____ que he visto en mi vida; la representación de

los diferentes animales fue sin duda (3) _____ en toda la historia de esta obra de teatro. Tenían

todo tipo de animales, incluso algunos muy grandes; (4) _____ fueron los elefantes. Los

bailarines fueron impresionantes; su forma de mover fue muy artística y también fue (5) _____

posible del movimiento natural de esos animales en la realidad. Los cantantes hicieron un trabajo estupendo con

las canciones; de ellos creo que el hombre que hizo el papel de Simba y la mujer que hizo el papel de Nala

tenían (6) _____ voces.

09-24 Heritage Language: *tu español*. Busca la definición de cada uno de los siguientes términos del mundo del teatro, y después asocia cada palabra con su significado correcto.

1. el telón _____

2. la butaca _____

3. el patio _____

4. el gallinero _____

5. entre bastidores _____

a. la zona más alta donde hay asientos para los espectadores

b. la planta baja donde hay asientos para los espectadores

c. el asiento donde el espectador se sienta

d. la cortina que separa el escenario de la zona del teatro donde están los espectadores

e. las zonas a ambos lados y detrás del escenario que los espectadores no pueden ver

Gramática

5. Cláusulas condicionales de *si* (Parte 1): Discussing possible actions in the present and future (Textbook p. 391)

09-25 Posibilidades. Enrique es un actor que ha ido a un casting para una obra de teatro muy importante. Piensa que es posible que lo seleccionen para ser el protagonista de la obra. Ahora está pensando en todas las posibilidades. Completa sus oraciones con el vocabulario lógico de la lista y la forma correcta del verbo en el futuro.

> entonces poder arreglar por fin mi coche
>
> entonces ser muy famoso
>
> entonces tener más posibilidades para actuar en más obras en el futuro
>
> entonces poder renunciar mi trabajo en el restaurante
>
> seguramente ganar un Óscar

1. Si me eligen para esta obra,

   _____.

2. Si me pagan bien por mi trabajo,

   _____.

3. Si los críticos escriben comentarios muy positivos sobre mi actuación,

   _____.

4. Si consigo trabajar en otras obras más grandes e importantes,

   _____.

5. Si empiezo a trabajar también en el cine,

   _____.

09-26 La función perfecta. Manu es el director de una obra de teatro y está intentando motivar a la genta con la que trabaja. Completa sus oraciones con la forma correcta de la combinación correcta de los verbos, usando el presente y el futuro.

publicar, vender	coser, ser	querer, tener	hacer, escribir	ensayar, poder

1. Si los actores _____ mucho antes de la función, nosotros _____ hacer un

   espectáculo perfecto.

2. Si ustedes _____ la ropa con mucho cuidado, entonces el vestuario de la obra

   _____ muy bonito.

3. Si todos nosotros _____ muy buen trabajo para el estreno de la función, entonces los críticos

   _____ comentarios muy positivos sobre el espectáculo.

4. Si los periódicos _____ buenas críticas sobre nuestro espectáculo, después el teatro

   _____ más entradas para las demás noches.

5. Si ustedes _____ que hagamos un espectáculo fabuloso, saben que _____

   que trabajar mucho todos los días.

09-27 Heritage Language: *tu español*. Como la única diferencia entre "si" y "sí" consiste en la presencia o ausencia del acento escrito, es fácil confundir estas dos palabras. Escucha cada afirmación y, usando el contexto y la entonación para determinar cuál de las dos palabras se está usando, escríbela en el espacio.

1. _____

2. _____

3. _____

4. _____

5. _____

6. _____

Vocabulario

6. El cine y la televisión: Delving into the world of cinema and television (Textbook p. 394)

09-28 El crucigrama. Completa el crucigrama con el vocabulario correcto. Para los sustantivos, debes usar el artículo definido correcto.

1. Si participas en esto y ganas, recibirás dinero y/o regalos fabulosos.

2. Los actores tienen que memorizar _____.

3. Es un tipo de programa de televisión de romance y melodrama.

4. El trabajo de editar un programa o una película es _____.

5. Cuando ves la televisión y no te gusta el programa que estás viendo, siempre puedes buscar otro programa si

   cambias _____.

6. Antes de empezar a rodar, el director normalmente dice: ¡_____!

7. Si quieres saber lo que está pasando en el mundo, puedes ver _____.

8. Si quieres hacer algo divertido para niños, puedes ver con ellos unos dibujos _____.

09-29 Categorías. Escucha cada afirmación, y después indica a qué categoría corresponde el tema de la oración.

1.
   a. tipo de programa
   b. persona que trabaja en el mundo del cine y la televisión
   c. objetivo de un programa o una película

2.
   a. tipo de programa
   b. persona que trabaja en el mundo del cine y la televisión
   c. objetivo de un programa o una película

3.
   a. tipo de programa
   b. persona que trabaja en el mundo del cine y la televisión
   c. objetivo de un programa o una película

4.
   a. tipo de programa
   b. persona que trabaja en el mundo del cine y la televisión
   c. objetivo de un programa o una película

5.
   a. lo que hacen los actores
   b. lo que hacen los directores
   c. lo que hacen los guionistas
   d. lo que hacen los televidentes

6.
   a. lo que hacen los actores
   b. lo que hacen los directores
   c. lo que hacen los guionistas
   d. lo que hacen los televidentes

7.
   a. lo que hacen los actores
   b. lo que hacen los directores
   c. lo que hacen los guionistas
   d. lo que hacen los televidentes

8.
   a. lo que hacen los actores
   b. lo que hacen los directores
   c. lo que hacen los guionistas
   d. lo que hacen los televidentes

09-30 Heritage Language: *tu español*. Busca definiciones para las palabras siguientes, y después elige el significado correcto a cada término.

1. escena _____
2. tomas falsas _____
3. banda sonora _____
4. cámara lenta _____
5. doblaje _____
6. subtítulos _____
7. retrospección _____
8. sonido directo _____

a. cuando en una película se realiza un cambio de espacio temporal para recordar a un momento del pasado

b. cuando grabamos lo que dicen los actores en el momento de rodar la película

c. un efecto visual en el que hacemos que las imágenes de la película pasen más lentamente de lo normal

d. una unidad de acción y de tiempo de una película

e. palabras proyectadas en la pantalla para aquellos que no oyen bien o que no conocen la lengua de la obra

f. las escenas rodadas que no forman parte de la película final; muchas veces contienen errores divertidos

g. cuando el sonido se graba y se añade a la película después de haberla rodado

h. franja de la película donde está grabada el sonido; álbum con toda o una selección de música de una película

Perfiles

El arte como expresión personal (Textbook p. 397)

09-31 Perfiles. Estudia la sección **Perfiles** en el libro de texto, y después escoge la persona mejor descrita por las siguientes palabras.

1.	el cine	Julio Bocca	Alejandro González Iñárritu	Paco de Lucía
2.	el baile	Julio Bocca	Alejandro González Iñárritu	Paco de Lucía
3.	la música	Julio Bocca	Alejandro González Iñárritu	Paco de Lucía
4.	español	Julio Bocca	Alejandro González Iñárritu	Paco de Lucía
5.	mexicano	Julio Bocca	Alejandro González Iñárritu	Paco de Lucía
6.	argentino	Julio Bocca	Alejandro González Iñárritu	Paco de Lucía
7.	el Ballet Argentino	Julio Bocca	Alejandro González Iñárritu	Paco de Lucía
8.	*Amores Perros*	Julio Bocca	Alejandro González Iñárritu	Paco de Lucía
9.	el cajón	Julio Bocca	Alejandro González Iñárritu	Paco de Lucía
10.	el flamenco	Julio Bocca	Alejandro González Iñárritu	Paco de Lucía

09-32 Reacciones. Haz las siguientes búsquedas de vídeo en el Internet, y mira por lo menos un vídeo para cada una de las tres personas:

- Julio Bocca Ballet Argentino
- Alejandro González Iñarritu Trailer
- Paco de Lucía "Entre dos aguas"

Usa el subjuntivo para reaccionar a los vídeos que has visto y la información presentada en el libro de texto. Haz por lo menos **tres** comentarios sobre cada persona, y sigue el modelo.

MODELO   *Es interesante que Paco de Lucía pueda tocar las cuerdas de la guitarra rápidamente y perfectamente.*

¡Conversemos! (Textbook p. 398)

09-33 Meter la pata *(Put your foot in your mouth).* Hay un festival de cortometrajes hechos por estudiantes de la universidad. Alba ha invitado a su nuevo amigo Pasqui a ir a una de las sesiones con ella. Después de ver los cortometrajes, Alba le pregunta a Pasqui qué le han parecido. Pasqui comenta que no le gustó uno de los cortos, y resulta que es un corto que hizo la mejor amiga de Alba. No quiere ofender a su nueva amiga, pero no puede pensar bien y quiere "clarificar" su opinión. Completa sus oraciones con la expresión apropiada de la lista.

quiero decir   o sea   es decir   en otras palabras   es que

Bueno, (1) _____, no me gusta el tema de la obra. Es muy difícil representar la guerra. Lo que

(2) _____ es que tu amiga la ha representado bien, pero cómo el tema se relaciona con la guerra,

es deprimente. (3) _____, es una obra brillante y llamativa, pero el tema es muy triste.

(4) _____, que el cortometraje es magnífico en sí, pero el tema no me hace sentir bien.

(5) _____, me encanta la obra de tu amiga.

09-34 Críticas constructivas. La semana pasada estabas hablando con un amigo antes de clase sobre tu profesor de español. Durante la conversación, dijiste que creías que tu profesor de español les da a ti y a tus compañeros de clase demasiado trabajo y que pide que tú y tus compañeros de clase estudien demasiado. Mientras hablabas, no sabías que tu profesor estaba muy cerca de ti y oyó todas tus críticas no muy constructivas. Como dijiste algunas cosas que no debías haber dicho, ahora lo llamas para hablar sobre lo que pasó, pero no está en su oficina. Déjale un mensaje en su buzón de voz para hacer clarificaciones sobre lo que dijiste y para solucionar la situación.

Escribe (Textbook p. 400)

09-35 Escribir para convencer. Lee las oraciones y decide si estás de acuerdo o no con las ideas que expresan. Luego reflexiona y busca maneras de apoyar tu opinión y defender tu perspectiva. Para cada idea, escribe comentarios sobre cómo podrías hacer que otra persona piense que tu perspectiva es la correcta. Para cada afirmación debes escribir por lo menos un comentario de apoyo (enfocado en por qué tienes razón tú) y un comentario de refutación (enfocado en por qué crees que los que no piensan como tú no tienen razón).

1. El baile es una forma de comunicación.

   _____

   _____

2. La violencia en las películas de hoy en día es excesiva.

   _____

   _____

3. La artesanía es una de las más importantes expresiones artísticas que tienen las culturas.

   _____

   _____

4. Los efectos especiales en el cine son más eficaces (*effective*) que los que usan en el teatro, pero los del teatro son más emocionantes.

   _____

   _____

5. Es mejor que los niños pequeños no vean la televisión todos los días, y es importante que solamente vean ciertos tipos de programas.

   _____

   _____

09-36 Un ensayo. Elige uno de los siguientes temas y escribe un ensayo de tres párrafos para demostrar que lo que dice es cierto o para demostrar que no es cierto. Empieza el ensayo con un párrafo de introducción para expresar claramente tu perspectiva, un segundo párrafo para desarrollar tu argumento y convencer al lector y termina con otro párrafo de conclusión para resumir lo más importante de tu perspectiva y para motivarle a tu lector a explorar el tema más.

- El baile es una forma de comunicación.

- La violencia en las películas de hoy en día es excesiva.

- La artesanía es una de las más importantes expresiones artísticas que tienen las culturas.

- Los efectos especiales en el cine son más eficaces (*effective*) que los que usan en el teatro, pero los del teatro son más emocionantes.

- Es mejor que los niños pequeños no vean la televisión todos los días, y es importante que solamente vean ciertos tipos de programas.

_____

_____

_____

_____

_____

_____

_____

_____

_____

_____

_____

Vistazo cultural

El arte de Perú, Bolivia y Ecuador (Textbook p. 402)

09-37 ¿De dónde son? Estudia la información en la sección **Vistazo cultural** de tu libro de texto, y después selecciona el país de origen de las siguientes cosas y personas.

1. Susana Baca	Bolivia	Ecuador	Perú
2. El cajón	Bolivia	Ecuador	Perú
3. Los Kjarkas	Bolivia	Ecuador	Perú
4. El mercado de Otavalo	Bolivia	Ecuador	Perú
5. Carla Ortiz	Bolivia	Ecuador	Perú
6. Mario Vargas Llosa	Bolivia	Ecuador	Perú

09-38 Si te interesa… Estudia la información en la sección **Vistazo cultural** de tu libro de texto, y después escucha lo que le interesa a cada persona. Entonces indica cuál de las personas le fascinará, según sus intereses y preferencias.

Susana Baca
Oswaldo Guayasamín
Los Kjarkas
Carla Ortiz
Mario Vargas Llosa

1. Si te interesa eso, te fascinará _____.

2. Si te encantan esas cosas, te fascinará _____.

3. Si te gusta eso, te fascinará _____.

4. Si te interesa eso, te fascinará _____.

5. Si te encantan esas cosas, te fascinará _____.

Más cultura

09-39 La arpillera: el arte popular y la política.

Paso 1. Haz una búsqueda de imágenes en el Internet de los siguientes términos y describe las fotos que salen en los resultados.

1. Saco de estopa:

_____

_____

_____

2. Arpillera chilena:

_____

_____

_____

Paso 2. Lee el siguiente texto sobre un tipo de arte popular en Chile, y después contesta las preguntas.

- La arpillera, también conocida en algunos lugares como "la estopa", es un tejido tosco o una tela ruda que sirve para limpiar o hacer sacos para diferentes productos, como harina o patatas. Pero existe otro significado de la palabra, un significado de gran importancia cultural, histórica y política. Las mujeres chilenas que están en una situación económica muy poco privilegiada usan esta tela junto con pequeños trozos de otras telas, lanas y otros materiales, para bordar escenas rurales y representaciones de eventos históricos. Así, las arpilleras se convierten en tapices que representan la vida e historia de la gente.

- Estos tapices no son simples elementos decorativos, sino documentos históricos y de carácter político. Este tipo de arpillera tiene sus orígenes en Chile a partir de 1973, cuando las madres, hermanas y esposas de los detenidos (*detainees*) o desaparecidos (*disappeared*) políticos utilizaron estos tapices para relatar su incesante búsqueda de sus seres queridos. Muchas veces las arpilleras incorporaban trocitos (*small pieces*) de la ropa de las personas queridas. Muchas mujeres exportaban sus arpilleras al extranjero para ganar un poco de dinero con el que mantener su hogar.

- Con el tiempo, la práctica de confeccionar arpilleras se extendió a otros países, como Perú y Bolivia. En estos países también se crearon organizaciones y talleres de arpilleras con el mismo objetivo —denunciar la tragedia de los desaparecidos. Aunque el tema de cada arpillera es diferente, el elemento constante es la presencia de un hermoso sol en el fondo de cada tapiz, con el que se representa la esperanza del reencuentro con los familiares y amigos desaparecidos.

- "Las arpilleras han despertado la curiosidad de muchísimas personas. Los familiares de los desaparecidos han logrado expresar sus opiniones y llamar la atención de gente que vive en otros países gracias a estos tejidos. También han logrado que su voz y su denuncia evite la censura (*censorship*) y la represión política. Por ello se han realizado numerosas publicaciones, tanto libros como artículos, sobre este importante movimiento.

Nombre: _____   Fecha: _____

1. ¿Qué es una arpillera?

   _____

   _____

2. ¿Cómo y dónde empezó el movimiento de la arpillera?

   _____

   _____

3. ¿Quiénes son las personas que tejen arpilleras? ¿Para qué trabajan?

   _____

   _____

4. ¿Cuál es el elemento común que comparten todas las arpilleras? ¿Qué representa?

   _____

   _____

5. ¿Por qué han despertado tanta curiosidad este tipo de tapices?

   _____

   _____

6. ¿Crees que este tipo de expresión cultural, personal y política se debe considerar "arte"?
   ¿Por qué o por qué no?

   _____

   _____

   _____

7. ¿Crees que es importante que el arte tenga un mensaje político, ético o moral? ¿Por qué o por qué no?

   _____

   _____

   _____

   _____

   _____

Nombre: _____   Fecha: _____

09-40 Heritage Language: *tu mundo hispano*. Como en el caso de muchas dictaduras, con el inicio de la dictadura de Augusto Pinochet en Chile, muchísimos artistas, escritores e intelectuales chilenos se vieron obligados a salir del país. Haz una breve investigación sobre el impacto de la dictadura de Pinochet en el arte y la literatura. Céntrate en la obra de por lo menos dos artistas chilenos que se exiliaron durante esos años. Escribe un breve resumen biográfico de cada persona y describe cómo es su estilo, qué temas explora y representa en su arte o escritura y cuáles son sus obras más importantes.

_____

_____

_____

_____

_____

_____

_____

_____

_____

_____

_____

_____

Laberinto peligroso

Episodio 9

Lectura: *Sola y preocupada* (Textbook p. 404)

09-41 Estrategia. Lee el siguiente párrafo de este episodio. Después, basándote en este párrafo y lo que has observado en otros episodios, haz tres inferencias sobre lo que está haciendo y pensando Celia y por qué crees que podría estar haciendo y pensando estas cosas.

Celia tenía ganas de ver la comedia que se había estrenado en el teatro. Según los críticos, era la mejor obra de la temporada. Había pensado en ir sola, pero mientras esperaba a comprar su entrada cambió de idea. Pensó, —Aunque no me importa ir sola, prefiero que otra persona venga conmigo. Quizás invite a Javier o a Cisco. Dudo que a Javier le guste el teatro tanto como a Cisco. Javier prefiere el cine. —Inmediatamente decidió llamar a Cisco para ver si le gustaría acompañarla a la función. Cuando no contestó el teléfono de casa, intentó llamarlo a su teléfono celular. Tampoco lo contestó. Celia se dijo, —¡Qué extraño que haya salido sin el celular! Nunca va a ninguna parte sin ese teléfono. ¿Por qué no ha contestado? ¿Qué estará haciendo?—.

_____

_____

_____

_____

_____

_____

Nombre: _____   Fecha: _____

Video: *Desaparecidos* (Textbook p. 406)

09-42 Después de ver. Lee las siguientes preguntas y las posibles respuestas, y después mira el vídeo. Entonces, elige la respuesta correcta a cada pregunta.

1. ¿Quién está fuera del apartamento de Celia al principio del episodio?
   a. Cisco
   b. el Dr. Huesos
   c. Javier
   d. un hombre misterioso

2. ¿Por qué vinieron los policías al apartamento de Celia?
   a. Querían arrestarla.
   b. Había un ladrón afuera.
   c. Cisco ha desaparecido.
   d. Celia los llamó.

3. Según Javier, ¿qué pasó a un hombre que podría ser el Dr. Huesos?
   a. Fue arrestado.
   b. Fue asesinado.
   c. Murió a causa del volcán.
   d. Ganó un premio por su trabajo con las plantas.

4. Según Celia, ¿por qué tiene la llave de Cisco?
   a. Cisco anda despistado.
   b. Cisco es su novio.
   c. Cisco la dejó en su apartamento.
   d. Cisco quería que regara las plantas.

5. ¿Qué encuentran Celia y los policías en el museo?
   a. a Cisco
   b. una pista que Cisco dejó
   c. a un hombre misterioso
   d. nada

09-43 Hipótesis. Piensa en lo que ha ocurrido en los episodios de este capítulo, y haz unas hipótesis sobre lo que crees que ha pasado con los personajes desaparecidos y lo que piensas que va a pasar en los próximos episodios. ¿Dónde crees que está Cisco? ¿Qué piensas que pasó con el Dr. Huesos? ¿Cómo puede estar todo interrelacionado? ¿Qué crees que va a hacer Celia? ¿Qué crees que les va a pasar a ella y a Cisco?

Refranes

09-44 Refranes. Escucha y lee los siguientes refranes que tienen que ver con el arte, el talento y las habilidades artísticas. Después, elige cinco y explica cuál es el significado o mensaje que transmite cada uno, cómo se relacionan los cinco refranes entre sí y cómo se relacionan todos con los temas que has explorado en este capítulo.

1. "A gran cabeza, gran talento, si es que lo tiene dentro".

2. "Donde hay gana, hay maña".

3. "Imaginación suelta en un instante anda mil leguas".

4. "Mal juzga el arte, el que en él no tiene parte".

5. "Criticar es más fácil que imitar".

6. "La danza sale de la panza".

7. "Quien canta, su mal espanta".

8. "Cantando y cantando, las penas se van aliviando".

9. "En casa del músico, todos saben cantar".

10. "El que es buen músico, con una cuerda toca".

_____

_____

_____

_____

_____

_____

_____

_____

_____

_____

Comunidades

09-45 Experiential Learning: Un viaje de negocios. Trabajas para una revista y tienes la oportunidad de hacer un viaje a Bolivia, Ecuador o Perú para investigar el arte, la música y el teatro en ese lugar. Pero para tener ese honor, tienes que demostrar que estás muy bien preparado/a para hacer un proyecto tan importante. Usa el Internet para escoger los lugares que visitarías y los eventos a los que irías para conseguir la información que necesitas.

- ¿Qué ciudades, regiones y pueblos visitarías? ¿Por qué?

- ¿A qué museos irías? ¿Qué tienen en sus colecciones?

- ¿Irías también a alguna galería de arte?

- ¿A qué teatros irías? ¿Qué espectáculos verías? ¿Cómo van a ser?

- ¿A qué conciertos irías? ¿Cómo es esa música?

¿Hay algún museo, teatro o lugar de importancia cultural que no te gustaría visitar? Si sí, ¿por qué? ¿Qué otros lugares visitarías?

Una vez terminada la investigación, tienes que crear una presentación profesional para dar a tus jefes sobre los planes que has hecho para el viaje.

09-46 Service Learning: Una guía cultural.

Paso 1. Prepara una guía sobre los lugares de interés cultural y artístico que hay en tu ciudad para ayudarles a turistas o residentes hispanohablantes a disfrutar más de la oferta cultural que tiene. Incluye una parte sobre el arte visual, otra sobre la música, otra sobre la danza, otra sobre el teatro y otra sobre el cine.

Paso 2. Después, en grupos, comparte tu guía con algunos compañeros de clase para comparar y contrastar la información incluida y la forma de presentarla. Con tu grupo, usa las mejores ideas de todos los miembros del grupo para crear una nueva guía más completa y lo más profesional posible.

Paso 3. Presenta todas las guías preparadas por los grupos a toda la clase y elige una para dar a la oficina de turismo de la ciudad o a las organizaciones culturales y artísticas que mencionan en la guía.

Activities for *Letras:* Literary Reader for *¡Anda! Curso intermedio*

09-47 Gustavo Adolfo Bécquer. Después de leer la información biográfica sobre Bécquer, escucha cada afirmación e indica si es **cierta** o **falsa**.

1. Cierto   Falso

2. Cierto   Falso

3. Cierto   Falso

4. Cierto   Falso

5. Cierto   Falso

6. Cierto   Falso

7. Cierto   Falso

09-48 Términos literarios. Lee cada fragmento del poema, y después indica qué ejemplifica. Puede haber más de una respuesta correcta.

1. Mientras la ciencia a descubrir no alcance las fuentes de la vida,
   a. rima asonante
   b. versos llanos
   c. ironía
   d. hipérbaton

2. Mientras el corazón y la cabeza batallando prosigan
   a. metonimia
   b. polisíndeton
   c. versos agudos
   d. símil

3. mientras responda el labio suspirando al labio que suspira, mientras sentirse puedan en un beso dos almas confundidas
   a. anáfora
   b. polisíndeton
   c. versos llanos
   d. rima asonante

4. mientras la humanidad siempre avanzando
   a. sinalefa
   b. verso octosílabo
   c. verso endecasílabo
   d. soneto

5. Mientras se sienta que se ríe el alma, sin que los labios rían
   a. símil
   b. polisíndeton
   c. versos llanos
   d. sinécdoque

09-49 Comprensión. Escucha cada fragmento del poema para contestar cada pregunta.

1. Según Bécquer, ¿qué es lo que podría destruir la poesía y hacer que desaparezca para siempre?
   a. la muerte de todos los poetas
   b. la ciencia
   c. la falta de inspiración
   d. nada

2. Según esta estrofa, siempre habrá poesía si hay…
   a. el invierno.
   b. el otoño.
   c. la primavera.
   d. el verano.

3. ¿Qué parte del cuerpo no menciona la voz poética en esta estrofa?
   a. el corazón
   b. las manos
   c. la cabeza
   d. los labios

4. ¿Qué parte de la naturaleza no menciona la voz poética en esta estrofa?
   a. el aire
   b. las nubes
   c. las montañas
   d. el sol

5. ¿Qué parte de la naturaleza no menciona la voz poética en esta estrofa?
   a. el mar
   b. la luna
   c. el cielo

6. Según el poema, ¿qué necesitamos para que exista la poesía?
   a. el amor entre dos personas
   b. una mujer hermosa
   c. poetas
   d. *a y b*

09-50 Poesía vs. prosa.

Paso 1. Escribe una versión de este poema en prosa. Tu versión debe ser un párrafo, escrito con frases completas y sin ningún ritmo ni ninguna rima. Si quieres usar figuras retóricas, puedes hacerlo, pero tendrían que ser tuyas y no las de la versión original.

_____

_____

_____

_____

_____

_____

_____

_____

_____

_____

_____

_____

_____

Paso 2. Ahora reflexiona sobre el poema y tu párrafo, y cómo comparan. Después contesta las siguientes preguntas:

- ¿Cuál de los dos textos es más fácil de entender? ¿Por qué?

- ¿Cuál es más bonito? ¿Por qué?

- ¿Cuál es más efectivo? ¿Por qué?

- ¿Cómo ha impactado el ejercicio de escribir el párrafo tu comprensión del poema? ¿Te ha ayudado a entender mejor las ideas que comunica el poeta? ¿Te ha ayudado a ver más claramente el valor de la versión original? ¿Por qué o por qué no? ¿Te ha ayudado a ver más claramente el valor de la poesía en general y el tema central que defiende la voz poética? ¿Por qué o por qué no?

10 Un planeta para todos

Comunicación I

Vocabulario

1. El medio ambiente: Describing the environment (Textbook p. 412)

10-01 El medio ambiente. Completa el crucigrama con el vocabulario adecuado.

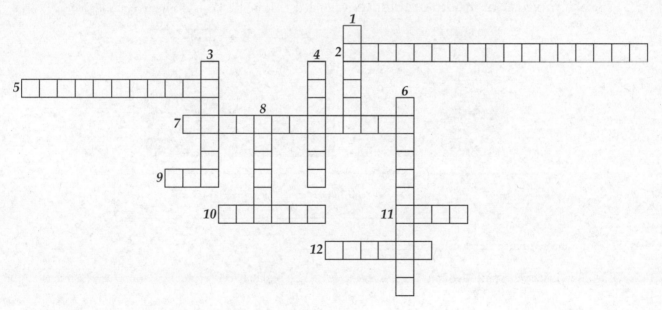

1. Cuando no llueve durante mucho tiempo, hay una _____.

2. El fenómeno por el cual unos gases, como el dióxido de carbono y el metano, se mantienen en la atmósfera

   y hacen que no todo el calor del sol salga de la atmósfera es el _____.

3. Si solamente quedan unos pocos animales de una especie (*species*), entonces ese animal está en

   _____ de extinción.

4. Si tenemos muy poco de una cosa, estamos viviendo con la _____.

5. Para que un coche pueda funcionar, necesitamos poner _____; para la mayoría de los

   coches esto es gasolina o diésel.

6. Si compramos comida y no la comemos y permitimos que se ponga mala, entonces tenemos un

    _____.

7. Algo que puede ser degradado por acción biológica es _____.

8. Un _____ biodegradable es más ecológico que uno reciclable.

9. Cuando hay un proceso de combustión, los gases se mezclan y podemos ver el _____.

10. Si no protegemos los animales que están en peligro de extinción, va a haber un _____ muy

    alto de su desaparición definitiva.

11. Si hacemos _____ al medio ambiente, va a haber consecuencias muy negativas.

12. Un insecticida es un producto muy _____ que ponemos a las plantas para evitar que ciertos

    insectos les hagan daño.

10-02 Para mejorar el medio ambiente. Completa cada oración con el adjetivo más lógico de la lista.

| tóxico | renovables | climático | biodegradables | árida |

1. Durante una sequía, la tierra está muy _____.

2. Usaron un insecticida sintético muy _____; puede hacerles mucho daño a las personas y

    a los animales.

3. El efecto invernadero es una de las causas del cambio _____.

4. Para minimizar los daños producidos por los hábitos anti-ecológicos de nuestra sociedad de alto consumo,

    necesitamos usar recursos _____.

5. Muchos tipos de papel ecológico son ejemplos de productos _____.

10-03 ¿Cuál no pertenece? Escoge el verbo que no corresponde con los demás en cada grupo.

1. amenazar   conservar   dañar   desperdiciar

2. desaparecer   conservar   preservar   rescatar

3. destruir   preservar   rescatar   sostener

4. cosechar   descongelar   sostener   preservar

5. mejorar   preservar   hacer ruido   sostener

Repaso

Las preposiciones y los pronombres preposicionales: Indicating purpose, time, and location (Textbook p. 413)

10-04 El campus de mi universidad. El Prof. Azcona describe el campus de su universidad. Escucha lo que dice, y después indica si las oraciones son **ciertas** o **falsas.**

1. La Facultad de Ciencias está cerca del observatorio.   Cierto   Falso

2. El museo está lejos del teatro.   Cierto   Falso

3. La cafetería está cerca de la oficina del profesor.   Cierto   Falso

4. La cafetería está al lado del museo.   Cierto   Falso

5. El estadio está cerca de la oficina del profesor.   Cierto   Falso

10-05 El campus del Dr. Azcona. Mira el dibujo del campus de la universidad del Dr. Azcona y escucha las preguntas. Después usa las expresiones para describir dónde están los edificios.

MODELO   Oyes: Estoy en el museo y tengo que ir a la
                        Facultad de Arte. ¿Dónde está?
             Escribes: Está *al lado de* donde estás tú.

detrás del	entre	~~al lado de~~
delante del	lejos de	dentro del

1. Está _____ de allí.

2. Está _____ los dos lugares.

3. Están _____ museo.

4. Está _____ edificio donde estás ahora.

5. Está _____ lugar donde estás ahora.

10-06 Heritage Language: *tu español*. Busca el significado de los términos, y después escucha cada explicación e indica a qué expresión corresponde.

1. _____   a. energía solar térmica

2. _____   b. energía solar fotovoltaica

3. _____   c. energía eólica

4. _____   d. aerogenerador

5. _____   e. biomasa

6. _____   f. residuo

7. _____   g. abono sintético o químico

8. _____   h. abono orgánico

Gramática

2. El imperfecto de subjuntivo: Specifying prior recommendations, wants, doubts, and emotions (Textbook p. 416)

10-07 Una carta al director. Un estudiante hispano ha escrito una carta al director del periódico local para animar a la comunidad hispana a reflexionar sobre la importancia del medio ambiente. Completa las oraciones con la forma correcta en el imperfecto de subjuntivo del verbo correcto.

desperdiciar	preservar	dañar	conservar	saber

Estimados ciudadanos:

Recientemente, aprendimos que era necesario que todos nosotros (1) _____ el medio ambiente.

Y de verdad, la conservación está en nuestra sangre. Nuestros antepasados, los indígenas, comprendieron este

hecho. Para poder sobrevivir, era importante que ellos no (2) _____ sus recursos. Era bueno que

no (3) _____ su ecosistema. Sin embargo, los que han venido después han hecho mucho daño.

Sé que durante mucho tiempo parecía que no era importante que nosotros (4) _____ la

herencia de nuestros antepasados, pero no es así. Por años, algunas personas con mucho poder no querían que

nosotros (5) _____ lo que realmente pasaba con el medio ambiente, pero hoy todos nos hemos

dado cuenta de que es necesario actuar contra amenazas ecológicas como el efecto invernadero, la

contaminación y el cambio climático.

10-08 Mi familia cuando era joven. Koldo reflexiona sobre algunas prácticas de su familia cuando era joven y tú respondes a sus observaciones. Completa las reacciones con la frase correcta usando la forma correcta del imperfecto de subjuntivo. Debes escribir las frases exactamente como aparecen en la lista; solo los verbos deben cambiar.

MODELO   Oyes: Mis padres conducían vehículos utilitarios deportivos.

Escribes: Es una lástima que tus padres *no eligieran coches que contaminaran menos.*

---

no comprar comida que fuera ecológica

no usar ni el autobús ni el metro

no intentar reducir su consumo

no tratar de controlar las infestaciones de insectos de una manera que fuera menos tóxica y más natural

no elegir coches que contaminaran menos

no intentar vivir con solamente un vehículo para toda la familia

---

1. Es una pena que tus padres _____.

2. Es malo que tú y tu familia _____.

3. Es una pena que él _____.

4. Es malo que ustedes _____.

5. Es una pena que ustedes _____.

10-09 Heritage Language: *tu español*. Es muy fácil confundir las formas del imperfecto del subjuntivo con las del futuro de los verbos regulares que terminan en **-ar** porque la única diferencia entre la escritura de estas conjugaciones es la presencia del acento escrito en las formas del futuro. Escucha cada oración y, basándote en la pronunciación del verbo y también en el contexto de la oración, escribe la forma usada de cada verbo.

1. usar _____

2. usar _____

3. comprar _____

4. comprar _____

5. reciclar _____

6. reciclar _____

Gramática

3. El pasado perfecto de subjuntivo: Discussing actions completed before others in the past (Textbook p. 420)

10-10 Cuando me mudé a esta ciudad. Carla recuerda las primeras impresiones que tuvo cuando se mudó a la ciudad donde vive. Completa sus oraciones con la forma correcta en el pasado perfecto de subjuntivo del verbo correcto.

hacer	empezar	poner	decidir	pasar

1. Cuando llegué a la ciudad, esperaba que el gobierno local ya _____ legislación para proteger

   el medio ambiente.

2. Me sorprendió que la gente de la ciudad todavía no _____ a reciclar mucho.

3. Me pareció raro que los activistas ecológicos ni los políticos de la ciudad todavía no _____

   ninguna campaña para motivar a la gente a usar más el transporte público.

4. Me pareció bueno que los supermercados ya _____ obligar a la gente a pagar por las bolsas

   de plástico para promover (*promote*) el uso de bolsas reutilizables.

5. No podía creer que las compañías de energías renovables todavía no _____ ningún

   aerogenerador ni placa solar ni ninguna otra fuente de energía renovable en la región.

10-11 Cambios importantes en las prácticas de una compañía.
El presidente de una compañía grande tiene una conferencia de prensa (*press*) sobre el impacto pasado y presente de sus prácticas en el medio ambiente. Completa la descripción de lo que pasó con la forma correcta en el pasado perfecto de subjuntivo del verbo correcto.

cambiar	implementar	contaminar	recibir	poder	tener	solucionar

El presidente de la compañía dijo que sentía mucho que en el pasado la compañía (1) _____ el aire y el agua de la región. Entonces un activista dijo que le parecía dudoso que la compañía

(2) _____ completamente su manera de trabajar y que creía que seguramente seguían teniendo un impacto muy negativo en el medio ambiente. Entonces el presidente de la compañía respondió que

realmente todo era muy diferente y que no creía que esa persona (3) _____ la oportunidad de conocer realmente bien todo lo que había ocurrido. Después, algunos periodistas dijeron que esperaban que los

ingenieros de la compañía ya (4) _____ los problemas de contaminación que habían tenido.

Cuando un periodista comentó que le pareció raro que la compañía no (5) _____ prácticas más sostenibles antes de ese momento, el presidente le respondió que no conocía a ninguna compañía en el sector

que en los últimos cinco años (6) _____ mejores evaluaciones relacionadas con el impacto en el medio ambiente. Era evidente que al presidente le gustó mucho que, bajo su liderazgo (*leadership*), la compañía

(7) _____ hacer cambios positivos.

10-12 Heritage Language: *tu español.*
Claribel es una activista ecológica, pero su hermano es un desastre. Ella le ha intentado animar durante mucho tiempo para que adoptara prácticas más ecológicas y por fin ha conseguido que él intentara cambiar. Completa la descripción con la forma correcta en el pluscuamperfecto de indicativo o el pasado perfecto de subjuntivo, según convenga, del verbo correcto.

tomar	pasar	conocer	tener	cambiar
progresar	hablar	tratar	ser	poder

Como su hermano era la persona menos ecológica que Claribel (1) _____ en su vida, a ella le

gustaba muchísimo que por fin él (2) _____ la decisión de intentar respetar más el medio

ambiente. Ahora que (3) _____ unas semanas, quería ver cómo (4) _____. Sabía

que su hermano realmente (5) _____ de cambiar sus hábitos, pero dudaba que

(6) _____ muchísimo éxito en tan poco tiempo. Le pareció probable que

(7) _____ empezar a reciclar los envases de plástico y vidrio que usaba, pero no creía que

(8) _____ posible que (9) _____ todos sus hábitos. No obstante, el propósito de

su llamada no era para enfocarse en lo negativo, sino que era para animarle a seguir con su nueva actitud para

que después de que ellos (10) _____ su hermano continuara con sus esfuerzos.

Notas culturales

Amigos del Medio Ambiente (Textbook p. 422)

10-13 Amigos del Medio Ambiente (AMA). Estudia la sección
Notas culturales en tu libro de texto, y después escucha las diferentes
afirmaciones sobre esta organización e indica si son **ciertas** o **falsas**.

1. Cierto   Falso

2. Cierto   Falso

3. Cierto   Falso

4. Cierto   Falso

5. Cierto   Falso

10-14 ¿Qué te parece? Después de leer la sección **Notas culturales** en tu libro de texto, contesta las
siguientes preguntas oralmente.

• ¿Estás de acuerdo con la filosofía de AMA? ¿Por qué o por qué no?

• ¿Te gustaría colaborar con una organización como AMA? ¿Por qué sí o por qué no?

Nombre: _____ Fecha: _____

Escucha (Textbook p. 423)

10-15 El partido verde. Un grupo de personas en tu ciudad se ha organizado para crear un nuevo partido político para las próximas elecciones; es el partido verde. Vas a escuchar un anuncio en el que invitan a la gente a juntarse al partido y asistir a una reunión informativa.

Paso 1. Antes de escuchar el anuncio, contesta las siguientes preguntas.

1. ¿Qué tipo de ideología crees que va a expresar el anuncio? ¿Qué tipo de ideas piensas que va a comunicar? ¿Qué tipo de objetivos piensas que va a tener? ¿Qué crees que intentará comunicar al público?

_____
_____
_____
_____
_____
_____

2. ¿Cuáles son algunas palabras de vocabulario que piensas que serán útiles para comprender bien el mensaje del anuncio? Haz una lista de un mínimo de cinco términos y para cada uno explica por qué piensas que será útil.

_____
_____
_____
_____
_____
_____
_____

Paso 2. Escucha el anuncio, y después escribe un resumen de las ideas generales que presenta.

_____
_____
_____
_____

10-16 Un anuncio político. Escucha el anuncio del Partido Verde, y luego contesta las preguntas.

1. ¿A qué tipo de público se dirige principalmente el anuncio?
   a. a estudiantes universitarios
   b. a personas jubiladas
   c. a parejas casadas que tienen hijos
   d. a políticos de otros partidos

2. Según el anuncio, ¿para qué tipo de personas es el partido?
   a. militantes ecologistas
   b. políticos
   c. personas que creen que sus familias y el futuro son importantes
   d. *a y c*

3. Según el anuncio, ¿qué tipo de personas empezó el partido?
   a. políticos
   b. personas normales que no son políticos
   c. militantes ecologistas
   d. *a y b*
   e. *a, b y c*

4. ¿Cuándo van a hacer el mitin?
   a. la próxima semana
   b. el próximo fin de semana
   c. dentro de dos semanas
   d. el próximo mes

5. ¿Dónde van a hacer el mitin?
   a. en la Plaza Mayor
   b. en la oficina central del partido
   c. en la Calle Larga, número 14

Comunicación II

Vocabulario

4. Algunos animales: Identifying a variety of animals (Textbook p. 425)

10-17 Crucigrama. Completa el crucigrama con los nombres correctos de los animales descritos. Debes incluir el artículo definido apropiado para cada palabra.

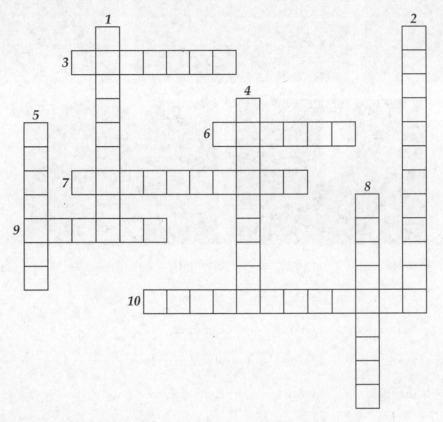

1. Te puede ayudar a cruzar el desierto.

2. Es el único mamífero que vuela y algunos son vampiros.

3. Es un animal de la granja (*farm*) que canta muy temprano por la mañana.

4. Se le considera uno de los animales más peligrosos del océano.

5. Hace la miel.

6. Repite lo que dices.

7. Es blanco y negro, y vive en un lugar donde hace mucho frío.

8. Es muy lenta, pero siempre gana.

9. Es un animal salvaje que es de la misma especie que los perros domésticos.

10. Uno de los más famosos de estos animales fue el *Tiranosaurio rex*.

10-18 Más animales. Escoge el animal que no pertenece a cada grupo.

1. la cabra   la oveja   el pato   el pulpo

2. el cangrejo   la foca   la mariposa   el tiburón

3. el loro   el murciélago   el picaflor   la paloma

4. la jirafa   el gorila   el mono   el saltamontes

5. la ardilla   la mariposa   el loro   el murciélago

Nombre: _____ Fecha: _____

Repaso

El uso del infinitivo después de las preposiciones: Communicating agency, purpose, and source (Textbook p. 426)

10-19 Para una vida más ecológica. Escucha cada afirmación sobre diferentes objetivos y consejos para llevar una vida más ecológica. Después completa cada reafirmación con la preposición correcta y el verbo correcto.

antes de	para	entre	sin	después de

proteger	elegir	ir	cambiar	comprar

1. _____ _____ en autobús y conducir su coche, es mejor el autobús.

2. _____ _____ un producto, no hay que tirar el envase a la basura.

3. _____ _____ un fertilizante, es importante pensar en el impacto medioambiental que cada posibilidad tiene.

4. _____ _____ el medio ambiente, una cosa que podemos hacer es elegir productos con envases biodegradables.

5. Según muchos investigadores, _____ _____ la cultura del consumo, no va a ser posible solucionar nuestros problemas medioambientales.

10-20 Heritage Language: *tu español*. Para cada animal, usa el Internet para buscar una imagen y también información en general sobre cómo es y dónde vive. Después escucha cada descripción e indica a qué animal corresponde.

1. _____   a. la llama

2. _____   b. el bogavante

3. _____   c. el cangrejo de río

4. _____   d. el cisne

5. _____   e. el colibrí

6. _____   f. el ñandú

7. _____   g. el quetzal

Gramática

Cláusulas de *si* (Parte 2): Conveying hypothetical or contrary-to-fact information (Textbook p. 430)

10-21 Otro mundo. Emilia es una activista ecológica que sueña con un mundo mejor. Escucha lo que cuenta sobre cómo podría ser diferente nuestro mundo, y después elige la causa o la consecuencia más lógica para completar sus frases.

1. _____

    a. si todos tuviéramos más cuidado con nuestro uso de este recurso básico tan importante.

2. _____

    b. la temperatura de la Tierra no estaría subiendo tan rápidamente.

3. _____

    c. habría menos residuos sólidos en los vertederos (*landfills*).

4. _____

    d. si no hubiera tanto esmog en sus ciudades.

5. _____

    e. podríamos proteger muchos ecosistemas.

10-22 ¿Qué harías para la biodiversidad? Si tuvieras más poder, ¿qué harías para mejorar la situación de los animales en peligro de extinción? Completa las oraciones con la combinación correcta de verbos. Usa el imperfecto de subjuntivo y el condicional, o el pasado perfecto de subjuntivo y el condicional perfecto, según sea necesario.

solucionar, conservar   pasar, subir   proteger, desaparecer   entender, participar   controlar, poder

1. Si el gobierno estadounidense no _____ la Ley de Especies en Peligro de Extinción en 1973,

   el número de ballenas grises no _____ el cien por cien en treinta años.

2. Si la gente _____ la caza hace cien años, entonces ellos _____ salvar el tigre

   de Bali antes de su extinción.

3. Si nosotros no _____ diferentes especies de animales, muchos _____.

4. Si nosotros _____ el problema de la deforestación en Amazonia, _____ la

   biodiversidad de uno de los lugares más importantes del planeta.

5. Si todas las personas _____ la importancia de la biodiversidad, entonces

   _____ más en las campañas de protección de diferentes especies.

10-23 Heritage Language: *tu español.* Elige un país hispanohablante e investiga en el Internet las medidas que se han tomado (o que no se han tomado) en ese lugar para proteger diferentes especies de animales. Después escribe una descripción de la situación y de lo que esa situación podría ser, si la gente y los gobiernos hubieran actuado de otra manera. En tu descripción usa las cláusulas *si* con el imperfecto de subjuntivo y el condicional, y las cláusulas *si* con el pasado perfecto y el condicional perfecto.

_____

_____

_____

_____

_____

_____

_____

_____

Vocabulario

6. Algunos términos geográficos: Illustrating geographic features
(Textbook p. 432)

10-24 El mar. Selecciona todas las palabras que estén relacionadas con el mar.

el arrecife

la bahía

el desierto

la llanura

el manatí

la playa

el pulpo

la sierra

el valle

el venado

el zorro

Nombre: _____ Fecha: _____

🔊 **10-25 La geografía.** Escucha cada descripción relacionada con la geografía, y después identifica a qué término corresponde.

| la sierra | el arrecife | el desierto | el valle | el pantano |

1. _____

2. _____

3. _____

4. _____

5. _____

🔊 **10-26 Heritage Language: *tu español*.** Busca en el Internet el significado de los siguientes términos. Después escucha las descripciones e identifica a qué términos corresponden.

1. _____   a. colina

2. _____   b. pampa

3. _____   c. acantilado

4. _____   d. altiplano

5. _____   e. cordillera

6. _____   f. ladera

7. _____   g. vega

Gramática

7. La secuencia de los tiempos verbales: Sequencing temporal events
(Textbook p. 435)

10-27 El conservacionismo. Elige la cláusula apropiada para terminar cada oración sobre el conservacionismo.

1. Hoy en día nuestros líderes nos piden que todos (reduzcamos nuestro consumo / redujéramos nuestro consumo).

2. Es necesario que todos (hayamos reciclado / reciclemos).

3. Para entender lo que decía el científico, era importante que los estudiantes ya (estudiaran / hubieran estudiado) la conservación de los recursos naturales.

4. El año pasado, insistimos en que la clase (hiciera / hubiera hecho) un proyecto sobre los animales en peligro de extinción.

5. Será bueno que nosotros (hemos ido / vayamos) a visitar lugares de interés ecológico.

10-28 Un nuevo líder para una organización ecologista. José trabaja en una organización ecologista y hace un mes el presidente de la organización decidió cambiar de empleo. Completa su descripción del proceso de búsqueda de un nuevo presidente con la forma correcta del verbo correcto. Usa el presente de subjuntivo, el imperfecto de subjuntivo o el pasado perfecto de subjuntivo.

ser	terminar	aceptar	entrevistar	trabajar	tener

Buscábamos a alguien que (1) _____ en la gestión medioambiental.

Queríamos que esa persona (2) _____ muy trabajadora y que

(3) _____ un compromiso muy fuerte con nuestros objetivos. Hablamos con varias asociaciones

y dos de ellas nos recomendaron que (4) _____ a un candidato en especial. Al final nos pusimos

en contacto con él y le dijimos que teníamos mucha prisa y que queríamos hablar con él antes de que

(5) _____ la semana. Resultó ser el candidato perfecto y le ofrecimos el empleo. Ahora me

alegro muchísimo de que él (6) _____ nuestra oferta.

10-29 Heritage Language: *tu español.* José es el nuevo presidente de una organización ecologista. Completa su descripción sobre su acercamiento a su nuevo trabajo con la forma correcta del verbo correcto. Tienes que usar el tiempo verbal correcto en el indicativo o el subjuntivo, según convenga.

participar	tener	sentir	reaccionar	compartir
haber	gustar	tomar	pedir	saber

Cuando empecé a trabajar con la organización, quería que todos los empleados y colaboradores

(1) _____ cuáles eran nuestros objetivos y también me parecía importante que todos ellos

(2) _____ un compromiso muy fuerte con todas nuestras actividades. Sabía que en la

organización (3) _____ muchas personas muy trabajadoras y creativas; también era evidente que

todos ellos (4) _____ muchísimo talento. Por eso, durante mis primeros días de trabajo les pedí

a todos que (5) _____ todas sus ideas para futuros proyectos. Al final resultó que a todos los

empleados les (6) _____ mucho que yo les (7) _____ que

(8) _____ de una forma tan directa en nuestros procesos de planificación estratégica. Cuando vi

que todos ellos (9) _____ de una forma tan positiva, para mí fue la confirmación más clara de

que (10) _____ la decisión correcta.

Perfiles

Algunas personas con una conciencia ambiental (Textbook p. 438)

10-30 Perfiles. Estudia la sección **Perfiles** en el libro de texto, y luego indica si las oraciones son **ciertas** o **falsas**.

1. Mario José Molina Henríquez ganó el Premio Nobel.   Cierto   Falso

2. A Félix Rodríguez de la Fuente le interesaron los halcones *(falcons)*.   Cierto   Falso

3. Rosa María Ruiz trabajó para salvar un parque nacional en México.   Cierto   Falso

4. De la Fuente ha hecho programas de televisión.   Cierto   Falso

5. Molina Henríquez es biólogo.   Cierto   Falso

6. Ruiz ha trabajado para proteger las llanuras de América Central   Cierto   Falso

7. De la Fuente era boliviano.   Cierto   Falso

8. Ruiz es de la ciudad de Buenos Aires.   Cierto   Falso

9. Henríquez recibió un premio importante.   Cierto   Falso

10. Henríquez investigó la capa de ozono.   Cierto   Falso

10-31 ¿Quién te interesa más? Si pudieras trabajar como voluntario/a con una de las personas de la sección **Perfiles,** ¿con quién te interesaría colaborar más? ¿Por qué?

¡Conversemos! (Textbook p. 440)

10-32 Unas expresiones. Asocia cada expresión con su equivalente correcto en inglés.

1. Al contrario. _____   a. Don't even think about it!

2. Claro que sí. _____   b. Imagine!

3. De ninguna manera. _____   c. I'm telling you…

4. Está bien. _____   d. It's alright.

5. Eso es. _____   e. No way.

6. ¡Imagínate! _____   f. Of course.

7. Me estás tomando el pelo. _____   g. On/To the contrary.

8. ¡Ni lo sueñes! _____   h. That's it.

9. No hay duda. _____   i. There's no doubt.

10. No hay más remedio. _____   j. There's no other way/solution.

11. ¡No me digas! _____   k. You're kidding me.

12. Te digo… _____   l. You don't say!

Nombre: _____ Fecha: _____

10-33 Unas situaciones. Escucha cada afirmación, y después elige la expresión apropiada para reaccionar a cada situación.

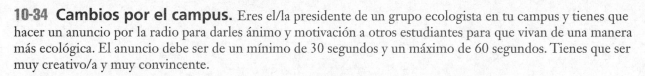

1. Claro que sí. Eso es.

2. Me estás tomando el pelo. ¡Ni lo sueñes!

3. ¡Figúrate! No hay más remedio.

4. ¡No me digas! No hay duda.

5. En mi vida. Precisamente.

10-34 Cambios por el campus. Eres el/la presidente de un grupo ecologista en tu campus y tienes que hacer un anuncio por la radio para darles ánimo y motivación a otros estudiantes para que vivan de una manera más ecológica. El anuncio debe ser de un mínimo de 30 segundos y un máximo de 60 segundos. Tienes que ser muy creativo/a y muy convincente.

Escribe (Textbook p. 442)

10-35 Enlaces. Para poder escribir mejor, es importante combinar tus oraciones para que sean más sofisticadas. Asocia la palabra o expresión en inglés que corresponde a la palabra en español.

1. además _____   a. besides

2. por otro lado _____   b. but rather

3. mientras _____   c. for this reason

4. sin embargo _____   d. nevertheless

5. no obstante _____   e. notwithstanding

6. sino _____   f. on the other hand

7. por eso _____   g. while

10-36 Un mensaje de correo electrónico. Tienes que escribirle un mensaje a una de las personas mencionadas en la sección **Perfiles** y presentarte a esta persona. El propósito de tu mensaje es invitar a la persona a tu universidad para hacer una presentación sobre cómo preservar el medio ambiente. En tu mensaje tienes que solicitar más información sobre el trabajo que hace la persona y por qué se hizo activista. También debes expresar la admiración que tienes por su trabajo.

Paso 1. Primero escoge una de las tres personas. Luego, escribe **siete** oraciones simples sobre estos temas en preparación para escribir el mensaje.

1. _____

2. _____

3. _____

4. _____

5. _____

6. _____

7. _____

Paso 2. Ahora analiza las oraciones que has escrito en el **Paso 1** para ver si es posible combinar algunas de ellas usando las siguientes expresiones. Crea tantas combinaciones como sean posibles.

además	por otro lado	mientras	sin embargo	no obstante	por eso	sino

_____

_____

_____

_____

_____

Paso 3. El mensaje de correo electrónico. Ahora, escribe el mensaje. Usa por lo menos **cinco** de las expresiones de la lista y escribe por lo menos **quince** oraciones.

además	por otro lado	mientras	sin embargo	no obstante	por eso	sino

_____

_____

_____

_____

_____

_____

_____

_____

_____

_____

_____

_____

_____

_____

Vistazo cultural

La naturaleza y la geografía de Colombia y Venezuela (Textbook p. 444)

🔊 **10-37 Colombia.** Estudia la sección **Vistazo cultural** del libro de texto, y después escucha cada descripción e identifica lo que se describe.

el Día sin Carro	la Feria de las Flores	el manatí amazónico	ProAves

1. _____

2. _____

3. _____

4. _____

10-38 Venezuela. Estudia la información sobre Venezuela en la sección **Vistazo cultural,** y después contesta las siguientes preguntas.

1. Entre el Parque Nacional Archipiélago Los Roques y el Parque Nacional Canaima, ¿cuál te gustaría visitar más? ¿Por qué? ¿Qué te gustaría hacer allí? ¿Qué es lo que no te gustaría hacer allí?

2. ¿Qué te parece la Misión árbol? ¿Es buena idea? ¿Debemos tener algo así en los Estados Unidos? ¿Por qué o por qué no?

Más cultura

10-39 Consumismo y anticonsumismo. Lee el siguiente texto sobre la sociedad de consumo, y después contesta las preguntas.

- El consumismo es un término que se asocia con unas prácticas culturales, y también con un sistema económico y político. Describe no solo unas actividades concretas relacionadas con la sociedad de consumo, sino también una actitud ante la vida, ante el desarrollo personal y ante el mundo que nos rodea. En gran parte del mundo hispanohablante el consumismo es un término con fuertes connotaciones negativas. Se refiere a la tendencia de adquirir y consumir productos y servicios que no se pueden considerar realmente necesarios. Frecuentemente, cuando la gente habla del consumismo, se refieren a un consumo excesivo, descontrolado, sin moderación.

- Según los críticos de esta tendencia, en la mentalidad consumista, la adquisición de nuevas pertenencias es una forma de tratar de conseguir la felicidad. Las personas nos vemos fuertemente influidas por la mercadotecnia, que siempre nos intenta convencer de que su producto nos vaya a hacer sentir más contentos, ya que nos va a hacer sentir más guapos, más aceptados dentro de nuestro entorno (ambiente) social, etc.

- Los críticos de la actitud y las prácticas consumistas no solo se centran en los valores materialistas que asocian con esta realidad y las consecuencias negativas que esto tiene para las personas, a nivel personal, que participan en estas actividades, sino que también destacan el fuerte impacto negativo que tiene en nuestro mundo.

- La cultura de usar y tirar es una cultura anti-ecológica en el sentido de que es un modelo insostenible de desarrollo; si todos los humanos en la Tierra consumieran como lo hacen en las culturas consumistas, necesitaríamos varios planetas para sostener ese ritmo de consumo. Si nos obsesionamos por comprar y obtener más y más cosas, solamente vamos a poner en todavía mayor peligro nuestros recursos naturales, el equilibrio medioambiental de nuestro mundo y la salud de nuestro planeta.

- Muchas personas de fuerte compromiso social, económico y ecológico están luchando para cambiar la cultura de consumo. Así, como reacción y protesta contra los aspectos negativos del consumismo, han surgido varios movimientos como "el suficientismo", "el anticonsumismo", y el de "la vida sencilla".

1. ¿En qué consiste el consumismo?

_____

_____

2. ¿Por qué para muchas personas tiene la palabra "consumismo" connotaciones negativas?

_____

_____

3. ¿Cómo se caracteriza la mentalidad consumista?

_____

_____

4. ¿Por qué dice alguna gente que el consumismo es malo para el medio ambiente?

_____

_____

_____

5. Investiga en el Internet por lo menos uno de los movimientos que van en contra del consumismo. ¿En qué consiste? ¿Dónde hay gente que apoya ese movimiento? ¿Qué tipo de actividades organizan?

_____

_____

_____

_____

_____

_____

_____

_____

10-40 Heritage Language: *tu mundo hispano.*

Paso 1. Escucha la descripción sobre una importante coalición para el reciclaje, y después contesta las preguntas.

1. ¿Qué significan las siglas CRPR? ¿Cuándo se fundó la organización?

_____

_____

2. ¿Cuántas oficinas tiene la CRPR? ¿Por qué?

_____

_____

3. ¿Por qué dicen que no es suficiente solamente reciclar?

_____

_____

4. Explica cuáles son los objetivos de la organización.

_____

_____

_____

5. ¿Qué se celebra el 17 de mayo? ¿Qué motivo conlleva el festejo?

_____

_____

Paso 2. Ahora investiga en el Internet para encontrar otras organizaciones en América Latina o España que trabajan para objetivos parecidos. Encuentra por lo menos dos organizaciones y después explica cómo y cuándo se fundaron, dónde trabajan y cuáles son sus principales objetivos y actividades.

_____

_____

_____

_____

_____

_____

_____

Laberinto peligroso

Episodio 10

Lectura: *En peligro de extinción* (Textbook p. 446)

🔊 **10-41 ¿Qué ha pasado?** Lee el episodio con cuidado. Después escucha cada afirmación e indica si es **cierta** o **falsa**.

1. Cierto   Falso

2. Cierto   Falso

3. Cierto   Falso

4. Cierto   Falso

5. Cierto   Falso

Video: *¡Alto! ¡Tire el arma!* (Textbook p. 448)

📺 **10-42 En el museo.** Lee las siguientes afirmaciones y las posibles respuestas. Después, mira el episodio. Entonces, después de ver lo que pasa, elige la respuesta correcta a cada pregunta.

1. Al principio del episodio, ¿quién está esperando a Celia en el museo?
   a. la bibliotecaria
   b. Cisco
   c. Javier
   d. Antonio Menaza

2. ¿Quién robó los mapas y la crónica de la biblioteca?
   a. la bibliotecaria
   b. Cisco
   c. Javier
   d. Antonio Menaza

3. ¿Por qué ayudó la bibliotecaria a Antonio Menaza?
   a. porque él la amenazó
   b. porque él le dio dinero
   c. porque ella estaba enamorada de él
   d. porque ella es terrorista

4. ¿Qué piensa la bibliotecaria que le pasó al Dr. Huesos?
   a. que lo mataron a causa de su investigación
   b. que era parte de un grupo de terroristas
   c. que tuvo un accidente
   d. que robó los mapas y la crónica de la biblioteca

5. ¿Qué le pasó a Cisco?
   a. Antonio Menaza lo mató.
   b. La bibliotecaria lo capturó.
   c. Se escapó.
   d. Fue arrestado.

10-43 La pobre bibliotecaria. Mira las fotos de la bibliotecaria y Antonio Menaza y, usando la información del episodio, escribe **seis** oraciones usando las cláusulas **si** para expresar lo que crees que habrías hecho tú si hubieras estado en su situación.

MODELO   *Si yo fuera la bibliotecaria, no habría creído a Antonio Menaza.*

1. _____

2. _____

3. _____

4. _____

5. _____

6. _____

Refranes

10-44 Refranes y lecciones sobre el medio ambiente. Lee los refranes a continuación y reflexiona sobre su significado en general y la relevancia que podrían tener a la ecología y al medio ambiente. Después, elige por lo menos cinco y, para cada uno, explica tanto su significado general como también cómo se puede aplicar ese mensaje a los temas que has explorado en este capítulo.

"Cuida la tienda y ella te cuidará a ti".

"El hombre es el único animal que tropieza dos veces sobre la misma piedra".

"Cuando se prevé un peligro, ya está medio evitado".

"El decir y el hacer son dos cosas diferentes".

"Dime con quién andas y te diré quién eres".

"El que a buen árbol se arrima, buena sombra lo cobija".

"El que va a hacer mal, ya va medio herido".

"Nunca olvidemos jamás que lo bueno no se alcanza nunca sino por medio de lo mejor".

"Quien siembra cardos, cosecha cardos".

_____

_____

_____

_____

_____

_____

_____

_____

_____

_____

_____

Comunidades

10-45 Experiential Learning: El trueque. Un movimiento que tiene muchos puntos de contacto importantes con el ecologismo y el desarrollo sostenible es el del "trueque" o el intercambio de productos o servicios (en lugar de la venta y compra de servicios o de productos nuevos). Busca en el Internet páginas web, asociaciones y/o empresas que facilitan el trueque hoy en día. Después escribe un resumen de los resultados de tu investigación y un análisis del impacto medioambiental del trueque. ¿A qué países corresponden las páginas que has encontrado? ¿Qué tipo de productos y servicios quiere intercambiar la gente? ¿Por qué se considera más ecológico el trueque que la compra de productos nuevos o la compraventa de productos usados?

_____

_____

_____

_____

_____

_____

_____

_____

_____

_____

10-46 Service Learning: ¿Dónde comprar? Una manera de tener un impacto positivo en el medio ambiente es sencillamente con nuestra elección de dónde comprar los productos que compramos. Por ejemplo, una manera de acerar es elegir siempre que sea posible consumir productos locales en vez de productos que provienen de otros lugares más lejanos. Otra manera es, siempre que sea posible, rechazar cualquier producto que no sea de "comercio justo", es decir, solo comprar productos que se producen respetando, entre otras cosas, los derechos humanos, el medio ambiente y la sostenibilidad económica.

Investiga estos temas en el Internet y en tu propia comunidad. Después busca algunos de los productos (comida, ropa, artesanía, etc.) que se producen en tu región y algunos comercios en tu región donde uno puede conseguir productos de comercio justo. Después crea folletos o páginas web informativos para que la gente pueda entender mejor todo lo bueno de los productos locales y los productos de comercio justo.

En el caso de los productos locales, destaca todas las características positivas de diferentes productos locales de tu zona y explica por qué es mejor para el medio ambiente usar productos locales. En el caso de los productos de comercio justo, destaca la calidad de los productos que se pueden adquirir y también explica por qué es mejor para el mundo usar esos productos en lugar de productos fabricados bajo condiciones injustas y/o anti-ecológicas.

Activities for *Letras:* Literary Reader for *¡Anda! Curso intermedio*

🔊 **10-47 Augusto Monterroso.** Después de leer la información biográfica sobre Monterroso, escucha cada afirmación e indica si es **cierta** o **falsa.**

1. Cierto   Falso

2. Cierto   Falso

3. Cierto   Falso

4. Cierto   Falso

5. Cierto   Falso

10-48 Términos literarios. Estudia los términos literarios, y después elige la mejor definición para cada palabra.

1. fábula _____   a. el enfoque desde el que se cuenta un cuento

2. hipérbole _____   b. materia y tema de una obra narrativa; los eventos más importantes de una fábula, un cuento, una novela, etc.

3. moraleja _____
                             c. exageración
4. argumento _____
                             d. voz narrativa que narra un cuento, una fábula o una novela
5. punto de vista _____
                             e. obra literaria que enseña una lección y cuyos personajes normalmente son animales
6. narrador _____

                             f. la lección que podemos sacar de una fábula, una parábola, un cuento, etc.

10-49 Comprensión. Estudia el cuento, y después indica si las afirmaciones son **ciertas** o **falsas.**

1. La fábula tiene lugar en un desierto.   Cierto   Falso

2. Todos los personajes de esta fábula son animales.   Cierto   Falso

3. El conejo se fue corriendo cuando vio el león.   Cierto   Falso

4. Al final el león come el conejo.   Cierto   Falso

5. Según la fábula, el león es muy valiente.   Cierto   Falso

6. Según la fábula, el conejo es muy inteligente.   Cierto   Falso

10-50 La moraleja. Resume, con tus propias palabras, cuál es la moraleja del cuento y si estás de acuerdo o no con ese mensaje y con la forma que eligió este autor de comunicarlo.

Hay que cuidarnos

Comunicación I

Vocabulario

1. El cuerpo humano: Describing different parts of the body
(Textbook p. 454)

11-01 Urgencias. Escucha lo que cuentan los dos médicos de urgencias, y después indica si la parte o las partes del cuerpo mencionadas se relacionan con el interior del cuerpo o con el exterior.

1. Interior   Exterior

2. Interior   Exterior

3. Interior   Exterior

4. Interior   Exterior

5. Interior   Exterior

6. Interior   Exterior

7. Interior   Exterior

8. Interior   Exterior

9. Interior   Exterior

10. Interior   Exterior

11-02 Las partes del cuerpo. Escucha cada descripción, y después escribe la palabra que mejor corresponde a lo que has oído.

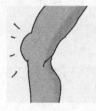 

| la rodilla | los músculos | la muñeca | la piel | el tobillo |
| los pulmones | la lengua | las uñas | las venas | el codo |

1. _____

2. _____

3. _____

4. _____

5. _____

6. _____

7. _____

8. _____

9. _____

10. _____

© 2013 Pearson Education, Inc.

Capítulo 11 Hay que cuidarnos **415**

Repaso

Los verbos reflexivos: Expressing actions one does to oneself
(Textbook p. 455)

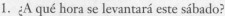 **11-03 El horario de Rosa.** Tu amiga Rosa quiere pasar tiempo contigo este fin de semana. Te deja un mensaje que describe su horario del sábado. Escucha lo que dice, y luego contesta las preguntas. Puede haber más de una respuesta correcta.

1. ¿A qué hora se levantará este sábado?
   a. a las siete y media
   b. a las ocho
   c. a las ocho y media
   d. a las nueve

2. ¿Qué dice que va a hacer después de volver del parque?
   a. acostarse
   b. salir a comer
   c. ducharse
   d. maquillarse
   e. preparar el almuerzo en casa para unas amigas

3. ¿Cuándo va a llamarte?
   a. antes de comer
   b. después de comer
   c. después de cenar
   d. antes de acostarse

4. Si ustedes no pueden reunirse a la una o a las dos, ¿cuándo pueden reunirse?
   a. antes de cenar el sábado
   b. después de cenar el sábado
   c. por la mañana el domingo
   d. No pueden; Rosa simplemente no tiene tiempo.

5. ¿Qué tiene que hacer Rosa el domingo?
   a. estudiar
   b. ir a la iglesia
   c. jugar al básquetbol
   d. No lo dice.

6. ¿Qué pide Rosa que recuerdes?
   a. que ella tiene muchas cosas que hacer
   b. que ella tiene que acostarse temprano el sábado
   c. que su número de teléfono ha cambiado
   d. que le encanta el básquetbol

11-04 Este sábado. ¿Qué vas a hacer este fin de semana? Explica con todos los detalles que sean posibles, exactamente lo que harás este sábado. En tu descripción, usa por lo menos **cinco** verbos reflexivos.

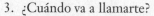 **11-05 Heritage Language: *tu español*.** Investiga los términos para encontrar su significado y cuál es su función principal en el cuerpo humano. Después escucha cada descripción e indica a qué parte del cuerpo corresponde.

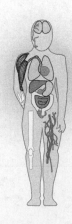

1. _____   a. el hígado

2. _____   b. los riñones

3. _____   c. el páncreas

4. _____   d. el bazo

5. _____   e. el intestino grueso

6. _____   f. el intestino delgado

Nombre: _____ Fecha: _____

Gramática

2. *Se* impersonal: Relating impersonal information (Textbook p. 457)

11-06 Las reglas de la clínica. La clínica tiene muchas normas o reglas y, Enrique, uno de los pacientes, no entiende por qué existen. Escucha cada explicación y asóciala con la regla correcta.

1. _____
2. _____
3. _____
4. _____
5. _____

a. Se apagan los teléfonos celulares dentro de la clínica.

b. No se puede fumar en ninguna parte de la clínica.

c. Se debe pasar por el mostrador de registración para ser atendido.

d. Se lavan las manos antes de entrar en el cuarto de un paciente.

e. No se estacionan los coches en la zona de entrada de la clínica.

11-07 ¿Qué se debe hacer? Alejandro va a trabajar en la clínica donde trabajas tú y tiene preguntas sobre cómo funcionan las cosas. Escucha sus preocupaciones y preguntas. Después elige la reacción correcta y escribe respuestas a sus preguntas usando el **se** impersonal. Sigue el modelo con cuidado.

MODELO Oyes: Estoy preocupado porque no sé qué tipo de saludo debo usar con las personas a las que ayudo.

Escribes: *Se debe decir "buenos días" o "buenas tardes" a los pacientes.*

> pedir que sus padres ayuden
> decir "adiós" o "que te mejores pronto"
> poder decir "repite" o "más despacio" si no has comprendido algo
> ~~deber decir "buenos días" o "buenas tardes" a los pacientes~~
> permitir usar la forma de "tú" con los pacientes
> normalmente no usar títulos como "señor" y "señora"

1. _____
2. _____
3. _____
4. _____
5. _____

11-08 Heritage Language: *tu español.* Las construcciones del *se* impersonal en el presente perfecto ("se ha hablado") pueden ser fácilmente confundidas con una construcción pasiva en el presente de subjuntivo ("sea hablado") porque la pronunciación de las dos expresiones puede ser idéntica. Escucha cada afirmación, prestando atención especial al significado comunicado, a los tiempos verbales empleados y al uso de expresiones con las que hay que usar el subjuntivo. Después indica cuál de las dos expresiones se ha usado.

1. se ha permitido   sea permitido

2. se ha permitido   sea permitido

3. se ha hecho   sea hecho

4. se ha hecho   sea hecho

5. se ha comunicado   sea comunicado

6. se ha comunicado   sea comunicado

Gramática

3. Las construcciones recíprocas: *nos* y *se*: Designating reciprocal actions
(Textbook p. 460)

11-09 Observaciones en la clínica. Uno de tus amigos trabaja en una clínica como voluntario. Escucha sus observaciones sobre lo que está pasando y asocia cada descripción con la afirmación correcta.

1. _____   a. Se hablan.

2. _____   b. Se escriben.

3. _____   c. Se saludan.

4. _____   d. Se quieren.

5. _____   e. Se dan consejos.

Nombre: _____   Fecha: _____

11-10 Un plan para la comunicación. Jorge, Valentina y Adriana tienen que hacer un proyecto para una clase juntos, pero tienen horarios muy complicados. Por eso, Jorge sugiere un plan de comunicación. Completa su descripción con la forma correcta del verbo correcto, usando la *nos* o la *se* recíproca. Debes usar el presente de indicativo, el presente de subjuntivo o el infinitivo.

| hablar | ver | dejar | poder | escribir |

Es probable que nosotros no (1) _____ hablar cada día; yo tengo un horario loco y ustedes

también. Por eso, creo que debemos (2) _____ un correo electrónico cada día. Nosotros

podemos (3) _____ mensajes por correo de voz también. Yo sé que ustedes dos tienen

muchas clases juntas y que, por eso, (4) _____ mucho durante el día. ¿Es posible que

(5) _____ del proyecto entonces?

11-11 Heritage Language: *tu español*. Las construcciones recíprocas en el pasado perfecto ("nos habíamos…") pueden ser confundidas fácilmente con el uso del verbo **saber** en el imperfecto cuando va precedida de la palabra "no" o cuando es precedida por el pronombre "nos" ("no sabíamos" y "nos sabíamos"). Esto se debe al hecho de que la pronunciación de las tres expresiones puede ser idéntica o casi idéntica. Escucha cada afirmación, prestando atención especial al significado comunicado y al tiempo verbal empleado. Después indica cuál de las tres expresiones se ha usado.

1. nos habíamos   no sabíamos   nos sabíamos

2. nos habíamos   no sabíamos   nos sabíamos

3. nos habíamos   no sabíamos   nos sabíamos

4. nos habíamos   no sabíamos   nos sabíamos

5. nos habíamos   no sabíamos   nos sabíamos

Notas culturales

La medicina tradicional o alternativa (Textbook p. 462)

11-12 La medicina tradicional o alternativa. Estudia la sección **Notas culturales** en el libro de texto, y después indica si las siguientes oraciones son **ciertas** o **falsas**.

1. Según la OMS, la mayoría de la población del mundo normalmente usa la medicina tradicional.   Cierto   Falso

2. Los países hispanos no tienen recursos medicinales modernos.   Cierto   Falso

3. Se usan los remedios alternativos más en las ciudades.   Cierto   Falso

4. Los curanderos normalmente recetan antibióticos a sus pacientes.   Cierto   Falso

5. El curanderismo tiene un aspecto espiritual.   Cierto   Falso

11-13 Un debate. Algunos piensan que la medicina alternativa es peligrosa. Sin embargo, otros dicen que hay beneficios en los remedios caseros, y que muchas personas han tenido buenos resultados después de visitar a las curanderas. Escribe tres oraciones a favor y tres oraciones en contra de la medicina alternativa.

1. A favor

_____

_____

_____

2. En contra

_____

_____

_____

Escucha (Textbook p. 463)

🔊 **11-14 Médicos Sin Fronteras.** Tu amigo Raúl conoce muy bien Médicos Sin Fronteras porque su primo Emilio es un médico que ha trabajado para esta organización. Escucha lo que dice, y luego indica si las oraciones son **ciertas** o **falsas**.

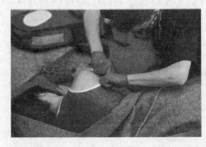

1. Médicos Sin Fronteras es una organización política.	Cierto	Falso
2. Médicos Sin Fronteras es una organización exclusivamente para médicos.	Cierto	Falso
3. Médicos Sin Fronteras fue fundada en Francia.	Cierto	Falso
4. Los médicos que trabajan para Médicos Sin Fronteras no reciben dinero por su trabajo.	Cierto	Falso
5. Según Raúl, Médicos Sin Fronteras ha tenido un proyecto en la República Dominicana.	Cierto	Falso

🔊 **11-15 ¿Qué piensas tú?** Escucha lo que cuenta Raúl sobre Médicos Sin Fronteras y busca información en español sobre esta organización en el Internet. Después comenta lo que piensas de la organización y del trabajo que hacen.

¿Cuáles son los principales objetivos de la organización?

¿Cuáles son sus principales actividades?

¿Qué opinas tú de los objetivos de Médicos Sin Fronteras y de las actividades que realizan para lograr sus metas?

Si alguno de tus amigos fuera médico o estudiante de medicina, ¿recomendarías que colaborara con esta organización? ¿Por qué sí o por qué no?

Comunicación II

Vocabulario

4. La atención médica: Discussing ailments and mentioning possible treatments (Textbook p. 465)

🔊 **11-16 Unos términos útiles.** Matthew ha empezado a ser voluntario en la clínica, y necesita tu ayuda para aprender más términos que se pueden usar con los pacientes. Asocia cada descripción que escuchas con la palabra a la que corresponde.

 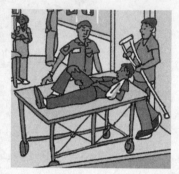

1. _____   a. las alergias

2. _____   b. las muletas

3. _____   c. la dosis

4. _____   d. la radiografía

5. _____   e. los medicamentos

6. _____   f. operar

7. _____   g. la penicilina

8. _____   h. la camilla

11-17 Una pierna rota. Trabajas en una clínica y vas a hablar con un paciente que se ha roto la pierna. Selecciona todas las palabras relacionadas con la fractura de una pierna.

el antihistamínico   fracturarse   la radiografía

la enfermedad   hacer gárgaras   el termómetro

enyesar   las muletas

Repaso

Las expresiones afirmativas y negativas: Making affirmative and negative statements (Textbook p. 466)

🔊 **11-18 El pesimista.** Uno de los pacientes en la clínica se siente muy pesimista hoy. Mader quiere darle más ánimo. Escucha los comentarios del paciente, y después elige la respuesta apropiada para Mader.

MODELO   Oyes: No hay ninguna solución para mi situación; voy a estar enfermo para siempre.

Escribes: *Estoy segura de que hay algún remedio para tu condición.*

> Sé que alguno de nuestros especialistas puede ayudarte
>
> Tanto una parte del cuerpo como la otra estarán perfectamente bien
>
> Por supuesto que alguna persona te comprende
>
> Hay algo que pueden hacer para ayudarte
>
> Algún día estarás mejor
>
> ~~Estoy segura de que hay algún remedio para tu condición~~

1. _____.

2. _____.

3. _____.

4. _____.

5. _____.

🔊 **11-19 Unos consejos.** Trabajas de voluntario/a en una clínica y uno de los pacientes mayores te da consejos para vivir una vida larga. Escucha lo que dice, y luego indica si debes hacer las siguientes cosas **siempre, a veces** o **nunca,** según lo que dice el señor.

1. fumar cigarrillos   siempre   nunca   a veces

2. comer una dieta equilibrada   siempre   nunca   a veces

3. comer helado   siempre   nunca   a veces

4. beber vino   siempre   nunca   a veces

5. acostarse temprano   siempre   nunca   a veces

6. pasar tiempo con gente pesimista   siempre   nunca   a veces

11-20 Heritage Language: *tu español.* Busca el significado de los siguientes términos y las situaciones en las que se usa cada técnica, y después escucha cada descripción. Entonces indica a qué técnica corresponde cada descripción.

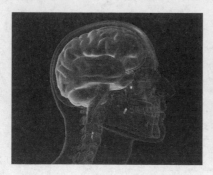 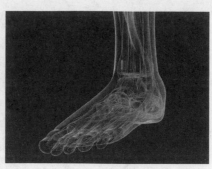

1. _____   a. la ecografía

2. _____   b. la resonancia magnética

3. _____   c. la mamografía

4. _____   d. la tomografía axial computerizada o TAC

5. _____   e. la radiografía

Gramática

5. El *se* inocente (*Se* for unplanned occurrences): Indicating unplanned occurrences (Textbook p. 469)

11-21 ¿Qué pasó? Escucha lo que pasó en cada situación, y después elige la descripción que corresponde a cada una.

1. _____   a. Se me cayeron.

2. _____   b. Se le cayó.

3. _____   c. Se nos acabaron.

4. _____   d. Se les acabó.

5. _____   e. Se les rompió.

6. _____   f. Se le rompieron.

11-22 Excusas. Mateo está tan ocupado que ahora está un poco despistado (*absentminded*). Escucha cada problema que tiene y elige el verbo más lógico para dar una buena excusa. Escribe cada excusa con la forma correcta del *se* inocente y en el pretérito.

MODELO   Oyes: Fui a visitar a mi amiga que acaba de dar a luz y está en el hospital y tenía que haberle llevado flores.

Escribes: *Se me olvidó comprarlas.*

romper	olvidar comprarlas	no ocurrir	quedar en casa	perder	olvidar hacerla

1. _____.

2. _____.

3. _____.

4. _____.

5. _____.

11-23 Heritage Language: *tu español.* La hermana de Roberto tuvo un pequeño accidente en casa. Completa su descripción de lo que pasó usando la forma correcta del verbo correcto usando el *se* impersonal. Para cada espacio usa el tiempo verbal que tenga sentido con el contexto de la narración: el pretérito, el pluscuamperfecto o el condicional.

caer	pasar	hincharse (*to swell*)	romperse	ocurrir

Hace una semana mi hermana estaba intentando cambiar algunas cosas en su sala y mientras intentaba poner su

televisor en otro lugar, (1) _____ en el pie. Aunque le dolió mucho, ella creía que pronto

(2) _____ ese dolor y por eso decidió no ir al hospital. Al día siguiente cuando se levantó por la

mañana comprobó que el pie (3) _____ mucho y el dolor todavía era muy fuerte; ni siquiera

podía andar. Cuando vio eso, entonces sí (4) _____ ir al hospital. Allí le hicieron unas

radiografías y vieron que a mi hermana (5) _____ dos huesos.

Vocabulario

6. Algunos síntomas, condiciones y enfermedades: Identifying symptoms, conditions, and illnesses (Textbook p. 472)

11-24 Unas enfermedades. Escucha la descripción de lo que le pasa a cada persona, y después indica qué enfermedad tiene.

el alcoholismo	el ataque al corazón	la bronquitis
el cáncer	la hipertensión	la drogadicción

1. _____   4. _____

2. _____   5. _____

3. _____   6. _____

11-25 Más condiciones. Raúl le muestra unos dibujos a Matthew para ayudarlo a aprender más vocabulario. Asocia cada dibujo con la condición que le corresponde.

1. _____

2. _____

3. _____

4. _____

5. _____

a. la obesidad

b. la depresión

c. la jaqueca

d. las náuseas

e. torcerse

🔊 **11-26 Heritage Language: *tu español*.** Busca el significado de los siguientes términos, y después escucha cada explicación e indica a qué enfermedad o condición corresponde.

1. _____   a. la neumonía o la pulmonía

2. _____   b. la trombosis

3. _____   c. la pirosis o la acidez de estómago

4. _____   d. el asma

5. _____   e. la gastroenteritis

Gramática

7. La voz pasiva: Relating what is or was caused by someone or something (Textbook p. 476)

11-27 Mucha atención en el hospital.

Paso 1. Pablo fue al hospital porque estaba enfermo. Durante su visita seis personas diferentes lo atendieron. Completa las descripciones de su experiencia en el hospital con la forma correcta del verbo correcto, usando la voz pasiva con **ser.** Debes usar el pretérito en tus respuestas.

hacer	tomar	explicar	analizar	sacar	escribir

1. La temperatura y la presión _____ por la enfermera Etayo.

2. Los síntomas _____ por la Dra. Lesaca.

3. El examen físico _____ por el Dr. Sánchez.

4. Sangre _____ por la enfermera Laurrauri.

5. Las recetas _____ por el Dr. Ayarra.

6. Los detalles sobre cómo cuidarme _____ por la Dra. Otero.

Paso 2. Ahora, escribe de nuevo las oraciones del **Paso 1,** eliminando la referencia a la persona que hizo cada cosa y usando el *se* pasivo en lugar de la voz pasiva con **ser.** Sigue el modelo con cuidado.

MODELO   Los detalles sobre cómo cuidarme fueron explicados por la Dra. Otero.
            Se explicaron los detalles.

7. _____.

8. _____.

9. _____.

10. _____.

11. _____.

11-28 Heritage Language: *tu español*. Para algunas combinaciones de verbos, puede ser fácil confundir la forma del *se* pasivo con otras formas de otros verbos. Mira los verbos que aparecen abajo y, si es necesario, busca su significado en un diccionario. Después escucha cada afirmación y, usando el contexto y el significado comunicado, determina cuál de las expresiones se ha usado.

1. se paran   separan   5. se dan   sedan

2. se paran   separan   6. se dan   sedan

3. se pararán   separarán   7. se darán   sedarán

4. se pararán   separarán

Perfiles

Algunas personas innovadoras en el campo de la medicina
(Textbook p. 481)

11-29 Unos médicos. Estudia la información sobre las tres personas en la sección **Perfiles**, y después escucha cada afirmación e indica a cuál de ellos corresponde la información.

1. a. Dr. José Barraquer   b. Dr. Baruj Benacerraf   c. Dr. René Favaloro

2. a. Dr. José Barraquer   b. Dr. Baruj Benacerraf   c. Dr. René Favaloro

3. a. Dr. José Barraquer   b. Dr. Baruj Benacerraf   c. Dr. René Favaloro

4. a. Dr. José Barraquer   b. Dr. Baruj Benacerraf   c. Dr. René Favaloro

5. a. Dr. José Barraquer   b. Dr. Baruj Benacerraf   c. Dr. René Favaloro

6. a. Dr. José Barraquer   b. Dr. Baruj Benacerraf   c. Dr. René Favaloro

7. a. Dr. José Barraquer   b. Dr. Baruj Benacerraf   c. Dr. René Favaloro

11-30 Más información. Elige uno de los tres médicos de la sección **Perfiles** e investígalo en el Internet. Aparte de los logros (*achievements*) mencionados en el libro, ¿qué otros logros se asocian con él?

¡Conversemos! (Textbook p. 482)

11-31 Un crucigrama. Completa el crucigrama con las expresiones de incredulidad correctas.

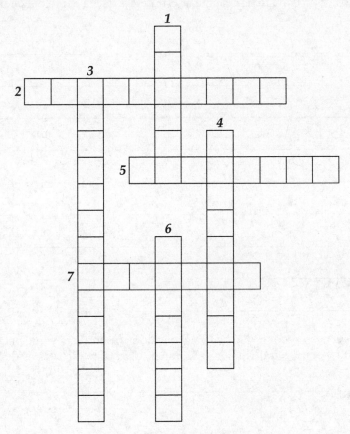

1. I doubt it.

2. It can't be!

3. It's hard to believe.

4. You don't say! (*familiar*)

5. I don't believe it.

6. Really?

7. Seriously?

11-32 Necesito tiempo para pensar. Asocia cada expresión en español con su equivalente en inglés.

1. A ver… _____

2. Bueno… _____

3. La verdad es que… _____

4. O sea… _____

5. Pues… _____

6. Sabes… _____

a. Let's see…

b. That is…

c. The truth is…

d. Um… / Well…

e. Well… / OK…

f. You know…

11-33 Ayuda para un amigo.

Paso 1. Uno de tus amigos fuma y necesita tu ayuda porque sabe que tiene que dejar de fumar. Escribe algunas razones por las que la gente no debe fumar y algunas estrategias que la gente puede usar para tener éxito con el proceso de dejar de fumar.

_____

_____

_____

_____

_____

_____

_____

_____

Paso 2. Ahora explícale a tu amigo por qué ha tomado la decisión correcta y qué puede hacer para maximizar su posibilidad de tener éxito y dejar definitivamente de fumar. Usa por lo menos seis de las siguientes expresiones en tu explicación.

A ver…	Bueno…	Este…	La verdad es que…
O sea…	Pues…	Sabes…	¿No crees que…?
Propongo que…	Sería mejor…	Recomiendo que…	Sugiero que…

Escribe (Textbook p. 484)

11-34 Estrategia. Después de leer la sección **Estrategia,** indica si las siguientes oraciones son **ciertas** o **falsas**.

1. Cada cosa escrita tiene un propósito.   Cierto   Falso

2. Cuando estás escribiendo algo, no es importante tener en cuenta a los lectores que van a leer tus escritos.   Cierto   Falso

3. Hay diferentes tipos de escritura.   Cierto   Falso

4. Si escribes para un público formal, se debe usar un estilo informal.   Cierto   Falso

5. Se debe identificar a los lectores y el propósito después de escribir.   Cierto   Falso

11-35 Un programa de televisión. Un canal de televisión ha empezado un concurso para crear un nuevo programa y tú vas a participar. Tienes que escribir una propuesta para un programa de televisión relacionado con la salud y/o la medicina. Escribe una propuesta de uno a dos párrafos, contestando las siguientes preguntas:

- ¿Cómo se titularía el programa?

- ¿Cuál sería el propósito del programa?

- ¿Cuál sería el formato del programa (un drama, una comedia, un programa informativo, un programa con entrevistas a personas especializadas, un programa *reality*, etc.)?

- ¿Cuáles son los televidentes a quiénes les gustaría este tipo de programa? ¿Por qué crees que les gustaría?

- ¿Dónde tendría lugar? ¿Por qué?

- ¿Cuáles serían los personajes o las personas principales?

_____

_____

_____

_____

_____

_____

_____

_____

_____

_____

_____

_____

_____

_____

_____

_____

Vistazo cultural

La medicina y la salud en Cuba, Puerto Rico y la República Dominicana
(Textbook p. 486)

11-36 Personas importantes. Después de leer la sección **Vistazo cultural** en el libro de texto, indica a qué persona o lugar corresponde cada referencia.

1. ex-Cirujano General	Richard Carmona	Carlos Juan Finlay
2. Cuba	Richard Carmona	Carlos Juan Finlay
3. la fiebre amarilla	Richard Carmona	Carlos Juan Finlay
4. el Harlem hispano	Richard Carmona	Carlos Juan Finlay
5. una controversia médica	Richard Carmona	Carlos Juan Finlay

Nombre: _____   Fecha: _____

11-37 Quiero saber más. Elige uno de los siguientes temas para investigar. Después busca información en el Internet sobre el tema y luego escribe un párrafo con los resultados de tu investigación.

La asistencia médica en Cuba: ¿el mismo acceso para todos los pacientes?

- Impuestos e incentivos en Puerto Rico para las compañías farmacéuticas

- La historia profesional de Richard Carmona

- La historia profesional de Carlos Juan Finlay

_____

_____

_____

_____

_____

_____

_____

_____

_____

_____

Más cultura

11-38 La salud y la religión. Lee el texto sobre algunas de las interrelaciones entre la salud y la religión en diferentes culturas del mundo hispano, y después contesta las preguntas.

- Todas las religiones del mundo reconocen alguna conexión entre la espiritualidad y la salud, aunque sea simplemente la gran importancia de tener fe (*faith*) y rezar mucho durante momentos difíciles cuando nosotros o nuestros amigos o parientes sufren de enfermedades serias. Para algunas religiones hay conexiones todavía más fuertes entre la salud, la enfermedad y las prácticas religiosas.

- En muchos lugares del mundo hispano, los católicos piden ayuda a los santos en diferentes momentos de su vida. Los santos son patrones para los católicos por una variedad de motivos; como patrones, defienden y protegen a un grupo de personas. Puedes tener patrón por tu fecha de nacimiento, por tu nombre, por tu profesión y también por una situación por la que estás pasando, incluida la de una enfermedad. Por ejemplo, los santos que son patrones de las personas que trabajan como enfermeros son San Camilo de Lelis y San Juan de Dios. Los santos que son patronos de los médicos son, entre otros, San Lucas, San Cosme y San Damián. Los patrones de todas las personas enfermas son Nuestra Señora de Lourdes y San Juan de Dios. Los patrones de las personas que sufren de la enfermedad concreta del cáncer son San Ezequiel y San Peregrino y los patrones de los que sufren de SIDA son San Damián y San Peregrino. Como es evidente, un santo puede ser patrón de más de una condición o situación.

- Otro excelente ejemplo de las conexiones que pueden haber entre la religión y la salud es en la herencia religiosa y cultural de los Yoruba. La influencia de este pueblo africano se ve por diferentes partes del mundo hispano de las Américas, incluyendo Cuba, Puerto Rico, la República Dominicana, Panamá, Venezuela y Colombia y además en algunas partes de los Estados Unidos como Nueva York, la Florida y Los Ángeles. La cultura Yoruba no separa la salud física del mundo espiritual. En esta cultura la figura del Oloogun es un especialista en prácticas medicinales tradicionales. Estas prácticas no solo incluyen tratamientos con diferentes plantas y hierbas con propiedades curativas, sino que el Oloogun también receta que sus pacientes realicen actividades espirituales como rezar oraciones (*prayers*) específicas o hacer sacrificios simbólicos.

- Muchas personas de distintas religiones creen con mucho fervor en el poder de las actividades espirituales y el fuerte impacto que pueden tener la oración, el sacrificio y la meditación en la salud física y en la curación de las enfermedades. Otras personas piensan que, cuando una persona se cura después de haber realizado alguna actividad religiosa, es por otra razón: que fue simplemente una casualidad (*coincidence*), que fue un ejemplo del efecto placebo, que la persona en realidad era hipocondríaco, etc.

1. Según la lectura, ¿cuáles son algunas conexiones que puede haber entre la salud y la religión? Según tu experiencia y lo que crees, ¿hay conexiones? ¿Por qué sí o por qué no?

_____

_____

_____

_____

2. ¿Cuál es el papel de los santos como patrones en la vida de los católicos? ¿Puede tener un católico más de un patrón en un momento de su vida? Explica.

_____

_____

_____

_____

3. ¿Cuáles son los patrones de los profesionales de la medicina? ¿Cuáles son algunos patronos de algunas enfermedades?

_____

_____

_____

_____

4. Investiga en el Internet para encontrar cuáles, si fueras católico, serían tus patrones por las siguientes circunstancias: porque eres estudiante, por tu fecha de nacimiento y por la profesión que más te interesa en este momento.

_____

_____

_____

_____

5. ¿En qué lugares del mundo hispano se puede ver la influencia de la cultura africana Yoruba?

_____

_____

_____

6. Para las culturas afroamericanas con orígenes en o conexiones con el pueblo Yoruba, ¿cómo se relacionan la salud y la religión?

_____

_____

_____

_____

Nombre: _____   Fecha: _____

11-39 Heritage Language: *tu mundo hispano*. Investiga los sistemas de salud que hay en por lo menos dos países hispanohablantes diferentes. Usa el Internet para hacer una investigación preliminar y entrevista también a por lo menos una persona que tenga familia de cada uno de los dos países.

- ¿Tienen un sistema público de salud que cubre a todos los ciudadanos?

- ¿Tienen un sistema privado, con seguros que la gente tiene que pagar?

- ¿Tienen un sistema mezclado?

- ¿Qué opina la gente de la calidad del servicio sanitario en el país?

- En general, ¿están satisfechos o insatisfechos? ¿Por qué?

Después escribe una descripción comparada de los dos sistemas.

_____

_____

_____

_____

_____

_____

_____

_____

_____

_____

_____

_____

_____

_____

Laberinto peligroso

Episodio 11

Lectura: *¿Caso cerrado?* (Textbook p. 488)

11-40 Estrategia. Escribe una reacción a este episodio, enfocándote especialmente en los párrafos que hay a continuación, usando las siguientes preguntas para guiar tus comentarios:

¿Te parece creíble el texto? ¿Por qué o por qué no?

¿Cuál es el punto de vista que presenta el texto? ¿Cómo compara este punto de vista con los de otros episodios?

¿Cuál crees que el propósito de esta lectura? ¿Crees que el autor tiene éxito? ¿Por qué o por qué no?

El detective Ramos estaba preocupado por todo lo que la Srta. Cortez le había contado sobre cómo se había sentido tan enferma. Estaba convencido de que ella había sido envenenada. Era la única forma de explicar las náuseas que había sufrido, y el hecho de que se había desmayado. También podía servir para explicar los mensajes amenazantes que le habían enviado. Sabía que era posible que hubiera sido episodios aislados° (*isolated*), sin ninguna conexión ni importancia. Pero si eso fuera cierto, serían muchas casualidades° (*coincidences*), y los detectives no pueden permitirse el lujo° (*luxury*) de creer en las casualidades. Todo tiene que tener su explicación y su lógica.

Al detective también le preocupaba la situación del Dr. Huesos. ¿Era suyo el cuerpo que habían encontrado en Guatemala cerca del volcán? Y si no era su cuerpo, ¿dónde estaba el Dr. Huesos? ¿Por qué había desaparecido? Y ¿quién era el muerto? Le molestaba no poder saber nada con seguridad hasta que llegaran los resultados de los análisis de ADN.

Otro interrogante que le quedaba tenía que ver con el laboratorio donde había trabajado Cisco. ¿Por qué lo habían cerrado tan abruptamente? ¿Tenía alguna relación el Sr. A. Menaza con ese lugar? Pensaba que tenía que haber una relación directa, pero nadie había podido establecer esa relación. Y la pregunta fundamental de todo el caso: ¿dónde estaba ese hombre? No iba a poder considerar el caso realmente cerrado hasta que las autoridades lo encontraran y lo detuvieran.

_____

_____

_____

_____

_____

_____

_____

_____

_____

Video: *Atando cabos* (Textbook p. 490)

11-41 Resoluciones. Al final del episodio, todos los problemas deben quedar resueltos. Lee las oraciones, mira el vídeo y luego indica si las afirmaciones son **ciertas** o **falsas,** o si **No se dice.**

1. Celia fue envenenada por el Sr. A. Menaza.   Cierto   Falso   No se dice.

2. El Dr. Huesos le mandó a Celia la nota que decía "Te estoy vigilando".   Cierto   Falso   No se dice.

3. El Dr. Huesos fue asesinado por el Sr. A. Menaza.   Cierto   Falso   No se dice.

4. El Sr. A. Menaza tenía el cuchillo para recortar los mapas de los libros.   Cierto   Falso   No se dice.

5. El laboratorio donde trabajaba Cisco fue el centro de operación del Sr. A. Menaza.   Cierto   Falso   No se dice.

6. La bibliotecaria va a estar en la cárcel cinco años por estar involucrada con la Red de contrabando del Sr. A. Menaza.   Cierto   Falso   No se dice.

7. Un año después de estos eventos, Celia y Cisco piensan casarse.   Cierto   Falso   No se dice.

8. El Sr. A. Menaza no fue arrestado.   Cierto   Falso   No se dice.

11-42 El señor A. Menaza. La policía todavía no ha capturado al Sr. A. Menaza. ¿Estará en tu comunidad? Escribe los detalles para un póster de buscados (*wanted poster*) para el Sr. Menaza. Usa la información que aprendiste en el **Episodio 11**, el *se* pasivo y el *se* impersonal para crear el póster. Usa tu imaginación para crear la descripción más detallada y creativa posible de él.

_____

_____

_____

_____

_____

_____

Nombre: _____ Fecha: _____

11-43 ¿Qué va a pasar ahora? ¿Qué crees que va a pasar con los personajes ahora? ¿Qué va a hacer Celia? ¿Cisco? ¿Javier? ¿el Dr. Huesos? ¿la bibliotecaria? Elige por lo menos tres personajes y escribe una descripción detallada de qué van a hacer ahora y qué les va a pasar ahora.

_____

_____

_____

_____

_____

_____

_____

_____

_____

_____

_____

_____

_____

_____

_____

_____

_____

_____

Refranes

🔊 **11-44 Refranes sobre la salud.** Escucha y lee los refranes y explica el significado del refrán y cómo se relaciona con los diferentes temas que has explorado en este capítulo y con tus propios hábitos y los de tus amigos y familiares.

1. Más vale prevenir que curar.

   _____

   _____

2. La salud no es conocida hasta que es perdida.

   _____

   _____

3. Entre salud y dinero, salud quiero.

   _____

   _____

4. Ajo, cebolla y limón, y déjate de inyección.

   _____

   _____

5. La salud no está en el plato, sino en el zapato.

   _____

   _____

6. Come poco y cena temprano si quieres llegar a anciano.

   _____

   _____

7. Bebe el agua a chorros y el vino a sorbos.

   _____

   _____

8. A las diez en la cama estés, y si es antes, mejor que después.

   _____

   _____

9. Mano lavada, salud bien guardada.

_____

_____

10. Caldo de gallina es famosa medicina.

_____

_____

Comunidades

11-45 Experiential Learning: Remedios caseros. Investiga en el Internet diferentes remedios caseros del mundo hispano.

- ¿Para qué tipo de condiciones o enfermedades existen remedios? ¿Qué tipo de remedios son?

- ¿Cuáles son los ingredientes más comunes que se usan en los remedios?

Entrevista a por lo menos un médico/a, un enfermero/a o un farmacéutico/a sobre los resultados de tu investigación.

- ¿Qué opina de los remedios que has encontrado?

- ¿Cree que esos remedios tienen una base científica?

Prepara una presentación sobre los resultados de tu investigación y tu entrevista.

11-46 Service Learning: Hay que cuidarse. Entra en contacto con una clínica o un hospital de tu zona y pídeles información básica sobre lo que debemos hacer para evitar problemas comunes relacionados con la salud, para disminuir el riesgo de sufrir enfermedades graves o para cuidarnos si estamos en una situación concreta o si tenemos una condición en particular.

Por ejemplo, podrías pedirles información sobre:

lo que deben hacer y no hacer las mujeres durante el embarazo,

cómo minimizar los riesgos de sufrir diferentes tipos de cáncer,

cómo detectar lo más pronto posible un cáncer,

cómo evitar el diabetes o

cómo evitar enfermedades relacionadas con el corazón y el sistema circulatorio.

Después, crea un folleto para compartir con la comunidad hispana la información más importante sobre el tema que has elegido. Ofrece el folleto a las clínicas y los hospitales de tu región.

Activities for *Letras:* Literary Reader for *¡Anda! Curso intermedio*

11-47 Horacio Quiroga. Después de leer la sección biográfica sobre Horacio Quiroga, indica si las oraciones siguientes son **ciertas** o **falsas.**

1. Quiroga era uruguayo.	Cierto	Falso
2. Quiroga solamente escribió cuentos.	Cierto	Falso
3. Quiroga tenía una vida trágica.	Cierto	Falso
4. Su esposa se murió de complicaciones relacionadas con una infección.	Cierto	Falso
5. Quiroga solamente se casó una vez.	Cierto	Falso
6. Quiroga se murió de cáncer.	Cierto	Falso
7. Quiroga era aficionado de Poe.	Cierto	Falso
8. Quiroga no tenía hijos.	Cierto	Falso

11-48 Términos literarios. Después de leer la sección de términos literarios, lee las siguientes descripciones y selecciona el término apropiado.

1. Sabe todo lo que pasa.	el desenlace	el narrador omnisciente	el punto de vista
2. Indica de quién es la perspectiva presentada.	el desenlace	el narrador omnisciente	el punto de vista
3. Ocurre al final de una historia.	el desenlace	el narrador omnisciente	el punto de vista
4. Siempre es en tercera persona.	el desenlace	el narrador omnisciente	el punto de vista
5. Puede ser abierto o cerrado.	el desenlace	el narrador omnisciente	el punto de vista
6. Hay tres tipos.	el desenlace	el narrador omnisciente	el punto de vista

11-49 Después de leer. Después de leer "La tortuga gigante", elige la respuesta correcta o las respuestas correctas para cada pregunta.

1. ¿Por qué no quería salir el hombre de la ciudad?
   a. porque era un hombre sano y no estaba enfermo
   b. porque se enfermaba cada día más
   c. porque tenía hermanos más jóvenes que lo necesitaban
   d. porque estaba muy contento y porque era un hombre trabajador

2. ¿Por qué decidió el hombre salir de la ciudad?
   a. porque estaba enfermo y tenía que ir al campo para curarse
   b. porque se lo recomendaron sus médicos
   c. porque estaba cansado de vivir en un centro urbano
   d. porque quería ir a vivir al campo

3. Al principio, ¿qué hacía el hombre en el campo?
   a. cazaba
   b. comía animales
   c. se ponía más enfermo
   d. buscaba una manera de volver a la ciudad

4. ¿Qué hizo el hombre cuando vio que un tigre quería matar a la tortuga?
   a. Mató al tigre.
   b. Mató a la tortuga.
   c. Comió la tortuga.
   d. Comió el tigre.
   e. Curó las heridas de la tortuga.

5. ¿Cuáles eran los síntomas del hombre cuando se enfermó?
   a. Tenía fiebre.
   b. Tenía escalofríos.
   c. Tenía dolor por todo el cuerpo.
   d. Tenía náuseas.

6. ¿Qué tipo de tratamiento recibió el hombre?
   a. Fue al hospital para una cirugía.
   b. Bebió agua.
   c. Comió plantas y raíces.
   d. Tomó aspirina.
   e. Tomó antibióticos.

7. ¿Adónde llegó el hombre al final del cuento?
   a. al hospital
   b. a su casa
   c. al zoo
   d. a Buenos Aires

11-50 Análisis. Después de leer "La tortuga gigante", contesta las siguientes preguntas.

1. ¿Cuál es el tema principal del cuento? ¿Por qué salvó el hombre a la tortuga? ¿Por qué salvó la tortuga al hombre?

_____

_____

_____

_____

_____

2. Analiza la importancia del animal que eligió Quiroga para este cuento. ¿Cuáles son las connotaciones que asociamos con la tortuga? ¿Cómo sería diferente el cuento si el animal no fuera una tortuga? ¿Terminaría de una manera diferente si fuera un cocodrilo, un león, un mono o una ardilla? ¿Por qué sí o por qué no?

_____

_____

_____

_____

_____

_____

_____

_____

_____

_____

_____

_____

_____

12 Y por fin, ¡lo sé!

Capítulo 7 (Textbook p. 498)

12-01 La ciudad. Escoge la palabra que no pertenece en cada lista de abajo.

1. la carnicería   el consultorio   la farmacia   el hospital

2. la catedral   la fábrica   la iglesia   la mezquita

3. la ferretería   la frutería   la heladería   la pastelería

4. la catedral   la carnicería   la ferretería   la juguetería

5. la zapatería   la tintorería   la tienda de ropa la panadería

12-02 Un mensaje de un compañero. Manuel y Juliana son unos amigos que toman algunas clases juntos. Manuel saca muy buenas notas en química y Juliana en biología. Completa el mensaje que Manuel le escribe a Juliana usando la forma correcta de **ser** o **estar** en el infinitivo, el presente de indicativo o el presente de subjuntivo, según el caso.

¡Hola! espero que tú (1) _____ bien. Tengo que estudiar mucho

estos días, pero ahora (2) _____ tomando un descanso. Sé que tú

(3) _____ un poco preocupada por los exámenes y que tienes

mucho que hacer para prepararte para el final del semestre. Yo

(4) _____ un poco estresado también. Ojalá nuestros exámenes

no (5) _____ muy difíciles. Como tú me ayudas mucho con la

biología, quiero ayudarte a ti con la química. Podemos repasar las fórmulas juntos y te puedo explicar todo lo

que quieras hasta que (6) _____ más tranquila. Creo que voy a (7) _____ en

casa todos los días después de las cinco esta semana, si quieres venir a estudiar juntos. Sabes que mi apartamento

(8) _____ en la calle Nueva. El edificio (9) _____ de ladrillo y tiene una fuente

muy grande a la entrada. Si tú (10) _____ ocupada después de la cinco, podemos vernos mañana

por la mañana; yo voy a (11) _____ en la cafetería tomando café y estudiando porque mi

profesor de historia ha cancelado nuestra clase. ¿A qué hora (12) _____ tu primera clase? Si

tienes tiempo, podemos desayunar juntos. Dime cómo te puedo ayudar.

¡Nos vemos!

Manuel

Nombre: _____   Fecha: _____

12-03 Por el pasillo. Tú y tu amigo están esperando para hablar con su profesor y ven a algunas personas que conocen. Mira la foto e identifica qué está haciendo cada persona usando el presente progresivo del verbo correcto.

Alejandro Rosa Lidia Profesora Villanueva

Pablo

Verónica y Julián

Profesor Guerenabarrena

| bajar | ofrecer | pedir | contestar |
| andar | conversar | hablar | |

1. Pablo _____ con la Profa. Villanueva.

2. Verónica y Julián _____.

3. Rosa _____ la escalera.

4. Alejandro _____ por el pasillo.

5. Lidia le _____ ayuda al Prof. Guerenabarrena.

6. La Profa. Villanueva _____ las preguntas de Pablo.

7. El Prof. Guerenabarrena le _____ ayuda a Lidia.

12-04 Mucho ánimo. John está nervioso porque tiene un examen de español. Su amigo Jesús le escribe un mensaje para ayudarle a sentirse mejor. Completa el mensaje con la forma correcta de la combinación correcta de verbos. Usa el presente progresivo dc indicativo o el presente progresivo de subjuntivo, según sea necesario.

| seguir estudiar | venir practicar | continuar trabajar | andar buscar | ir progresar |

¿Qué tal? Hace mucho tiempo que no hablamos. Sé que tienes que estudiar mucho para los exámenes finales.

Estoy seguro de que vas a terminar el semestre con buenas notas. He notado que como tú eres una persona muy

bien organizada, no (1) _____ tus apuntes, libros y materiales; sabes exactamente dónde está

todo. También sé que eres una persona que (2) _____ y que no deja de repasar los apuntes y los

libros hasta que hayas hecho todo lo posible para prepararte bien. Es bueno que desde el principio del semestre

tú (3) _____ tu español con tus amigos hispanohablantes, como Manuel y Alaia. Gracias a todo

lo que has hecho, tu español (4) _____ perfectamente bien. Ahora es importante que no dejes de

hacer todas estas cosas y que (5) _____ para aprender más y tener todavía más habilidades.

12-05 Julián y Gloria. Julián y Gloria son amigos y los dos tienen muchos exámenes ahora. Completa su conversación con la forma correcta del verbo correcto. Usa el presente de subjuntivo o el presente de indicativo, según convenga.

poder	salir	estar	hablar	terminar	tener

GLORIA: ¡Hola Julián! ¿Cómo estás? Acabo de llamar a Nataniel para preguntar qué tal estabas, pero ya que

(1) _____ aquí, te lo pregunto directamente a ti. ¿Qué tal? ¿Tomamos un café? Claro,

a menos que tú no (2) _____ tiempo para sentarte un ratito.

JULIÁN: Gracias, Gloria. Es un gusto verte. Claro que podemos tomar un café, de hecho, vengo precisamente

porque necesitaba un descanso; vengo para que tú y yo (3) _____ conversar un poco.

¿Cómo te va todo?

GLORIA: Todo va bien; creo que estoy igual que tú: tengo que trabajar mucho y estudiar mucho. Ya que tú y yo

(4) _____ por teléfono casi todos los días, la verdad es que no tengo muchas cosas

nuevas para contarte. Una cosa sí te puedo decir, por fin ayer compré mi billete de avión para ir a

Argentina. ¡Me voy dentro de cuatro semanas!

JULIÁN: Me alegro mucho por ti. Antes de que tú (5) _____ para Buenos Aires, tenemos que

hacer algo especial.

GLORIA: Me parece muy bien. Cuando nosotros (6) _____ con los exámenes, tendremos que

salir a celebrar el fin del semestre y también mi viaje.

12-06 Heritage Language: *tu español.* A causa de los enlaces que ocurren entre las palabras cuando hablamos español, a veces es fácil confundir diferentes expresiones en nuestra escritura. Escucha cada oración y utiliza el contexto para determinar cuál es el verbo y la forma del presente progresivo que se está usando. Entonces escríbelos en el espacio.

MODELO   Oyes: Eres el mejor amigo del mundo y la verdad es que estás siendo muy simpático
                     con mi familia.
         Escribes: *estás siendo*

1. _____   4. _____

2. _____   5. _____

3. _____   6. _____

Capítulo 8 (Textbook p. 503)

12-07 Las profesiones. Escucha cada descripción, y luego indica a qué profesión corresponde.

amo/a de casa	granjero/a	político/a	psicólogo/a	reportero/a

1. _____

2. _____

3. _____

4. _____

5. _____

12-08 Después de los exámenes. Piensa en lo que harás después de terminar con los exámenes finales. ¿Cómo celebrarás el final del semestre? ¿Tendrás tiempo para descansar? ¿Viajarás? Haz la descripción más completa y detallada posible. En tu respuesta habla durante un mínimo de un minuto y usa el futuro.

12-09 Un mundo sin notas. Toma un descanso de la preparación de tus exámenes, ensayos y proyectos finales para pensar en lo que harías si tu universidad funcionara sin notas. ¿Cómo serían las clases? ¿Cómo y cuándo se graduarían los estudiantes? Escribe un párrafo para describir cómo sería esa universidad, usando el imperfecto de subjuntivo y el condicional. Puedes usar las siguientes frases en tu párrafo.

Si no recibiéramos notas para nuestro trabajo en la universidad, los estudiantes… Si no existieran las notas en mi universidad, yo…

_____

_____

_____

_____

_____

_____

_____

_____

_____

_____

12-10 Antes de la graduación. Emilio piensa en su graduación y en todas las cosas que habrán hecho él y sus amigos para ese momento. Completa las siguientes oraciones con la forma correcta del verbo correcto en el futuro perfecto.

aceptar	encontrar	decidir	hacer	terminar

1. Yo _____ con los exámenes para siempre.

2. Mi amiga Leire _____ en qué país quiere trabajar.

3. La familia de Leire _____ su decisión de vivir en otro país.

4. Mis amigos y yo _____ muchos planes para el futuro.

5. Mis amigos y yo _____ el trabajo de nuestros sueños.

12-11 El arrepentimiento (Regret). Un amigo de Rafaela ha decidido dejar de estudiar, pero ella no cree que sea buena idea. Por eso, le cuenta lo que pasó con su ex novio, que no quería seguir estudiando. Completa su descripción usando el condicional perfecto.

ser	realizar	casarse	poder	conseguir	tener

Si Ronaldo hubiera estudiado lo suficiente, él (1) _____ evitar muchos de los problemas que ha

tenido en su vida. Si se hubiera graduado de la universidad, él (2) _____ un trabajo mejor.

También, si hubiera pensado más en su futuro profesional, él (3) _____ un poco más diligente.

Si él hubiera mostrado una actitud más responsable, nosotros (4) _____. Pero al final rompí con

él. Si me hubiera quedado en esa relación, yo nunca (5) _____ mis sueños, porque yo

(6) _____ que mantenernos económicamente.

12-12 Heritage Language: *tu español*. Usa el Internet para encontrar ofertas de empleo relacionadas con tu especialidad en un país hispanohablante. Elige una oferta y escribe una carta de presentación para intentar conseguir el puesto. En la carta debes destacar todas tus cualidades que serían relevantes a ese puesto de trabajo y describe también todas las experiencias académicas, laborales y profesionales que te han preparado para realizar ese tipo de trabajo.

_____

_____

_____

_____

_____

_____

_____

_____

_____

_____

_____

_____

_____

Capítulo 9 (Textbook p. 508)

12-13 Subjuntivo vs. indicativo. Selecciona todas las expresiones con las cuales **no** se usa el subjuntivo.

Es bueno que	Pienso que	Recomiendo que
Me alegro de que	Antes de que	Quiero que
Creo que	Con tal de que	Es verdad que
Dudo que	Ahora que	Sugiero que
No dudo que	Es seguro que	

12-14 Las necesidades. Necesitamos muchas cosas para poder estudiar. Elige la mejor forma de completar cada oración, prestando atención especial al uso del subjuntivo o del indicativo.

1. Necesito un tutor que _____

2. Busco el libro que _____

3. Quiero un lugar para estudiar donde _____

4. Busco a un compañero de clase que _____

5. Necesito el archivo que _____

6. Quiero ir a la sesión de repaso que _____

a. no haya mucho ruido ni muchas distracciones.

b. quiera estudiar conmigo.

c. tenga mucha experiencia ayudando a estudiantes con el español.

d. creé ayer con muchos apuntes sobre las culturas hispánicas.

e. organizó mi profesor.

f. saqué de la biblioteca la semana pasada.

12-15 El problema de Esteban. Esteban es un artista y tiene un problema. Escucha la descripción de su situación, y luego contesta las preguntas.

1. ¿Cuál es el problema de Esteban?
   a. No puede vender una de sus obras.
   b. No tiene inspiración para pintar.
   c. Alguien se robó una de sus obras.
   d. No puede pagar el alquiler de su taller.

2. ¿Qué tipo de obra se describe?
   a. una acuarela
   b. un mural
   c. un grabado
   d. un óleo

3. ¿Por qué era importante la obra?
   a. Era una obra maestra.
   b. Tenía un valor muy alto.
   c. Esteban no tenía seguro.
   d. *a y b*

4. ¿A quién sospecha Esteban?
   a. a un artista que conoce
   b. al dueño de su edificio
   c. a uno de sus vecinos
   d. No sospecha de nadie.

5. ¿Qué va a hacer Esteban ahora?
   a. llamar a la policía
   b. pintar otra obra
   c. buscar la obra en la casa del sospechoso
   d. No sabe.

12-16 Consejos. Carolina trabaja como tutora y le da consejos a un estudiante sobre cómo prepararse para los exámenes. Completa las oraciones con la forma correcta del verbo correcto en el presente de indicativo o el presente de subjuntivo, según el caso.

estar	comer	ir	estudiar	poder	dormir	buscar	tomar

Bueno, primero recomiendo que tú (1) _____ hasta encontrar un buen lugar donde estar

tranquilo y sin distracciones. Es importante que tú (2) _____ concentrarte bien. Creo que el

primer piso de la biblioteca (3) _____ siempre lleno de mucha gente. Por eso, sugiero que

(4) _____ al tercer o al cuarto piso porque allí hay menos personas y todos trabajan en silencio.

También propongo que (5) _____ a veces con algunos compañeros de tus clases. El trabajo

en equipo es muy bueno también. Es necesario que tú (6) _____ mucha fruta y verdura y

que no (7) _____ mucha cafeína porque es importantísimo que tú (8) _____

bastante todas las noches para no enfermarte antes de los exámenes y para poder pensar con claridad durante

los exámenes.

12-17 El arte. Tu amigo Miguel es artista. Completa su descripción de cómo trabaja con la forma correcta del verbo correcto. Usa el presente de subjuntivo o el presente de indicativo, según convenga.

perder	encargar	elegir	pintar	tener	tocar

Antes de que yo (1) _____ una pintura, necesito pensar

bien en el motivo que quiere comunicar. Sin embargo, muchas veces cuando estoy trabajando en una escultura,

sé lo que quiero esculpir tan pronto como (2) _____ el barro. En esos casos siempre sigo ese

instinto artístico, a menos que un cliente me (3) _____ algo específico. Cuando se trata de una

obra que una persona específica me ha pedido que realice, puede ser difícil, ya que el cliente

(4) _____ casi todo: el tema, la materia, etc. A muchos artistas no les gusta trabajar así porque

creen que (5) _____ parte de su libertad artística. No obstante, cuando una persona no

(6) _____ dinero suficiente para pagar todas las cuentas, es importante ser flexible.

12-18 Heritage Language: *tu español*. Como las dos formas se escriben de exactamente la misma forma, con la excepción de incluir o excluir el acento escrito, es fácil confundir algunas formas del pretérito con algunas formas del subjuntivo. Escucha cada oración, y después escribe la forma del verbo que se ha usado.

1. tomar _____

2. tomar _____

3. cambiar _____

4. cambiar _____

5. rescatar _____

6. rescatar _____

Capítulo 10 (Textbook p. 511)

12-19 Para eliminar el estrés. Tu amiga Sara está muy estresada y va a hablar con un psicólogo para que le ayude. El Dr. Reyes le recomienda una técnica para relajarse. Escucha lo que dice, y luego indica si las oraciones son **ciertas** o **falsas**.

1. El lugar que siempre imagina el Dr. Reyes es una playa.   Cierto   Falso

2. En el lugar que el Dr. Reyes describe, hay pájaros.   Cierto   Falso

3. En la descripción del Dr. Reyes, hay agua.   Cierto   Falso

4. Los volcanes y los tiburones relajan al Dr. Reyes.   Cierto   Falso

5. El Dr. Reyes dice que una persona solo debe imaginar lugares
   donde hace calor para relajarse.   Cierto   Falso

12-20 Un activista ecologista. Tomás siempre ha sentido mucha pasión por el medio ambiente. Completa su descripción de sus actividades como activista con la forma correcta del verbo correcto en el imperfecto de subjuntivo o el imperfecto de indicativo.

estar   tener   morirse   trabajar   desaparecer

Era bueno que yo (1) _____ mucho durante mi juventud para proteger el medio ambiente, pero

también esas actividades tuvieron aspectos no tan positivos. Muchos activistas habían pasado tiempo en la cárcel

por organizar protestas ilegales o que acabaron en violencia. Mi mentor siempre recomendaba que mis

compañeros y yo (2) _____ cuidado con nuestras palabras y acciones. "Es muy bueno que

defiendan sus ideas con tanta pasión, pero también hay que ser prudentes", nos decía. Yo pensaba que él

(3) _____ loco. Especies enteras de animales (4) _____ y la capa de ozono

estaba en cada vez más peligro y, según él, ¿debíamos tener cuidado y ser prudentes? Ahora entiendo mejor su

perspectiva. Antes de que él (5) _____, yo le escribí una carta en la que le di las gracias por

lo que me había enseñado. El activismo es importantísimo y tiene su lugar, pero los extremos pueden ser

muy peligrosos.

12-21 Si pudiera cambiar el pasado… Nacho comparte algunas ideas sobre cosas de su pasado que le gustaría cambiar. Escucha cada afirmación y después completa las oraciones con la combinación correcta de verbos, usando el pasado perfecto de subjuntivo y el condicional perfecto.

MODELO Oyes: Tenía que haber reducido más los desperdicios y la basura que he generado durante mi vida.

Escribes: Si yo *hubiera reciclado* más, *habría salvado* muchos árboles.

ir, ser	usar, evitar	entender, desperdiciar
reciclar, salvar	saber, cambiar	conservar, poder

1. Si yo _____ más, _____ ayudar más al medio ambiente.

2. Si ellos _____, ellos no _____ tanto sus recursos.

3. Si nosotros _____ a casa, no _____ arrestados.

4. Si yo lo _____ con menos frecuencia, _____ daño a la capa de ozono.

5. Si ellos _____ más, _____ sus hábitos.

12-22 Tu pasado. Nadie es perfecto y todos cometemos errores. ¿Cuáles son algunas cosas de tu pasado que te habría gustado hacer de otra manera? Describe algunas de esas cosas usando el imperfecto de subjuntivo, el pasado perfecto de subjuntivo, el condicional y el condicional perfecto donde sean apropiados.

_____

_____

_____

_____

_____

_____

_____

_____

_____

_____

_____

12-23 Heritage Language: *tu español.* Es muy fácil confundir las formas del imperfecto del subjuntivo con las del futuro de los verbos regulares que terminan en **-ar** porque la única diferencia entre la escritura de estas conjugaciones es la presencia del acento escrito en las formas del futuro. Escucha cada oración y, basándote en la pronunciación del verbo y también en el contexto de la oración, escribe la forma usada de cada verbo.

1. reusar   _____

2. reusar   _____

3. cambiar   _____

4. cambiar   _____

5. rescatar   _____

6. rescatar   _____

Capítulo 11 (Textbook p. 513)

12-24 Para no enfermarse. Nadia es una médica que tiene consejos para sus pacientes. Completa cada oración con la expresión correcta de la lista.

Se debe comer	Se debe dormir	Se debe hacer ejercicio
Se debe lavar las manos	Se debe leer	Se debe tomar

1. _____ ocho horas cada noche.

2. _____ tres comidas saludables al día.

3. _____ con bastante luz para no dañar los ojos.

4. _____ un descanso después de dos horas de estudio.

5. _____ tres veces por semana. Ser activo es muy importante.

6. _____ después de tocar cosas en espacios públicos, como las computadoras en la biblioteca. ¡Todo puede estar sucio!

12-25 Un grupo de estudio. Raúl y sus amigos están intentando organizar un grupo de estudio muy grande con sus compañeros de clase. Escucha lo que ya han hecho y lo que todavía no han hecho. Después indica a qué descripción corresponde cada afirmación que has escuchado.

1. _____

    a. El lugar donde reunirse fue elegido.

2. _____

    b. Un mensaje de correo electrónico fue enviado a varias personas para decirles que vengan a la fiesta.

3. _____

    c. El mensaje fue contestado por más de una persona.

4. _____

    d. Todavía no ha sido elegida la comida.

5. _____

    e. Todavía no ha sido determinada la fecha para la primera reunión.

12-26 Excusas. Ayer Raúl se acostó muy tarde y por eso hoy no está al 100% y está cometiendo muchos errores. Escucha cada problema o error y, usando las expresiones a continuación, ayúdale a crear excusas. Usa el **se** inocente y sigue el modelo con cuidado.

MODELO   Oyes: No puedo hacer la actividad en clase porque no tengo el cuaderno de actividades conmigo.

           Escribes: *Se me perdió el cuaderno.*

no ocurrir acostarme más temprano	olvidar el ensayo
~~perder el cuaderno~~	caer el libro en un charco (*puddle*)
acabar el papel	romper el despertador

1. _____.

2. _____.

3. _____.

4. _____.

5. _____.

12-27 Urgencias. Ramón se desmayó durante un examen y lo llevaron al hospital. Escucha la descripción de su experiencia, y luego contesta las preguntas.

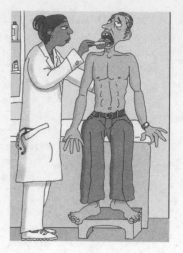

1. ¿Cuál es la primera cosa que Ramón recuerda después de desmayarse?
   a. tomar el examen
   b. estar en la ambulancia
   c. estar en la sala de urgencias
   d. No recuerda nada.

2. ¿Qué no le hicieron en la ambulancia?
   a. tomarle la temperatura
   b. tomarle la presión arterial
   c. tomarle el pulso
   d. sacarle sangre

3. ¿Quién/es le hizo/hicieron muchas preguntas?
   a. la enfermera
   b. los médicos
   c. los paramédicos
   d. nadie

4. ¿Por qué se desmayó Ramón?
   a. porque estaba nervioso y estresado
   b. porque no había comido nada ese día
   c. por un medicamento
   d. porque había dormido muy poco esa semana

5. ¿Cómo se siente Ramón ahora?
   a. agradecido
   b. avergonzado
   c. comprensivo
   d. *a* y *b*

12-28 Una fractura. Pablo es estudiante de medicina y ahora está estudiando la traumatología y ortopedia (*orthopedics*). En su clase tiene que explicar los pasos básicos a seguir cuando llega un paciente con una posible fractura en la pierna. Ayúdale completando su descripción de los pasos y usando la forma correcta del verbo correcto. Usa la voz pasiva con **se**.

sacar	enyesar	hablar	examinar	mirar

1. Primero _____ con el paciente para averiguar qué tipo de dolor tiene.

2. Después _____ el exterior de la pierna.

3. Si hay indicios de posible fractura, a continuación _____ unas radiografías.

4. Entonces _____ las imágenes de los huesos en la radiografía para determinar si hay fractura.

5. Finalmente, si hay fractura, _____ la pierna.

12-29 ¿Qué pasa? Mira el dibujo, y describe todo lo que ocurre en la escena y todo lo ocurrió antes para que la gente esté aquí ahora. Usa tu imaginación y el vocabulario del **Capítulo 11.** Intenta hablar durante por lo menos tres minutos.

12-30 Heritage Language: *tu español*. Busca el significado de cada término, y después indica a qué categoría corresponde.

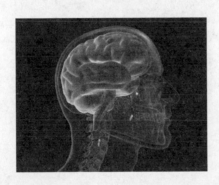
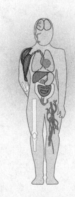

1. resonancia magnética
   a. aparato diagnóstico   b. parte del cuerpo humano

2. hígado
   a. aparato diagnóstico   b. parte del cuerpo humano

3. bazo
   a. aparato diagnóstico   b. parte del cuerpo humano

4. TAC
   a. aparato diagnóstico   b. parte del cuerpo humano

5. riñón
   a. aparato diagnóstico   b. parte del cuerpo humano

6. ecografía
   a. aparato diagnóstico   b. parte del cuerpo humano

Un poco de todo (Textbook p. 515)

12-31 ¿De dónde es? Asocia las siguientes cosas y personas con su país de origen.

1. el Anamú _____   a. Argentina

2. el arpa _____   b. Bolivia

3. las fábricas farmacéuticas _____   c. Chile

4. Falabella _____   d. Colombia

5. Carlos Juan Finley _____   e. Cuba

6. el gaucho _____   f. Ecuador

7. los Kjarkas _____   g. Paraguay

8. el manatí amazónico _____   h. Perú

9. el mate _____   i. Puerto Rico

10. los tejidos de Otavalo _____   j. la República Dominicana

11. el tepuy _____   k. Uruguay

12. Mario Vargas Llosa _____   l. Venezuela

12-32 ¿Te gustaría venir de visita? Tus amigos internacionales te invitan a visitar sus países. Contesta cada invitación con cortesía, y describe qué te gustaría hacer si los visitaras. Usa el imperfecto de subjuntivo, el condicional y la información cultural de los capítulos 7 al 11 del libro de texto.

1. Julio: Te invito a ir conmigo la próxima vez que viaje a Paraguay. ¿Te gustaría acompañarme?

_____

_____

_____

2. Ramón: Pienso visitar a mi familia en Uruguay durante las vacaciones. ¿Quisieras venir conmigo?

_____

_____

_____

3. Esteban: Cuando quieras ven a verme en Bolivia.

_____

_____

_____

4. Valentina: Me gustaría mucho mostrarte mi pueblo en Colombia y presentarte a mi familia. ¿Quieres venir a visitarnos el próximo verano?

_____

_____

_____

5. Raúl: ¿Quieres ir a la República Dominicana conmigo durante una semana?

_____

_____

_____

12-33 Heritage Language: *tu español*. Ahora que sabes por fin cómo andas con respecto a muchos aspectos de tu español y tus conocimientos sobre las culturas del mundo hispano, reflexiona sobre lo que has aprendido y las cosas sobre las que te gustaría aprender más. Entonces escribe un ensayo de auto-análisis sobre cómo andas con el desarrollo de tus conocimientos y sobre lo que te gustaría explorar en el futuro.

- ¿Cuáles son los países que más te han interesado? ¿Por qué?

- ¿Cuáles son los productos, las prácticas y las perspectivas culturales que más te han interesado?

- ¿Qué artistas, escritores y diseñadores te han parecido especialmente importantes, innovadores o fascinantes? ¿Por qué?

- ¿Cuáles son algunos de los temas relacionados con el español y las culturas hispánicas que quieres explorar? ¿Por qué los quieres explorar?

- ¿Dónde vas a seguir tu exploración del español y de las culturas hispánicas? ¿en otra clase o de forma independiente? ¿en los Estados Unidos o en otra parte del mundo? ¿Por qué?

- ¿Qué quieres haber hecho con tu español y con tus conocimientos sobre las culturas hispánicas para dentro de un año? ¿Qué objetivos quieres haber logrado dentro de cinco años?

_____

_____

_____

_____

_____

_____

_____

_____

_____

_____

_____

_____

12-34 Laberinto peligroso: ¿Quién lo dijo? Lee las siguientes citas (*quotes*), e identifica el personaje que lo dijo.

1. "Desde que ocurrió el robo, he estado en contacto con agentes del gobierno. Me informaron más sobre los planes de una organización corrupta que está traficando con sustancias químicas extraídas de algunas plantas de las selvas tropicales".
   a. Celia
   b. Cisco
   c. Javier
   d. el Dr. Huesos

2. "Es mi buen amigo Rodolfo. Dice que ha tenido una videoconferencia con la policía y la CIA".
   a. la bibliotecaria
   b. Celia
   c. Cisco
   d. Javier

3. "No lo he visto desde hace unos días… Ayer por la mañana hablé con él por teléfono… estaba a punto de salir para la estación… Estuvo allí, ¿no es cierto?"
   a. Celia
   b. Cisco
   c. el detective
   d. Javier

4. "Increíble pero cierto… más tarde descubrí que todo era una mentira y no había nada que pudiera hacer… Me di cuenta de que él estaba involucrado en una red de terrorismo que negociaba con ciertas plantas medicinales procedentes de las regiones indígenas de América Central…"
   a. la bibliotecaria
   b. Celia
   c. el Dr. Huesos
   d. Javier

5. "En el **Capítulo 8,** interrogué a Cisco acerca de su trabajo en el laboratorio para ver si tuvo un papel en el cierre de éste. Cisco mantuvo su inocencia en todo momento".
   a. Antonio Menaza
   b. Celia
   c. el detective
   d. Javier

12-35 ¿Qué pasó? Explica lo que pasó en las escenas representadas en cada foto. Usa el pretérito y el imperfecto.

1.

   _____
   _____
   _____
   _____
   _____

   _____

2.

   _____
   _____
   _____

   _____
   _____
   _____

3.

   _____
   _____
   _____
   _____
   _____

   _____

12-36 Hollywood te llama. Hay unos cineastas (*filmmakers*) que quieren hacer una nueva versión de *Laberinto peligroso* para la pantalla grande y están buscando colaboradores con ideas interesantes y creativas. Si tú fueras a realizar una nueva versión de esta película, ¿cómo lo harías? ¿cómo sería tu versión? Escribe una propuesta, usando las siguientes preguntas como guía. Debes usar el imperfecto de subjuntivo y el condicional para expresar tus propuestas.

- Si pudieras cambiar la ciudad donde tiene lugar la película, ¿en qué ciudad la filmarías? ¿Por qué?

- Si pudieras hacer el casting, ¿qué actores representarían a los personajes principales? ¿Por qué?

- Si fueras a escribir el nuevo guión, ¿qué detalles añadirías para hacer más larga la película? ¿Qué cambios harías a la trama (*plot*)? ¿Por qué?

- Si pudieras elegir al nuevo director, ¿a quién le pedirías que dirigiera la película? ¿Por qué?

_____

_____

_____

_____

_____

_____

_____

_____

_____

_____

_____

_____

_____

_____

_____

Refranes

12-37 Refranes y dichos populares. Escucha y lee los refranes y dichos (*sayings*). Después elige cinco y para cada uno explica el significado y la relevancia general de cada uno. En tus explicaciones, relaciónalos con algunos de los refranes que has estudiado en los capítulos 7 a 11 o con la importancia cultural que pueden tener (o no tener) los refranes y la sabiduría (*wisdom*) popular en general. Indica también si estás de acuerdo o no con el mensaje que comunica el refrán y explica por qué sí o por qué no.

> - Cien refranes, cien verdades.
>
> - Quien de refranes no sabe, ¿qué es lo que sabe?
>
> - Saber refranes, poco cuesta y mucho vale.
>
> - Refrán viejo, nunca miente.
>
> - Refrán antiguo, mentira vieja.
>
> - Déjate de tanto refrán y empieza a buscar el pan.
>
> - Refranes y consejeros, pocos y de lejos.
>
> - El que de refranes se fía, no llega bien al mediodía.
>
> - No hay mal dicho, sino malas interpretaciones.
>
> - Tenemos dos orejas y una sola boca, para hablar menos y oír más.

1. _____

   _____

   _____

   _____

   _____

2. _____

   _____

   _____

   _____

   _____

3. _____

   _____

   _____

   _____

   _____

4. _____

_____

_____

_____

_____

5. _____

_____

_____

_____

_____

Comunidades

12-38 Experiential Learning: La cultura ecologista. El movimiento medioambiental no es algo que se limita solamente a actividades tan básicas como reciclar, tratar de conducir menos e intentar usar menos electricidad en general. Nuestro impacto en el mundo toca casi todos los ámbitos de nuestra vida. El ecologismo tiene relevancia en la comida que elegimos comer y la ropa que decidimos llevar, y también tiene importancia en el arte, el turismo y la industria, entre otras cosas. Investiga la cultura ecologista por el mundo hispano, buscando información sobre todas estas áreas: la comida ecológica, la ropa ecológica, el arte ecológico, el turismo ecológico y empresas ecológicas. Prepara un podcast con los resultados de tu investigación.

12-39 Service Learning: Una vida equilibrada. El equilibrio es un asunto importante en todos los ámbitos de nuestra vida. A nivel de nuestra salud física y mental, es muy importante llevar una dieta equilibrada y buscar el equilibrio entre los estudios, el trabajo y las actividades divertidas que ocupan nuestro tiempo libre. Dentro de lo que elegimos hacer durante el tiempo libre, es muy bueno buscar variedad y equilibrio entre hacer cosas activas de ejercicio físico y hacer cosas para estimular nuestras mentes, nuestro espíritu creativo y nuestro aprecio por diferentes formas de expresión artística. También es fundamental buscar el equilibrio en nuestro consumo y pensar muy bien en el impacto de nuestras decisiones cuando compramos diferentes tipos de artículos.

Prepara una presentación con consejos prácticos para alcanzar el equilibrio en la vida universitaria. Darás la presentación en una clase de español en una escuela secundaria de tu región. En la presentación intenta ayudarles a los estudiantes a entender el gran impacto de las decisiones más pequeñas que tomamos y la importancia de alcanzar el equilibrio en diferentes ámbitos de nuestras vidas.

Notas

Notas

Notas

Notas

Notas

Notas

Notas

Notas